개발자에게 물어보세요
Ask Your Developer

ASK YOUR DEVELOPER

Copyright ⓒ 2021 by JEFFREY LAWSON

Korean Translation Copyright ⓒ 2023 by INSIGHT PUBLISHING COMPANY

Korean edition is published by arrangement with Fletcher & Company LLC through Duran Kim Agency.

이 책의 한국어판 저작권은 듀란킴 에이전시를 통한 Fletcher & Company LLC와의 독점 계약으로 인사이트에 있습니다. 저작권법에 의해 한국 내에서 보호를 받는 저작물이므로 무단전재와 무단복제를 금합니다.

개발자에게 물어보세요
디지털 공급망으로 조직의 핵심 역량 구축하기

제프 로슨 지음 | 박설영 옮김

인사이트

옮긴이 **박설영**

서강대학교 영어영문학과를 졸업했다. 동국대학교 영화영상학과에서 석사학위를 받았고, 박사과정을 수료했다. 출판사에서 저작권 담당자로 일했으며, 현재는 전문 번역가로 활동 중이다. 역서로 《애자일, 민첩하고 유연한 조직의 비밀》, 《라이프 인사이드》, 《테라피스트》, 《디저트의 모험》, 《컬러의 방》 등이 있다.

개발자에게 물어보세요
디지털 공급망으로 조직의 핵심 역량 구축하기

초판 1쇄 발행 2023년 3월 27일 **지은이** 제프 로슨 **옮긴이** 박설영 **펴낸이** 한기성 **펴낸곳** (주)도서출판인사이트 **편집** 김지희 **제작·관리** 이유현, 박미경 **용지** 월드페이퍼 **인쇄·제본** 에스제이피앤비 **등록번호** 제2002-000049호 **등록일자** 2002년 2월 19일 **주소** 서울특별시 마포구 연남로5길 19-5 **전화** 02-322-5143 **팩스** 02-3143-5579 **이메일** insight@insightbook.co.kr **ISBN** 978-89-6626-390-5 책값은 뒤표지에 있습니다. 잘못 만들어진 책은 바꾸어 드립니다. 이 책의 정오표는 https://blog.insightbook.co.kr에서 확인하실 수 있습니다.

M&A에게. 너희들이 무얼 만들지 너무나 궁금하구나.

차례

서문 디지털 비즈니스 시대의 리더라면
소프트웨어의 가치를 이해해야 한다   viii

프롤로그 시작은 광고판이었다   xiv

1부 왜 그 어느 때보다 지금 개발자가 중요한가   1

1장 만들거나 혹은 죽거나   3

2장 새로운 소프트웨어 공급망   35

2부 개발자를 이해하고 동기부여 하기   61

3장 제 이름은 제프고 개발자예요   63

4장 코드는 창의적이다   95

5장 실험은 혁신의 전제조건   135

6장 코드 몽키가 되고 싶은 개발자는 없다   163

3부	개발자를 성공으로 이끄는 법	189
7장	열린 학습 환경 만들기	191
8장	소규모팀과 단일 스레드 리더	221
9장	우리는 고객 편이에요	253
10장	쉽게 이해하는 애자일	275
11장	인프라 구조에 투자하라	307

에필로그	소프트웨어 개발자와 함께하는 길	333
감사의 말		340

서문

디지털 비즈니스 시대의 리더라면 소프트웨어의 가치를 이해해야 한다

21세기의 모든 사업은 디지털 비즈니스이다. 고객들은 저 너머 최고의 디지털 제품을 기준으로 서비스와 사용자 경험을 기대한다. 결국엔 업종과 상관없이 모든 기업에 그런 기대치를 가지게 될 것이다. 이 말인 즉, 생존을 넘어 성공하고자 하는 기업이라면 소프트웨어 개발로 혁신을 일으키고 소프트웨어를 개발하는 직원을 고용하고 관리하는 법을 이해해야 한다는 뜻이다.

지난 10년 동안 실리콘밸리 스타트업부터 포춘지 선정 50대 대기업까지 모든 종류의 기업들이 내 저서 《린 스타트업》에서 설명한 원칙을 채택함으로써 판도를 바꿀 만한 혁신을 일구도록 도왔다. 그 결과 소프트웨어를 이해하지 못하는 리더들에게 반도체 혁명을 설명할 일이 자주 생겼다. 많은 사람들이 여전히 이런 혼란의 쓰나미가 어떻게든 자신의 사업은 비켜 갈 거라고 믿는다. 언젠가 환자들에게 더 나은 의료 경험을 제공하기 위해 몸부림치는 대형병원 사업자 협회의 고위 간부들과 일할 기회가 있었는데, 함께 일하는 내내 그들은 왜 이전의 시도가 그토록 암담했는지 변명만 일삼았다. 그들이 기대하는 수준의 혁신을 실현하려면 디지털 도구를 사용해야 한다고 아무리 얘기해도 전혀 설득이 되지 않았다.

마지막으로 나는 그들에게 우버Uber나 리프트Lyft를 사용해 보았느냐고 물었다. 다들 써봤다고 답하자, 주머니에서 핸드폰을 꺼내 그 앱들이 차가 어디쯤 오고 있는지를 어떻게 보여 주는지 생각해 보라고 했다. 그러고는 간호사나 의사가 처치를 하러 병실에 도착하는 시간을 환자가 알 수 있으면 의료 경험이 어떻게 바뀔지 상상해 보라고 했다. 소프트웨어의 발전 덕분에 의료진의 동선을 파악하는 게 승차 공유만큼이나 쉬워졌다. 오직 소프트웨어와 환자 치료 사이에 아무 연관성도 없다는 망상만이 이런 일이 일반화되지 못하도록 가로막고 있다.

디지털 혁명이 보편적 경영 규칙을 근본부터 다시 쓰고 있다. 이와 동시에 소프트웨어가 거래 비용을 낮추고, 진입 장벽을 제거하고, 변화를 가속화하고 있다. 이런 속도와 강도에 대처할 수 없는 기업 및 기관은 그 의미를 상실할 것이다. 소프트웨어 개발자와 경영진의 입장을 모두 겪어 본 사람은 세상에 얼마 되지 않는다. 그래서 이 책의 저자인 제프 로슨이 그토록 특별한 것이다. 그는 양쪽 세계에 모두 발을 딛고 있다. 대기업의 경영진이 인재들의 권한을 빼앗고 혁신을 죽이는 조치로 의도치 않게 자사의 성공적 디지털화를 방해하는 일들이 얼마나 많은가.

한번은 가정용품을 제조하는 회사에 자문을 했다. 회사는 소규모 파일럿 프로그램으로 어떻게 신제품을 테스트할 수 있을지 알아내려 애쓰고 있었다. 나는 린 스타트업 용어로 최소기능제품Minimum Viable Product, MVP이나, 빠르고 저렴하게 만들면서 소수의 고객에게 제품 가치에 관한 유용한 피드백을 얻을 수 있는 시제품을 만들라고 제안했다. MVP를 사용해 최대한 신속하게 정보를 수집하고 다음 개발 단계를 결정하라는 말이었다. 보통 때라면 신제품을 다량으로 제조한 뒤 몇 개의 점포에서 시험해야 할 터였다. 하지만 이 경우, 이미 연구소가 가동되어 제품이 충분히 제작돼 있는 데다, 팀원들이 제품이 너무 마음에 든다며 매일 집에 가져가고 있었다. 내 눈에는 바로 이것이 MVP의 기회로 보였다. 팀원들에게 제품을 가져가게 하지 말고 고객 50명에게 나눠 준 뒤 시험하고 보고를 받으면 될 일이었다.

고객을 지속적으로 모집하는 문제를 해결하기 위해 나는 회사에 온라인으로 고객을 모집하고 구독 신청을 하게 한 뒤 제품이 더 필요하면 파일럿 팀에게 문자를 보낼 수 있는 기능을 제공할 것을 제안했다. 그리고 이것이 소프트웨어가 가속화와 비용 절감을 통해 어떻게 기업으로 하여금 시장에서 유리한 고지를 확보하게 만드는지 보여 주는 완벽한 사례라고 강조했다. 개발팀이 이런 시스템을 신속하게 구축해서 제품의 시장성을 높이기 위한 중요 정보를 얻는 데 사용할 수 있다는 건 그들에겐 그야말로 마술 같은 일이었다. 하지만 이는 마술이 아니다. 트윌리오Twilio가 매일 수천 개의 회사를 위해 하고 있는 일이다.

한 가지 이야기가 더 있다. 함께 일하던 한 대기업의 최고경영자가 디지털 전환으로 고객에게 온라인 검색 및 주문 서비스를 제공하려는 계획에 매우 들떠 있었다. 해당 업계에서는 처음 시도하는 일이었다. 그들은 실험적 웹사이트를 개설하기 위해 사내 스타트업을 꾸린 뒤, 재량도 자원도 없지만 의욕은 충만한 초보 팀에 지휘봉을 맡겼다. 그리고 MVP를 만드는 데 엄청난 공을 쏟았다. 그런데 함정이 있었으니 해당 팀이 웹사이트를 만들거나 소프트웨어를 개발하는 법을 전혀 모른다는 사실이었다. 모두 완전히 비기술적인 분야에 몸담고 있었다. 팀은 먼저 회사의 IT 부서에 도움을 요청했지만 이 말도 안 되는 프로젝트는 자신들의 권한 밖이라며 거절당했다. 뒤이어 사이트를 구축해 주는 외부 대행사를 알아봤지만 터무니없이 비쌌다. 결국 프로젝트를 맡아 코드를 작성해 보겠다는 열의를 보이는 디자이너를 영입했는데, 새로운 문제가 발생했다. 이 회사에서 디자이너는 코드를 작성할 '권한'이 없었다.

이 사례는 아무리 최고경영자가 지원하고 팀원들이 갈구해도 성공적인 팀을 구성하기 위해서는 여전히 많은 것을 준비해야 한다는 사실을 보여 준다. 준비는 이 분야에 적절한 선수를 영입한 다음 그들에게 일을 진행하는 권한을 부여하는 것에서 시작된다. 이 책이 CEO는 열정만 있고 직원들은 재능이 부족한 상황에서도 디지털 전환으로 탁월한 고객경험을 성취하려고 추구할 때 도움이 될 수 있다. 직원들의 잠재력을 최대한으로 포용하는 기업은 앞으로 몇 년, 몇십 년 동안 엄청난 보상을 거둘 것이다.

개발자와 함께 생존을 넘어 성공하는 법

나는 트윌리오에서 제프와 그의 특별한 팀이 만든 프로덕트가 우리가 끝없이 고찰해 온 수많은 방식으로 이 세계에 통합되는 과정을 실시간으로 목격하는 특권을 누렸다. 제프의 회사에 대한 장기적 비전과 놀랄 만치 뛰어난 인재를 모으는 능력이야말로 오늘날 우리 삶을 지탱하는 수많은 숨겨진 인프라가 우아하고 매끄럽게 작동하는 이유다. 트윌리오는 우리가 우버 기사에게 문자를 보내거나 온라인으로 피자를 주문할 수 있게 한다. 또한 훌루Hulu, 트위터Twitter, 세일즈포스Salesforce에 설치돼 의사소통과 정보 공유를 도와준다. 부동산과 의료 산업뿐 아니라 수많은 비영리 기관 및 구호단체에서도 사용된다. 트윌리오는 스스로 디지털 기업이라고 생각하지 못했던 회사들이 놀라운 변화를 이루고, 진화냐 죽음이냐의 극심한 압박 속에서 성장하도록 돕고 있다.

잘 만들어진 소프트웨어가 무엇을 가능하게 할 수 있는지 제대로 이해하는 게 왜 그토록 중요할까.《개발자에게 물어보세요》는 여기서부터 시작한다. 바로 이런 상상의 도약이 리더들로 하여금 소프트웨어 개발자의 가치를 이해하게 만든다. 그리고 이어서 기업이 재능 있는 코더를 채용한다 하더라도 잠재력을 일깨우는 훌륭한 경영진이 없으면 적절히 이용할 수 없는 이유를 설명한다. 모든 회사는 성장과 변화를 만드는 데 필요한 기술을 갖춘 직원을 고용해야 하지만, 또한 그 기술에서 온전한 결실을 거두기 위해선 그들의 의견에 귀 기울이고 어떻게 해야 하는지 들어야 한다.

제프가 상세히 설명하듯 리더가 조직 꼭대기에 앉아 있으면서 인터페이스와 사용자 경험을 만드는 직원들을 멀리하면 큰일 난다. 아이디어가 계층 위아래는 물론 조직 내 다양한 영역을 가로지르게 하는 구조와 방법론을 구축하는 일은 생존을 넘어 성공에서 매우 중요하다. 디지털 전환을 겪고 있는 수많은 기업과 함께 일하면서, 디지털 혁신 이전에 경영 혁신을 이룬 기업들이 훨씬 크게 성공하는 광경을 수도 없이 목격했다. 이 책은 매니저와 기업의 리더, 그리고 그들이 고용한 소프트웨어 개발자들이 함께 극도의 불확실성을 성공적으로 헤쳐 나갈 수 있도록 서로를 이해하게 도와주는 필수 지침서다. 소프트웨어의 중심적 위치와 그게 어떻게 사용되는지 설득력 있는 사례로 제시할 뿐 아니라, 규모를 막론하고 차세대 기업을 만들고자 하는 이에게 실용적인 조언을 제공한다.

개발자 출신인 제프는 소프트웨어가 무엇을 가능하게 하는지 이해하는 것은 물론 기업의 디지털 혁신 시도가 왜 문제에 직면하곤 하는지 깊이 파악하고 있기에, 이런 장점을 겸비한 그의 조언은 매우 강력하다. 이 책은 디지털이 자신의 미래에 매우 중요한 건 알지만 거기에 닿는 법은 정확히 알지 못하는 모두에게 실마리가 되어 줄 것이다. 또한 자신은 디지털 사업을 하지 않으므로 아무 문제없다고 생각하는 모든 이들의 손에도 쥐어 줘야 한다. 왜 그런 생각이 착각이며, 회사를 바꾸려면 어떻게 해야 하는지 이해를 돕기 위해서다.

신생 스타트업부터 혁신의 경계에 선 대기업까지, 경영진부터 그들이 성공하기 위해 필요로 하는 개발자에 이르기까지 제프의 지혜 경험 관점을 폭넓은 대상에게 소개하기에 이보다 더 좋은 시점은 없을 것이다. 《개발자에게 물어보세요》는 소프트웨어와 그것을 개발하는 사람, 그리고 그들이 제공하는 가치, 즉 디지털 시대를 뚫고 나가기 위한 조직 구축과 전환이라는 과제 사이의 연관성을 파악하기 위해 꼭 필요한 자원이다.

에릭 리스

프롤로그
시작은
광고판이었다

2015년 초반, 트윌리오는 샌프란시스코 101번 국도 옆에 서 있는 광고판을 빌렸다. 테크 기업의 광고판은 로스앤젤레스의 영화 광고판처럼 이제 베이 지역의 흔한 풍경이 되었다. 브랜드 인지도를 쌓거나 수천 명의 엔지니어가 출근하는 길에 광고를 노출시키는 채용 전략이다. 긱geek스러운 우월의식 탓도 있다. 우리 모두 이 바닥에서만 통하는 농담이나 실리콘밸리만이 이해할 수 있는 재치 있는 내용을 담으려고 애쓰는 걸 보면 말이다.

그래서 우리는 광고판을 예약했다. 그런데 그 광고판에 뭐라고 써야 할지 떠오르지 않았다. 엄청난 논쟁이 벌어졌다. 일부는 고객의 추천글을 받아야 한다고 했다. 트윌리오의 클라우드 커뮤니케이션 플랫폼을 사용하는 유명 기업의 로고를 박을 수도 있었다. 그러면 최소한 우리의 최대 난제, 즉 성공한 회사임에도 아무도 우리를 모른다는 고민은 해결될 터였다. 당시 우리는 연간 수익이 약 1억 달러에 달하고 기업공개IPO도 진행하고 있었지만 누구나 알 만한 기업은 아니었다. 왜냐면 트윌리오는 일반 고객에게 제품을 판매하지 않기 때문이다. 우리는 자신들의 앱에 음성, SMS, 이메일 등의 통신 기능을 탑재하고 싶어 하는 소프트웨어 개발자들에게 서비스를 판매한다.

우리 고객은 우버, 왓츠앱WhatsApp, 리프트, 젠데스크Zendesk, 오픈테이블OpenTable, 노드스트롬Nordstrom, 나이키Nike와 같은 어마어마한 회사들이다. 하지만 우리의 소프트웨어는 표면 아래에, 웹사이트와 모바일 앱 내부에 숨겨져 있다. 솔직히 여러분이 이 회사들 혹은 수천 개가 넘는 이와 비슷한 일들을 하는 회사의 고객이라면 자신도 모르는 사이에 트윌리오를 사용했을 거라는 사실을 믿어 의심치 않는다.

그리하여 1년 동안 광고판을 예약하는 데 50만 달러를 내기로 약속했으니(그렇다. 베이 지역은 광고판조차도 너무 비싸다!) 문구를 생각해야 했다. 게다가 마감일이 있었다. 사다리를 기어 올라가 광고판을 붙이는 날 말이다.

결국 광고 대행사를 고용했다. 그들은 최고의 크리에이티브 팀을 프로젝트에 투입해 아이디어를 잔뜩 내놓았다. 수십 명의 고객들(앱에 커뮤니케이션 기능을 추가하기 위해 우리 플랫폼을 사용한 소프트웨어 개발자들)도 인터뷰했다. 수많은 직원들(우리는 트윌리언이라고 부른다)과도 왜 트윌리오가 특별한지 인터뷰를 진행했다. 몇 달간의 작업과 심사숙고 끝에 우리는 거창한 '공개' 회의를 가졌다. 드라마 〈매드맨〉에서 광고회사가 고객에게 자신들이 생각해 낸 끝내주는 아이디어를 설명하는 장면을 봤을 것이다. 재기 넘치는 아이디어맨들이 아트보드를 놓고 말재간을 부리며 설명에 나섰다. 거대하고 집요한 설득전이었다. 하지만 전부 어딘가 지루했다. 어떤 것도 마음에 들지 않았다. 토론이 길어졌다.

마침내 광고를 걸기로 한 날이 일주일 앞으로 다가왔다(광고판 제작회사는 수작업으로 광고를 제작해야 한다고 했다). 그런데도 우리는 트윌리오가 무슨 일을 하는지 설명하는 간결하고 함축적인 문구를 떠올리지 못했다. 금요일 오후까지 한 걸음도 떼지 못한 상태였다. 작업을 시작도 하지 않았는데 주말이라며 집에 갈 수도 없었다. 나는 최고마케팅책임자, 최고크리에이티브책임자, 최고운영책임자와 함께 그저 그런 문구들 중 뭘 고를까 고민하다가 불쑥 엉뚱한 아이디어를 내뱉었다. "그냥 '개발자에게 물어보세요'라고 적는 건 어때요." 내가 말했다. "왜 TV 광고에서도 그러잖아요. '이 약이 맞는지 의사에게 물어보세요.' 우리는 이렇게 하는 거죠. '트윌리오가 맞는지 개발자에게 물어보세요.'"

반쯤은 농담이었다. 하지만 생각하면 할수록 설득력 있는 구호였다. 개발자들이 우리와 우리 제품을 입소문 내주는 장본인이었다. 우리는 마케팅도 많이 하지 않았고, 영업사원도 몇 명 없었다. 당시 직원의 대부분이 엔지니어였다. 누군가 트윌리오가 뭐하는 곳인지 알고 싶을 때 가장 좋은 방법이 실제로 개발자에게 물어보는 것이었다.

그래서 우리 밝은 빨간색 광고판에 세 단어를 흰색 대문자로 크게 써서 내걸었다. '개발자에게 물어보세요 ASK YOUR DEVELOPER'. 그 아래 우리 로고와 회사 이름을 넣었다. 이게 다였다.

광고판은 돌풍을 일으켰다. 적어도 다른 광고판과 비교하면 그랬다. 유명한 테크산업 마케팅 컨설턴트인 앤디 래스킨 Andy Raskin은 한 매체에 '어떻게 트윌리오가 헤밍웨이를 능가했는가'라는 제목의

글을 실었다. 그는 헤밍웨이가 10달러를 걸고 여섯 단어로 된 소설 쓰기 내기를 했는데 다음과 같은 글로 이겼다는 전설적인(출처는 불분명하지만) 이야기를 언급했다. "아기 신발 팝니다. 한 번도 신겨 보지 못했어요For sale: Baby shoes. Never worn."

래스킨은 우리가 세 단어로 된 광고판으로 이와 비슷한 일을 해 냈다며, "가장 기본적인 것만 남긴 메시지가 어떻게 강력하고 감동적인 이야기를 전달할 수 있는지 보여 주는 훌륭한 사례"라고 말했다. 헤밍웨이가 타이틀을 포기할지는 모르겠지만, 행여 자신의 광고판이 역사상 가장 위대한 소설가에 비교되면 잔말 말고 그 칭찬을 받아들이기 바란다.

메시지가 통한 건 우리가 무슨 일을 하는지 설명하려 들지 않았기 때문이다. 그 대신 우리는 대화를 유도했다. 사람들의 이목을 끌고 호기심을 자극했다. 이후 우리에 대해 찾아보고서야 사람들은 광고판이 무슨 뜻인지 알았다.

게다가 메시지가 두 가지 층위에서 작동했다. 첫 번째는 단순히, 당신은 트윌리오가 뭐하는 곳인지 몰라도 '당신의 개발자'는 분명히 알 거라고 말하고 있었다. 우리만의 이상하고 자기비하적인 방식으로 우리가 유명하지 않은 것을 인정했다. 그 후 얼마 지나지 않아 트윌리오는 상장되면서 20억 달러의 기업가치를 평가받았고, 이는 곧 40억 달러로 뛰었다. 포브스지는 트윌리오를 표지에 실으며 "세상에서 가장 섹시한 주식"이라 불렀고, "끝내주는 트윌리오가 거대한 앱들의 배후에 숨은 은밀한 힘"이라고 선언했다.

이 글을 쓰고 있는 2020년 여름, 우리 고객은 19만 명에 달하며, 8백만 명의 개발자가 우리 플랫폼 계정을 가지고 있다. 2019년에는 10억 달러의 매출을 올렸다. 우리는 수천 개의 앱과 웹사이트 깊은 곳에 묻혀 있다. 여러분이 우버 앱으로 기사에게 문자를 보낼 때? 그게 트윌리오다. 넷플릭스Netflix에 로그인하기 전 6자리 인증번호를 문자로 받을 때? 그것도 우리다. 도어대시DoorDash에서 저녁식사를 주문할 때도 음식이 도착했다는 알림이 트윌리오를 통해 발송된다. 이제 깨달았을 것이다. 트윌리오를 매일 사용하면서도 모르고 있었다는 걸 말이다.

우리의 접근법은 개발자들이 자신이 개발하는 앱에 신속하고 자신 있게 결합할 수 있는, 강력하고 배우기 쉬운 커뮤니케이션 구성 요소building block를 만들어서 모든 종류의 회사에서 일하는 개발자의 마음을 사로잡는 것이다. 따라서 우리의 성공 비결은 소수의 회사에서만 고객으로 대우받는 즉, 소프트웨어 개발자와 같은 유형의 직원에게 권한을 부여한 것이다. 이게 바로 그토록 많은 개발자들은 트윌리오를 알지만 회사의 다른 부서에서는 우리가 무엇을 하는지 모르는 이유다. 그래서 '당신의 개발자에게 물어보라'고 한 것이다.

'개발자에게 물어보세요' 광고판은 두 번째 층위에서도 작동했다. 이는 회사를 세우는 데 개발자가 훌륭한 파트너가 될 수 있다고 기업인들에게 보내는 제안이었다. 수많은 기업에서 개발자들은 그들이 해결하는 사업적 문제 및 서비스를 제공하는 고객에게서 괴리되어 있다. 어쩌면 본인의 선택에 따라, 어쩌면 회사가 구축한 엔지니어링 및 관리 프로세스에 따라, 개발자들은 그저 요청받은 코드만 작성한다. 일부 기업에서 흔히 보이는, 열정이 차갑게 식은 소프트웨어 개발 프로세스는 기업과 개발자 모두에게 비극이다. 나는 이런 현상이 이 놀라운 인재들의 잠재력을 제대로 깨닫는 데 실패한 결과라고 본다.

하지만 훌륭한 성과를 내는 일부 기술 기업에서는 개발자가 코드뿐 아니라 제품과 사업 전략에서도 큰 역할을 수행하는 경우가 많다. 그들은 프로덕트를 일거리라기보다 정교한 세공품으로 취급하는데, 이런 태도로 디지털 경험을 제공해 고객을 기쁘게 한다. 애플Apple, 구글Google, 스포티파이Spotify, 우버를 생각해 보라. 이와 같은 방식으로 운영되는 기업은 최고의 인재를 유치 및 확보하고, 혁신으로 끊임없이 고객을 열광시키고, 주주에게 커다란 수익을 안겨 준다. 이 책에서 설명하는 '개발자에게 묻기' 사고방식은 이런 거대 테크 기업들이 해온 것처럼 기술 인재의 잠재력을 해방시키기 위한 로드맵이다.

개발자의 잠재력을 끌어내는 게 그 어느 때보다 중요한 시점이다. 다양한 기업의 경영진과 대화를 나누면 언제나 같은 소리를 듣는다. 모든 기업이 혁신적인 디지털 제품과 경험을 생산하는 환경을 구축하기 위해 피땀 흘려 노력하고 있다고 말이다. 소프트웨어를 만드는 일은 거의 모든 산업에서 기업의 존재론적 문제로 자리 잡았다. 디지털 변화의 위협이 기업 운영 방식에 도전장을 내밀면서 디지털 혁신이 대부분의 기업을 사로잡았다. 수많은 디지털 네이티브 스타트업에서 배운 교훈을 통해 기업들이 줄지어 디지털 미래를 사지 말고 만들어야겠다고 깨닫고 있다. 기술 인재의 잠재력을 해방시키는 일은 모든 형태와 규모의 기업들이 디지털 시대에 경쟁하기 위한 핵심 열쇠다. 그러므로 '개발자에게 묻기' 사고방식은 단순히 개발자를 만족시키기 위한 것이 아니다. 이는 디지털 경제에서 성공하기 위한 새로운 운영방식이다.

넷스케이프Netscape의 설립자인 마크 앤드리슨Marc Andreessen은 2011년 '소프트웨어가 세상을 집어삼키는 이유'라는 칼럼에서 제목이자 첫 문장인 짧은 문구로 모든 산업이 소프트웨어로 이주하는 현상을 표현했다. 하지만 정확히 어떻게 그런 일이 벌어지는지에 대해선 설명하지 않았다. 사실 일반 독자들은 소프트웨어를 구입하기만 하면 이러한 전환이 이루어질 거라고, 또는 그 소프트웨어가 영화 〈터미네이터〉 속 지옥 같은 풍경 속에 세상을 집어삼킬 거라고 생각할지도 모른다. 아무도 이런 변화에 대비한 사용 설명서를 쓴 적이 없으니 말이다.

하지만 사실 기업이 디지털 전환에서 성공하기 위해선 소프트웨어를 사용할 뿐 아니라 만들어야 한다. 우버, 리프트, 에어비앤비Airbnb, 스포티파이 같은 스타트업이 유명세를 타게 된 것도 소프트웨어 제작에 정말 뛰어나기 때문이다. 그들은 우리가 살아가는 방식을 변화시키는 소프트웨어를 만들 줄 안다.

이제 다른 모든 산업의 기존 기업들도 이와 같은 방법을 배우고 있다. 대부분의 산업이 소프트웨어로 인해 변하고 있다. 디지털 전환 계획은 모든 회사의 최우선 과제다. 하지만 소프트웨어를 구축하는 데 아주 능숙한 기업이라야 결국 디지털 전환에 성공하는 것은 물론 변화의 위협에서 살아남을 수 있을 것이다. 소프트웨어를 만드는 건 매우 힘들지만 디지털 혁신 문화를 구축하는 건 훨씬 더 어렵다.

형태와 규모를 막론하고 다양한 산업의 고객과 일을 하다 보니 우리 고객들 또한 디지털 혁신기업들의 성공적 선례를 따라 오늘날 어떻게 하면 소프트웨어 개발 조직을 구축하고 운영할 수 있는지 우리에게 조언을 구한다. 이런 수많은 기업이 다윈주의식 투쟁에 묶여 새로운 혁신적 경쟁자와 싸우고 있다. 소매업이든, 항공사든, 은행이든, 어떤 사업을 하든지 간에 위대한 소프트웨어를 개발하는 법을 배우는 것이 생존의 열쇠이다. 하지만 실제 그렇게 하기란 쉽지 않다.

판도를 바꾸는 소프트웨어를 만드는 프레임워크

이유가 뭘까? 나는 기업가와 소프트웨어 개발자 사이의 구분이 잘못되곤 해서 그렇다고 생각한다. 수많은 기업에서 기업가들이 생각하는 방식 그리고 그들이 이루고자 하는 바와 사내 소프트웨어 개발자들이 자신이 해야 할 일이라고 생각하는 것 사이에 괴리가 있다. 그렇지만 나는 사업하는 사람들과 소프트웨어 개발자들이 같은 것, 즉 고객을 기쁘게 하고, 고객에게 널리 채택되고, 돈을 많이 버는 멋진 제품을 만드는 것을 원한다는 생각을 떨칠 수 없다. 하지만 기업가와 개발자는 다른 언어로 말하고 다른 업무 방식을 가진 경우가 많다. 이러한 차이가 기업가와 개발자가 목표를 위해 효과적으로 협업하지 못하도록 방해한다.

'개발자에게 묻기'는 단순히 기술이 아닌 사고방식이다. 지난 10년 동안 나는 회계부터 고객지원, 마케팅, 운영, 영업, 제품까지 모든 분야에서 이와 같은 사고방식을 드러내는 수많은 사람이 디지털 비즈니스로 각 회사의 미래를 구축하는 모습을 목격해 왔다. 이들 모두가 빌더builder다. 디지털 혁신은 개발자만 하는 것이라 오해하지만 그렇지 않다. 물론 기업에는 소프트웨어를 만드는 개발자가 필요하다. 하지만 사실 이 일에는 모든 직무 담당자와 실제 코드를 작성하는 소프트웨어 개발자 사이의 성공적인 협력이 중요하다. 온 마을이 필요하다.

나는 소프트웨어 개발자로 거의 25년 동안 코드를 작성해 왔지만 지금은 수천 명의 직원이 일하는 상장사의 최고경영자이기도 하다. 2020년 여름 현재, 회사의 시가총액은 250억 달러이고, 매출은 10억 달러가 넘으며, 고객은 20만 명에 가깝다. 여전히 코드를 작성하지만 대부분 최고경영자로 일하며 시간을 보낸다. 덕분에 두 가지 관점과 작업 방식을 연결 지을 수 있는 독특한 위치에 서서 기업가와 소프트웨어 개발자의 관계를 보다 조화롭게 만들 수 있다. 바로 그것이 이 책을 쓴 이유다. '개발자에게 묻기' 사고방식은 사업가들이 공동의 목표를 달성하기 위해 기술 인재들을 더 잘 이해하고 그들과 협업하도록 돕기 위해 고안되었다.

비즈니스 리더로서 회사에 디지털 혁신을 소리 높여 외치고 있지만 변화가 빠르게 일어나지 않는 것 같다면, 이 책이 변화를 가속화하는 데 필요한 인재를 모집하고 동원하도록 도와줄 것이다. 자사 소프트웨어 팀이 프로덕트를 너무 천천히 전달해서 불만이라면, '개발자에게 묻기' 사고방식이 당신을 도와, 역시나 빠르게 움직이고 싶어 하는(진짜다) 팀의 발에 묶인 족쇄를 풀어 줄 것이다.

기술팀이 열심히 일하고 있는데도 어째선지 고객이 원하는 큰 그림을 간과하고 있는 것 같다면, 고객을 이해하지 못하게 방해하는 근원적인 조직적 문제를 파악하게 도와줄 것이다. 경쟁업체가 디지털로 즐거움을 전달하는 속도를 높이고 있다면 개발자에게 날개를 달아 주는 법을 파악한 건지도 모른다. 하지만 걱정 말라. 여러분도 할 수 있다. '개발자에게 묻기' 사고방식이 도와줄 수 있다.

소프트웨어를 수용하고 디지털 혁신으로 회사를 이끌어야 하는 건 알겠지만 어디서부터 시작해야 하는지 모르겠는가. 이 책이 좋은 출발점이 될 것이다. 사람이 모든 거대한 혁신의 중심이기 때문이다. 우수한 기술 인재를 채용하기 힘들거나, 인재를 데려왔는데 회사에 기여하기 전에 떠난다면 그들의 본질적 동기를 자극함으로써 우수한 개발자를 채용하고 확보할 수 있는 환경을 조성하도록 도와줄 것이다.

급변하는 디지털 환경에서 어떤 질문을 던져야 하는지 알지 못한다면(아주 흔한 현상이다) 이 책이 디지털 혁신의 한가운데서 무슨 일이 벌어지고 있는지 이해하는 훌륭한 시작이 될 것이다. 비즈니스 담당자가 훌륭한 소프트웨어를 구축하는 일의 복잡성을 이해하지 못해 힘들어하는 기술 리더라면, 협업을 강화하고 공통의 언어로 격차를 좁힐 수 있는 툴을 제공할 것이다.

혹시 오래 전부터 디지털 전환의 길을 덜컹거리며 걸어오고 있더라도 이 책이 소프트웨어 팀의 역량을 의심하는 것에 이의를 제기해 줄 것이다. 요점은 이러하다. 나는 디지털 전환의 모든 단계에서 비즈니스 리더, 기술 리더, 기술 인재가 보다 긴밀히 협력하고 운영 원칙을 공유하면 큰 도움을 받을 거라고 생각한다. 《개발자에게 물어보세요》의 목표는 프레임워크를 제공하는 것이다. 이 책을 비즈니스 리더, 프로덕트 매니저, 기술 리더, 소프트웨어 개발자, 경영진이 공통의 목표를 달성하도록, 디지털 경제에서 승리하는 법을 일깨워 주는 아이디어 툴킷이라고 생각하라.

업계의 판도를 바꾸는 소프트웨어를 만드는 기업의 리더는 세 가지를 잘한다. 첫째, 소프트웨어 개발자가 그 어느 때보다 중요하다는 사실을 안다. 둘째, 개발자를 이해하고, 그들에게 동기를 부여하는 법을 안다. 셋째, 개발자가 성공하도록 투자한다. 바로 이 때문에 개발자가 그 어느 때보다 중요한 이유를 시작점으로 삼아 책을 세 부분으로 구성했다.

준비됐는가? 그럼 가자!

Ask Your Developer

1부

왜
그 어느 때보다 지금
개발자가 중요한가

**WHY DEVELOPERS
MATTER MORE
THAN EVER**

1장

만들거나
혹은 죽거나

가장 강한 종이 살아남는 것도
가장 두뇌가 뛰어난 종이 살아남는 것도 아니다.
변화에 가장 잘 적응한 종이 살아남는다.

찰스 다윈, 《종의 기원》

2004년 9월 아마존Aamazon에 프로덕트 매니저로 입사하고 처음 전사 미팅에 참석했을 때 설립자 겸 최고경영자인 제프 베이조스Jeff Bezos가 했던 말은 그 이후로도 내 머릿속에 박혀 떠나질 않았다.

질의응답 시간에 5천 명쯤 되는 좌중 속에서 누군가 일어서 소매업에 대해 물었다. 질문이 뭐였는지는 정확히 기억나지 않는다. 하지만 제프에게서 누구도 예상하지 못했던 대답이 돌아왔다.

"아마존은 유통업체가 아닙니다. 소프트웨어 회사입니다."

이상한 소리였다. 특히 실제 유통사인 월마트에서 이직한 아마존 직원들은 그렇게 느꼈다. 실제 소프트웨어 회사인 마이크로소프트에서 이직한 아마존 직원들도 마찬가지였다. 하지만 제프는 이것이 사실이라고 주장했다. 그 시기 대부분의 회사들이 소프트웨어를 시디롬에 압축해 상자에 포장해서 팔았고, 심지어 여전히 콤프유에스에이CompUSA 선반에서 소프트웨어를 구매했다.

제프의 요지는 아마존이 마이크로소프트나 오라클Oracle, 어도비Adobe와 다름없는 소프트웨어 회사라는 것이었다. 어쩌다 보니 우리의 소프트웨어는, 소비자에게 배송하는 제품의 형태가 아니라, 책이 됐든 음악이 됐든 갈색 상자에 담아서 누군가의 현관에 배송할 때 뒤에서 그 모든 과정을 도와주는 프로덕트인 것뿐이었다.

"우리 사업은 갈색 택배 상자에 담겨 있지 않습니다." 그가 말했다. "그 갈색 상자를 소비자에게 보내는 데 쓰이는 소프트웨어가 우리 프로덕트입니다." 우리는 소프트웨어 자체가 아니라, 소프트웨어를 이용해 책, DVD, CD, 그 밖의 모든 것을 팔아 수익을 거두었다. 더구나 소프트웨어의 품질이 성공 여부를 결정했다. 제프는 말했다. "우리가 이길 가능성은 하드 드라이브의 마그네틱 입자를 경쟁자보다 더 잘 정렬하는 능력에 달려 있습니다."[1]

우리가 했던 일을 이보다 멋지게 설명할 말이 있을까. 어째서 아마존이 2004년 전사 미팅 이후로 수년에 걸쳐 세계 최고의 회사로 성장했는지 궁금하다면 이 말 속에 답이 들어 있다. 아마존의 성공 비결은 제프가 실은 자신이 소프트웨어 사업에 몸담고 있다는 사실을 그 누구보다 빨리 간파한 것이다.

2000년대 초반에 소매업은 이커머스로 인한 파괴적 혁신으로 위태로운 상황에 처했다. 하지만 시간이 지나면서 위기에 처한 게 소

---

[1] (옮긴이) 하드 드라이브에는 자기 패턴을 이용해 데이터가 저장되는데 디스크가 회전하면서 디스크의 여러 부분에 흩어져 기록되므로 데이터를 효율적으로 읽고 쓸 수 있도록 디스크에 정렬하는 기술이 중요했다.

매업만이 아니라는 게 분명해졌다. 왜 모든 산업이 빠르게 소프트웨어 산업으로 탈바꿈하고 있는 것일까? 바로 진정한 다윈의 진화가 일어나고 있기 때문이다. 나는 이 상황을 '만들거나 혹은 죽거나'라고 부른다.

여러분의 업계와 회사도 이런 위협과 (소프트웨어가 제공한) 기회로 인해 빠르게 변화하고 있을 가능성이 높다. 아마존이 언급되면 회의실 내 모든 이가 긴장하는가? 그건 디지털 전환이 많은 회사에서 뜨거운 이슈이기 때문이다. 하지만 어떻게 해야 이런 변화를 잘 헤쳐 나갈 수 있는지 아는 사람은 많지 않다. 만약 여러분이 변화를 책임지는 수많은 리더와 같은 입장에 있다면, 문제를 대신 해결해 주겠다고 약속하는 소프트웨어 애플리케이션 판매사나 컨설턴트의 집중 공략 대상이 될 것이다. 이런 약속이 물밀 듯 밀려오는데도 거액의 수표를 지불한다고 모든 문제가 해결될 수 있을지 회의감을 느끼지 않나. 그렇다면 여러분이 옳다. 그건 소프트웨어 회사나 컨설턴트에게 디지털 혁신 전략을 구매하는 것만큼 쉽지 않다. 위대한 기업들은 직접 만드는 법을 배운다. 그 이유를 알아보자.

돈 쓰는 부서에서 전략의 중심으로 이동한 소프트웨어

오랫동안 많은 기업이 IT를 회사의 비즈니스를 지원하는 수단, 즉 지원 부서 혹은 각 책상 위에 놓인 개인용 컴퓨터를 돌아가게 하는 소프트웨어와 서버 같은 거라 여겼다. 회사마다 회계를 관리하는 거대한 소프트웨어가 있었고, 대기업은 재고, 수송, 그 밖의 다른 종류의 복잡한 물류 현황을 확인할 수 있는 전사적자원관리Enterprise Resource Planning, ERP 시스템을 구비했다. 하지만 이는 근본적으로 회계 담당자에게 가장 중요한 돈이나 자산과 관련된 부분을 기록하는 부기의 영역이었다. IT 부서는 또한 직원들이 업무를 수행하는 데 쓰는 컴퓨터와 프린터가 잘 작동되게 하는 일을 담당했다. 1980년대와 90년대에 이는 모두 원가 부문에 해당됐는데, 이 말인즉 IT 부문이 회사의 돈을 쓰기만 하고 자체적으로 벌지는 못한다는 뜻이었다. 그래서 많은 회사들이 가능한 한 대강 해결하면서 가끔 인건비가 저렴한 해외 기업에 관련 기능을 아웃소싱하는 게 납득할 만한 일이었다.

최고정보책임자Chief Information Officer, CIO가 새로운 해결책을 강구하다가 기성 소프트웨어를 살지 아니면 직접 만들지 물어보는, 그 유명한 '빌드 대 바이Build vs. Buy' 프로세스를 취하기도 했다. 만드는 쪽을 택하는 회사들도 가끔 있었는데, 어렵기도 하거니와 위험 부담이 커서 대부분의 회사가 판매사와 접촉하는 쪽을 선택했다. 어쨌거나 소프트웨어를 구매하는 데는 장점이 있었다. 기성품을 구매하면 해결되는 걸, 왜 회사가 자체적으로 회계 소프트웨어나 ERP 시스템을 만드는 수고를 한단 말인가?

직접 만드는 것의 장점은 제한적이었다. 소비자들은 해당 회사가 어떤 ERP 시스템을 사용하는지 신경 쓰지 않았다. 자체적으로 제작하다가 실패라도 하면 그 대가가 엄청났다. 재고품을 추적할 수도, 월가에 회계 내용을 보고할 수도 없었다. 이런 유명한 말까지 있었다. 'IBM을 산다고 해고된 사람은 없다.' 그러니 모든 회사가 너도나도 소프트웨어를 구매해서 사업을 운영했다.

하지만 웹에 이어 모바일이 탄생하더니 갑자기 대부분의 기업이 소비자와 만나는 인터페이스가 디지털화되었다. 소프트웨어는 사업의 배후에서 전면으로 나섰다. 소프트웨어는 비영업부서의 잡일을 자동화하는 역할에서 회사가 세상에 내놓는 얼굴이 되었다. 사람들은 은행에 가는 대신 앱을 사용했다. 매장에 가는 대신 온라인 쇼핑을 했다.

이는 소프트웨어 세계에 두 가지 중요한 점을 시사한다. 첫 번째, 사람들이 느닷없이 기업이 사용하는 소프트웨어에 신경을 쓰기 시작했다. 소프트웨어와 직접적으로 연결됐기 때문이다. 고객이 경쟁사보다 더 나은 웹사이트나 모바일 앱을 가지고 있는 회사를 선택하는 게 자연스러워졌다. 두 번째, 새로운 경쟁자가 시장에 들어오기 훨씬 쉬워졌다. 이제 은행이나 매장을 운영하기 위해 동네 모퉁이마다 지점이나 가게를 차릴 필요가 없다. 앱을 만들고 어딘가에 창고를 지으면 된다.

이런 두 가지 트렌드가 2000년대 초반에 눈에 띄게 강해졌다. 갑자기 소프트웨어를 능숙하게 만들면서 인프라나 매장은 없는 스타트업이 급격히 늘기 시작했다. 이렇게 디지털 네이티브 기업들이 뛰어난 고객경험을 창출하는 데 초반 에너지를 집중하면서 전문적인 소프트웨어 구축 능력을 유리하게 이용했다. 새로운 경기장은 디지털이었고, 그들은 최고의 성과를 냈다.

우버와 리프트는 택시 한 대 없이 5년도 안 되는 시간 동안 사람들이 어떻게 도시를 이동하는지 소프트웨어를 이용해 완벽하게 조사했다. 에어비앤비는 실물 부동산을 한 채도 보유하지 않고 전 세계 호텔 산업에 도전장을 내밀었다.

내가 가장 좋아하는 사례 중 하나는 매트리스 회사 캐스퍼Casper다. 캐스퍼는 매트리스를 만든 뒤 자사 웹사이트를 통해 직접 고객에게 유통한다. 나는 캐스퍼가 어떻게 기술 회사로 대우받을 수 있었는지, 어떻게 실리콘밸리의 벤처투자자들에게 상당한 자금을 끌어 모으고 그 과정에서 테크 기업 수준의 가치를 평가를 받았는지 언제나 궁금했다. 우리가 잠을 청하는 스프링과 원단 더미보다 테크놀로지와 멀어 보이는 산업이 또 있을까?!

하지만 사실 캐스퍼는 기술 회사다. 그들의 기술은 제품 자체가 아니라 고객을 모으고, 제품을 유통하고, 궁극적으로 구매부터 제품 사용까지 전 과정 내내 고객으로 하여금 원하는 기분을 느끼게 하기 위해 적용된다. 기술 때문에 최소한의 투자로 이를 대규모로 해낼 수 있다. 그들은 빠르게 성장하기 위해 디지털 인게이지먼트 전략을 이용한다. 캐스퍼는 회사를 설립한 지 5년 만에 백 명도 안 되는 직원으로 약 5억 달러의 매출을 내고 있다. 이와 대조적으로 세상에서 가장 큰 매트리스 회사인 템퍼 씰리Tempur Sealy는 7천 명의 직원으로 27억 달러의 매출을 낸다. 캐스퍼가 기술 덕분에 얼마나 유리한 입지에 서게 됐는지 보라. 템퍼 씰리의 매출이 대략 5배 높지만 직원이 70배나 많다. 템퍼 씰리가 결국 캐스퍼를 이길지 아직 알 수 없지만 전쟁은 시작됐다.

이런 일이 모든 산업에서 반복되고 있다. 면도기 산업을 예로 들면, 스타트업인 해리스Harry's가 업계의 제왕인 질레트Gillette에 도전장을 내밀었다. 투자 분야에서는 스타트업인 로빈후드Robinhood가

피델리티Fidelity, 티로프라이스T. Rowe Price를 비롯해 증권계좌를 책임져 온 백 년도 더 된 대기업들에 맞서고 있다. 이렇게 문턱이 낮아지는 현상은 집을 사고파는 방식을 변화시키면서 부동산 산업도 흔들고 있다. 산업마다 디지털 네이티브 기업이 기술을 이용해 더 빠르고 더 저렴하고 기존 기업보다 더 나은 고객경험을 제공하는 새로운 종류의 프로덕트를 잇달아 시장에 내놓고 있다. 이를 다른 식으로 생각하면, '소프트웨어가 비용 부문에서 수익 부문으로 이동했다'고 볼 수 있다.

무자비하고 가차 없는 다윈의 경쟁은 이렇게 힘을 발휘한다. 하루아침에 소프트웨어는 아웃소싱 대상에서 벗어났다. 이제 소프트웨어는 경쟁적 우위를 점하기 위한 원천이다. 디지털 네이티브(소프트웨어를 만들 줄 아는 스타트업들)가 시장 점유율을 장악하기 시작했다. 이에 대응하기 위해 최근 급부상한 신출내기들을 밀어내고자 하는 기존 기업들은, IT를 아웃소싱하던 관행을 철회하고 경쟁력을 높이고자 사내 소프트웨어 팀을 꾸린다. 산업 내 모든 선수들(최소한 살아남고자 하는 기업들)이 하나씩 빌더가 되고 있다. 이는 피할 수 없는 의무다. 그래서 모든 업계에서 다윈의 진화가 일어나고 있다고 말하는 것이다. 더 이상 '빌드 대 바이'는 선택의 문제가 아니다. 이제 '빌드 대 바이'는 존재론적 문제다. 디지털 시대에 더 좋은 서비스를 제공하는 회사를 선택하려고 하는 고객들이 일으키는 자연선택인 것이다.

매트리스를 다시 예로 들어 보자. 캐스퍼에 대항하기 위해 템퍼씰리는 캐스퍼와 비슷한 온라인 경험을 처음부터 끝까지 제공하는

'코쿤 바이 씰리Cocoon by Sealy'라는 브랜드를 출시했다. 보라! 제국의 역습이 시작됐다! 여러분이 이용하는 은행을 생각해 보자. 아마 다른 은행과 비슷한 예금이나 저축 계좌 서비스를 제공할 것이다. 은행업은 경쟁이 치열한 사업이다. 그러면 은행을 차별화하는 건 무엇일까? 과거에는 은행 지점에서 겪는 경험이 결정적이었다. 내부가 어떤가? 최근에 리모델링을 했는가? 직원의 복장이 단정하고 친절한가? 고객에게 쿠키를 제공하는가? 어린아이에게 막대사탕을 주는가?

하지만 지금은 은행에 걸어가지 않고 앱을 연다. 그러니 은행도 다른 기술, 즉 소프트웨어 기술이 필요하다. 시중에 나와 있는 소프트웨어를 그냥 구매해서도 안 된다. 당연히 은행이 디지털 전환을 이루는 데 필요한 소프트웨어를 판매한다고 주장하는 회사들이 널렸다. 하지만 모든 은행이 똑같은 소프트웨어를 구매한다면 차별점이 또 전부 사라질 것이다. 그러니 궁극적으로 고객의 니즈에 귀기울인 뒤 학습과 이터레이션iteration[2]을 거듭함으로써 소프트웨어로 고객에 답해야 한다.

새로운 디지털 환경에 적응한 회사들은 고객에게 더 나은 서비스를 제공하고 결국 살아남을 것이다. 그렇지 못한 회사들은 사라질 것이다. 하루아침에 그렇게 되진 않겠지만 불가피한 일이다. 이는 간단한 문제다. 어떤 업계인지는 중요하지 않다. 은행, 항공사, 자동차회사, 보험회사, 부동산, 소매업, 의료 모두 마찬가지다. 물

---

[2] (옮긴이) 여기서는 단순 반복보다는 결과를 생성하기 위한 프로세스의 반복을 가리킨다.

론 경쟁력 있는 가격에 훌륭한 제품이나 서비스를 제공해야 하는 건 당연지사다. 하지만 시장을 막론하고 최고의 소프트웨어를 가진 회사가 결국 승자가 될 것이다. 트윌리오의 이사진이자 전직 GE의 최고경영자였던 제프 이멜트Jeff Immelt는 자사 경영진에게 이렇게 말한 적이 있다. "세계 최고의 기술 회사가 되지 못하면 망할 겁니다. 죽는 겁니다. 다른 대안은 없습니다."

"이건 생존을 위한 모색입니다." 아마존의 전설적인 최고기술책임자Chief Technology Officer, CTO이자 전 세계에 수십 개의 데이터센터를 둔 글로벌 최대 클라우드 컴퓨팅 플랫폼인 아마존 웹 서비스Amazon Web Services, AWS의 수석 아키텍트 중 한 명인 버너 보겔스Werner Vogels는 이렇게 말한다. 그는 2미터가 넘는 키에 NFL의 수비수처럼 체격이 좋은 거구의 사나이다. 컴퓨터 과학으로 박사학위를 받고 학계에 10년 넘게 몸담았다가 아마존에 합류했다.

요즘 그는 전 세계를 여행하면서 전통적인 기업들이 적응하고 살아남도록 돕는 일을 주로 하고 있다. 또한 아마존이 소프트웨어를 만드는 회사들을 독려하기 위해 제작한 '이제 만드세요Now Go Build'라는 영상 시리즈에도 출연하고 있다. 고객을 돕는 것은 아마존을 돕는 길이기도 하다. "사람들이 사용법을 모른다면 우리 클라우드가 몽땅 쓸모없어 질 겁니다. 조직적으로, 그리고 문화적으로 변화를 잘 꾀할 수 있도록 도운 다음 기술에 적응하는 법을 알려줘야 합니다." 보겔스의 말이다. 대부분의 회사들이 클라우드 컴퓨팅을 수용하지만 어떻게 해야 소프트웨어 중심 조직이 되는지 몰라서 애를 먹고 있다. "제일 많이 묻는 질문이 그겁니다." 보겔스는 말한다. "고객들이 물어요. '이걸 우리가 어떻게 하죠?' 다들 아마존과 같은 기업에서 배우려고 진심으로 애쓰고 있어요."

가장 큰 걸림돌은 인력을 충원하는 것이다. 2000년대에 대부분의 기술 운영을 아웃소싱했던 거대 다국적 기업들이 이제 이를 원점으로 돌려 소프트웨어 개발을 사내로 가져오고 있다. "대기업들은 이제 디지털이 살아남기 위한 동아줄이라는 걸 압니다. 그러니 아웃소싱에 눈을 돌리지 않고 직접 제어해야 하는 거죠. 하지만 이것 역시 거대한 도전 과제입니다." 보겔스의 이야기다.

또 다른 문제는 속도다. 디지털 네이티브들은 위대한 아이디어를 몇 주 혹은 며칠 만에 프로덕션 코드로 바꿀 수 있다. 그들은 매일 새로운 버전을 출시한다. 전통적인 기업에게 이를 따라가는 것은 속도를 높이는 것을 의미한다. "더 이상 출시까지 6개월이나 12개월을 들여서 개발할 여유가 없습니다." 보겔스는 말한다.

내 말이 믿기지 않는가? 블록버스터Blockbuster에 물어보라. 보더스Borders에 물어보라. 노키아Nokia에 물어보라. 옐로우 택시Yellow Taxi에 물어보라. 모두 재빨리 적응하지 못한 탓에 디지털 혁명에 희생된 피해자들이다. 디지털 시대 진화론에 의해 도태된 도도새다.

소프트웨어를 만드는 사람처럼 생각하는 법

디지털 시대에 승승장구하고 싶으면(도전자든 타이틀을 방어하는 챔피언이든) 소프트웨어를 만드는 사람처럼 생각해야 한다. 소프트웨어를 만든다고 꼭 개발자를 말하는 것은 아니다. 문제에 직면했을 때 다음과 같이 질문을 던지는 사람이라면 누구나 소프트웨어 피플이다. "소프트웨어로 이 문제를 어떻게 해결할 수 있을까?" 소프트웨어 피플이 된다는 건 기술이 아니라 사고방식의 차원이기 때문이다.

소프트웨어 피플은 세상을 소프트웨어의 렌즈를 통해 바라보는 사람이다. 그들은 무한히 낙관적이다. 어떤 사업적 문제라도 소프트웨어 영역으로 가져오면 해결할 수 있기 때문이다. 더욱 더 많은 세상의 문제를 소프트웨어 영역으로 옮겨 온 게 바로 기술자들이 지난 70년 동안 해왔던 일이다.

컴퓨터가 뭔지 한번 생각해 보자. 컴퓨터란 장치에 부착된 센서(입력)와 액추에이터(출력)를 이용해 수학적 계산을 수행하는 기계다. 이런 센서와 액추에이터는 우리가 기계 안에서 무슨 일이 일어나는지 알 수 있는 유일한 방법이다. 사실상 컴퓨터의 역사는 이 세상의 더욱 많은 부분을 '계산'하게 돕기 위해 지속적으로 센서와 액추에이터가 정교하게 발전한 과정이라고 볼 수 있다.

컴퓨팅의 초기 20년(1950년대와 60년대) 동안에는 수학적 계산이 전부였는데, 펀치 카드를 이용해 컴퓨터에 숫자를 입력하고 출력하는 식으로 소프트웨어를 적용했다. 미사일 궤적과 국가 부채를 계산하는 데 컴퓨터를 이용하긴 했지만 그 외에는 별로 사용한 곳이 없다. 1960년에는 전 세계에 겨우 몇 천 대의 컴퓨터만이 존재했다. 하지만 센서와 액추에이터를 개선해 컴퓨터에 텍스트를 입력하고 출력하는 게 가능해졌다(그래서 소프트웨어로 텍스트 문제를 다룰 수 있었다). 다음 20년은 숫자만이 아니라 텍스트를 계산하는 게 주된 쓰임이었다. 키보드와 프린터가 생기면서 1970년대와 80년대에는 문서 작성, 데스크톱 편집, 회계 처리가 가능해졌고, 모든 책상에 PC가 생겼다.

그러다 센서와 액추에이터가 다시 한 번 개선되면서 오디오와 비디오가 디지털화되었다. 컴퓨터에 고급 그래픽 및 사운드 카드가 장착되면서 1990년대와 2000년대에는 멀티미디어가 대세가 되었고, MP3, PC게임, 〈쥬라기 공원〉을 우리에게 가져다주었다. 하지만 이젠 주머니에 쏙 들어가는 스마트폰의 출현으로 상시 인터넷에 연결되는, 여러 개의 센서와 액추에이터를 가지고 다니는 셈이다. 세상 전부가 소프트웨어 영역에 들어온 것이다. 따라서 2010년대와 20년대는 컴퓨팅이 세상을 모조리 휩쓸었다. 그래서 지난 10년이 그토록 흥미진진했던 것이다(다가올 10년도 그럴 것이다!). 소프트웨어 피플의 사고방식을 적용할 수 있는 문제의 카테고리가 폭발적으로 늘어나고 있다.

소프트웨어 자체만이 아니다. 소프트웨어의 근원적 기민함 또한 소프트웨어 피플을 추진하는 동력이다. 이는 고객에게 귀 기울이고, 초기 솔루션을 신속하게 제작하고, 피드백 받는 과정을 끊임없이 반복하고 개선하는 것에서부터 시작한다. 컴퓨터 사용의 발달로 소프트웨어 피플은 세상의 보다 많은 문제에 소프트웨어 프로세스를 적용할 수 있다. 특히 전통적인 하드웨어 중심 분야에서 이런 현상이 나타나는 것을 보면 즐겁다. 소프트웨어 피플이 하드웨어 분야에서 펼치는 전술을 보라. 플라스틱, 금속, 유리에 물리적으로 진화가 일어나는 것을 확인할 수 있다.

애플이 TV 리모컨을 어떻게 바꿨는가. 애플 TV가 세상에 나오기 전, 셋톱박스에 딸린 리모컨에는 버튼이 수백 개 달려 있었다. 어떤 회사는 심지어 버튼 개수를 제품의 매력 포인트로 홍보하기도 했다. 각 버튼 옆에는 명칭이 적혀 있었다. 소리 위/아래, 채널 위/아래, 즐겨찾기, PiP, 소스, 메뉴 등등. 처음 출시된 애플 TV 리모컨에는 버튼이 일곱 개밖에 없었다. 왜일까? 모든 스마트 기능이 소프트웨어에 들어 있기 때문이다. 이는 애플이 고객에게 배우고 소프트웨어를 지속적으로 업데이트해, 새로운 특징과 기능을 제공할 수 있다는 것을 의미한다. 플라스틱과 금속으로 고정된 것들을 이터레이션할 순 없다. 기계가 공장을 떠나면 그 기능은 영원히 불변이다. 그러므로 버튼을 제거한 결정은 미학을 넘어 굉장히 전략적인 것이다. 나는 애플 TV 리모컨을 처음 보고 이렇게 생각했다. '와, 이제 소프트웨어 전쟁이구나.'

이게 바로 2007년에 스티브 잡스Steve Jobs가 아이폰에 도입한 사고 프로세스다. 잡스는 물리적 키보드가 달린 모든 핸드폰을 경시했다. 그는 필요할 때든 아니든 키보드가 항상 그 자리에 있다는 사실을 탁월하게 짚어 냈다. 그러면 절대 업데이트를 할 수도, 언어를 변경할 수도, 원치 않을 때 없앨 수도 없기 때문이다. 언제나 그리고 영원히, 그 장치의 물적 재산은 처음 배송된 그대로의 배열과 언어로 고정된 수많은 버튼일 터였다. 아이폰의 키보드는 소프트웨어다. 필요하지 않을 때, 그러니까 대부분의 경우, 사라져 보이지 않는다. 사용자가 원하면 이모티콘으로 바꿀 수도, 여러 언어를 구사한다면 다른 언어로 바꿀 수도 있다. 이 말인 즉, 애플은 하나의 재고관리코드Stock Keeping Unit, SKU로 전 세계에 제품을 배송할 수 있다는 뜻이다. 소비자에게 필요한 언어는 그저 소프트웨어일 뿐, 공장에서 고정된 형태로 출고되는 물리적인 무언가가 아니다.

또 다른 사례로 스퀘어Square 신용카드 리더기를 보자. 전통적인 신용카드 기계는 1990년대 공학용 계산기에서 베낀 것 같은 화면과 소수의 버튼이 달린 거대한 플라스틱 덩어리였다. 새로운 지불 방식이 나오고 모니터 화소가 100이 넘는 제품이 출시되면서 이전 제품은 퇴물이 되었다. 신용카드 리더기의 모든 기능이 공장 출고 시부터 플라스틱과 실리콘으로 고정돼 있었다.

이와 대조적으로 스퀘어 리더기는 물리적 세계(마그네틱선 리더기)와 소프트웨어 세계를 연결하는 데 필요한 최소한의 인터페이스로 만들어져 있다. 이 밖의 모든 것은 소프트웨어로 이루어진다. 그래서 스퀘어가 매주 업데이트를 할 수 있는 것이다. 소프트웨어가 변경될 때마다 새로운 기능이 추가되고 버그가 수정되면서 똑똑해진다. 스퀘어는 소프트웨어 속도로 이터레이션하고 학습할 수 있다. 개발자가 카드를 읽는 데 필요한 최소한의 플라스틱만 남겨 놓고 모든 것을 소프트웨어에 집어넣었기 때문이다. 비접촉 결제가 이루어지면서 물리적인 부분이 더 많이 사라지고 있다. 조작해야 할 하드웨어가 적을수록, 더 많은 소프트웨어 피플이 소프트웨어로 할 수 있는 것들이 늘어난다.

또 다른 사례는 테슬라Tesla다. 보통의 차들은 계기판에 수십 개의 버튼을 달고 있다. 반면 테슬라에는 보통 핸들에 버튼 네 개, 스크롤 두 개밖에 없다. 그 외 모든 것은 거대한 화면에서 소프트웨어로 실행된다. 테슬라의 버튼에는 심지어 이름도 없다. 그래야 전부 소프트웨어처럼 다루면서 고객 피드백을 받아 지속적으로 업데이트할 수 있기 때문이다. 이는 시간이 지나면서 노래방(그렇다. 대시보드 노래방 시스템이다)과 유튜브YouTube 같은 것들을 추가해 인포테인먼트infotainment 시스템을 비롯한 재밌는 것들을 설치할 수 있을 뿐 아니라 안전 면에서도 중요한 발전을 이룰 수 있음을 의미한다.

  2013년 10월 한 테슬라 차주가 고속도로를 달리다가 사고 잔해물 위를 지나갔다. 그 바람에 자동차 배터리에 구멍이 생겨 불이 붙기 시작했다. 모델 에스Model S가 운전자에게 문제 상황을 알렸고, 그는 화염에 사로잡히기 몇 분 전에 차를 세우고 밖으로 빠져나왔다. 하지만 테슬라의 홍보에는 재앙이었다. 테슬라는 차를 더욱 안전하게 만들기 위해 고속도로에서처럼 고속으로 주행할 때는 차체를 1인치 더 높게 달리게끔 하기로 결정했다.

  이럴 경우 평범한 회사들은 대개 리콜 요청을 해서 회사에는 수천만 또는 수억 달러의 비용을 발생시키고, 차주에게는 엄청난 불편함을 초래한다. 하지만 테슬라는 무선으로 업데이트를 했고, 고속 주행 시 차체를 1인치 높이도록 서스펜션을 조정했다. 이렇게 문제가 해결되었다. 이게 바로 소프트웨어식 사고방식이다.

  나는 소프트웨어식 사고방식이 하드웨어 회사에 적용되는 것을 보는 게 즐겁다. 이 회사들이 말 그대로 상상할 수 있는, 모든 유리와 플라스틱을 제거해서 세상과 연결되는 데 꼭 필요한 물리적 인터페이스만 남기는 걸 뚜렷이 볼 수 있기 때문이다. 하지만 하드웨어 사업을 운영하지 않더라도 교훈은 똑같다. 해당 산업에서의 '디지털 대 아날로그'의 비율이 관건이다. 핵심 경험과 작업 흐름을 주 단위로 이터레이션할 수 있으면 어떤 일이 벌어질까? 이것이 소프트웨어적 사고방식이 작동하는 모습으로, 이는 물리적 실체를 디지털화한 다음 문제해결에 소프트웨어적 사고방식을 적용하는 데서부터 시작한다.

모든 종류의 회사가 소프트웨어 회사가 될 수 있다. 우리가 해야 할 건 그저 빠른 이터레이션의 중요성을 내면화하는 것뿐이다. 일론 머스크Elon Musk나 잭 도시Jack Dorsey가 될 필요는 없다. 이터레이션의 힘을 믿기만 하면 다윈이 여러분 편에 설 것이다. 하지만 당연히 이터레이션을 하기 위해선 먼저 만들어야 한다. 매장에서 구입한 프로덕트로 이터레이션을 할 수는 없다. 그래서 '만들거나 혹은 죽거나'라고 하는 것이다.

트랙터와 테슬라의 경주

문제는 당연히 일률적인 소프트웨어는 그 누구에게도 딱 들어맞지 않는다는 점이다. 모든 회사가 똑같은 소프트웨어를 사면 어떤 회사도 차별화를 꾀할 수 없다. 적어도 디지털이란 렌즈를 통해 봤을 때는 그저 경쟁 회사와 똑같은 회사가 될 뿐이다. 그리고 디지털이란 렌즈는 점점 그 중요성이 커지는 유일한 렌즈다.

우리 고객 중 하나가 이를 매우 적절하게 표현한 바 있다. 기존의 소프트웨어 앱을 사용하면 그 소프트웨어에 맞춰서 사업을 바꿔야 한다고 말이다. 이 얼마나 정신 나간 일인가! 실제로는 고객이 필요로 하는 사업을 만들기 위해서 **소프트웨어를** 바꾸어야 한다.

기존 앱을 필요에 맞게 고칠 수도 있겠지만 요구사항을 완벽히 구현할 수는 없다. 설상가상으로 소프트웨어 회사가 업그레이드해 주기를 기다려야 한다는 문제도 있다. 새로운 버전이 나온다고 쳐도 조직 전반에 도입하는 데 한세월이 걸린다. 특별한 기능(메뉴에 없는 맞춤 기능)이 필요하면 어떻게 할까? 글쎄, 프로덕트 팀에 요구할 수는 있겠지만 희망고문 당하듯 기다려야 한다.

제각기 다른 소프트웨어 회사에서 프로그램을 구입한 경우에는 문제가 훨씬 커진다. 여러 프로그램을 꿰매서 이어 붙일 수는 있겠지만 이음새가 결코 매끈해지지 않을 테니 말이다. 하나를 바꾸면 나머지는 버려야 할 수도 있다. 무언가 잘못되면 소프트웨어 회사들이 서로 책임을 전가하기 시작한다.

최악은 모든 부분에서 시간이 너무 오래 걸린다는 점이다. 구매 과정 자체만 봐도 '제안요청서 Request For Proposal, RFP'부터 시작해 영겁의 세월이 걸린다. 제안서를 검토하고, 계약하고 싶어 하는 소프트웨어 회사들의 판매 홍보를 듣는 데 수개월을 쏟아야 한다. 여러 제품을 비교하는 '경연'을 벌여야 한다. 회의를 열고 의견을 구하고 발표를 한다. '우리 인사 소프트웨어를 구매하시면 고객 관리 패키지를 저렴하게 얹어 드리겠습니다'와 같은 달콤한 제안이 추가된다. 그런 다음 계약 사항을 협의하느라 수개월을 보내고 마침내 낙점된 소프트웨어 회사에서 한 무더기의 컨설턴트를 파견해서 여러 달, 때론 심지어 여러 해에 걸쳐 소프트웨어를 설치한다. 설치가 끝나고 실행이 시작되면 회사의 요구를 충족시키는 소프트웨어가

1장 만들거나 혹은 죽거나 **19**

생긴다. 2년 전 요구대로 말이다! 대단하지 않은가!

 모든 경쟁업체가 이런 식으로 소프트웨어를 산다면 그럭저럭 위기를 모면할 수도 있다. 하지만 지금 보니 경쟁사들은 주 단위로, 어쩌면 일 단위로 업데이트를 한다. 테이프를 덕지덕지 바른, 투박하고 허술한 기존 앱을 가지고서는 죽었다 깨어나도 그렇게 할 수 없다. 이건 트랙터와 테슬라가 경주를 벌이는 것과 같다.

 꼭 실리콘밸리에 입성해야만 '만들거나 혹은 죽거나' 전투를 볼 수 있는 건 아니다. 네덜란드로 시선을 돌려 보자.

벙크, 우연찮게 은행이 된 기술 기업

디지털 혁신 시대 다윈의 적자생존을 잘 보여 주는 최고의 사례 중 하나는 네덜란드의 두 은행이다. 하나는 소프트웨어식 사고방식을 이용해 사업 전반을 철저히 점검한 전통적 조직 ING이다. 또 하나는 지점은 설립하지 않은 채 암스테르담에 본사만 둔 모바일 은행 벙크bunq다. 벙크는 기본적으로 소프트웨어 기반 은행으로, 고객들은 클라우드에 저장된 은행 정보를 모바일로 접한다.

 벙크의 설립자이자 최고경영자인 알리 니크남Ali Niknam은 어릴 적부터 소프트웨어를 만들었다. 그는 벙크를 은행이 아닌 소프트웨어 회사라고 생각한다. 기존 은행 앱을 구매하지 않고 자체적으로 소프트웨어를 만든 덕분에 벙크에서는 개발자와 고객이 굉장히 짧은 주기로 피드백을 주고받을 수 있다. 개발자는 고객에게 어떤 기능을 원하는지, 어떤 기능을 싫어하는지 지속적으로 피드백을 구한다. 그런 뒤 거의 하룻밤 만에 새로운 기능을 내놓는다. 사용자가 감탄하며 충성할 수밖에 없다.

알리는 캐나다에서 태어났다. 부모님은 이란 사람이다. 일곱 살 때 온 가족이 네덜란드로 이주했다. 그는 아홉 살에 처음 코딩을 했다. 열두 살에 주식 투자를 시작했고, 열여섯에 회사를 차렸다. 2003년 스물 한 살의 나이로 트랜스아이피TransIP를 설립해 전 세계에서 세 번째로 큰 도메인 및 호스팅 제공업체로 성장시켰다(고대디GoDaddy의 네덜란드 버전이라고 생각하면 된다). 4년 후 알리는 네덜란드에서 가장 큰 데이터센터 회사인 데이터센터 그룹Datacenter Group을 설립했다. 그러다 2012년, 서른 살에 이렇게 밝혔다. "제가 사람들이 즐겨 사용하는 제품을 창조하고 싶어 한다는 것을, 공익에 부합하는 무언가, 사회적 영향력을 가진 무언가를 만들고 싶어 한다는 것을 알았습니다."

그는 여러 아이디어를 살펴본 뒤 기술과 혁신 측면에서 "은행업이 암흑기에 머물러 있다"는 사실을 깨달았다. 해당 산업 전체적으로 총체적인 점검에 들어갈 수밖에 없다고 생각했다. 대부분의 은행이 아직도 1970년대 구식 중앙 컴퓨터를 사용하고 있었다. 웹사이트와 모바일 앱도 끔찍했다. 모두가 같은 가격에 같은 것을 제공했다. 아무도 혁신하지 않았다. 고객들은 이러지도 저러지도 못했다. "금융 부문에서 사실상 선택의 자유가 없었어요. 돈처럼 중요한 것을 다루는 분야인데 케첩을 사는 것보다 선택지가 더 적었습니다. 뭔가 변화가 필요했습니다." 그가 말한다.

알리가 하려는 건 은행이 하는 일을 조금 더 나은 버전으로 업그레이드하는 게 아니었다. "원점으로 돌아가 생각했어요. 물건을 사고, 돈을 저축하고, 친구에게 송금하기를 오늘 처음부터 새로 설계한다면 어떤 형태가 될까?"

벙크의 사용자 인터페이스는 모양도, 느낌도, 오늘날의 소셜 네트워킹 앱을 닮았다. 소문자에 세로로 밝은 무지개 색깔이 들어간 'bunq'라는 로고와 '자유로운 은행 BANK OF THE FREE'처럼 간단한 회사 슬로건에서도 알 수 있듯이, 단순하고 깔끔하고 개인화되어 있다. 벙크는 우버 와이즈 Waze, 스포티파이, 아이폰과 안드로이드 폰의 나머지 앱들 바로 옆에 자리 잡고 있다. 엄청난 성과처럼 보이지 않을 수도 있지만 대부분의 은행 앱들과 벙크의 사용자 인터페이스를 비교하면 차이점을 알 수 있다.

벙크에서는 새 계좌를 개설하는 데 몇 분밖에 걸리지 않는다. 소셜 앱들처럼 사진, 이름, 닉네임으로 프로필만 만들면 된다. 계좌를 공유하거나 추가하는 것도 쉽다. 커플이라면 생활비용 계좌를 공유하고 각자 취미를 위한 개인 계좌를 동시에 만들 수도 있다. 계좌를 여러 개 개설하는 것도 가능하다. 하나는 식료품 지출용, 하나는 축구팀용, 하나는 학교 모금 행사용 이런 식으로 말이다. 계좌를 바꾸려면 다른 핀 PIN 코드만 입력하면 된다.

벙크는 여행에 특화된 멋진 기능도 제공한다. 친구 여럿과 여행을 갈 때 '슬라이스 그룹 Slice Group' 기능을 설정하면 누가 어디에 지불했는지 추적할 수 있다. 여행에서 돌아와 지출을 정산하고 싶으면 버튼만 누르면 된다. 고객 대부분이 직불카드를 가지고 있지만 벙크는 여행카드도 제공한다. 마스터카드에서 지원하는 카드로, 월회비를 낼 필요도 없고 환전 시 추가 수수료도 없다. 직불카드와 비슷해서 계좌에서 돈이 인출되지만 신용카드 기능도 있다. 빚을 지기 싫어하는 일부 고객을 위해 벙크는 '실시간 잔고 확인' 문자를 보내 고객들이 잔고가 얼마인지 확인하고 사용 금액이 신용카드로 청구되기 전에 소비를 멈추도록(또는 계좌에 입금하도록) 돕는다.

벙크의 현재까지 고객 통계 수치를 보면 사회적 요인에 신경 쓰는 젊은층이 많은 편이다. 벙크는 자신들이 고객의 돈으로 무엇을 하면 좋을지 고객에게 선택권을 주는 서비스도 제공한다. 만약 고객이 기후변화 조약을 어기는 회사에 자신의 돈이 투자되는 것을 싫어한다면 그 지시를 따르는 것이다. 비슷한 맥락으로 '녹색카드 Green Card'도 제공하는데, 이용 고객이 백 유로를 지출할 때마다 회사가 나무 한 그루를 심는다.

알리는 전체 사업에 직접 돈을 대는데, 지금까지 4천5백만 유로를 투자했다. 그에게 가장 큰 걸림돌은 기술이 아니다. 규제 기관이다. 2012년은 네덜란드가 어느 회사에도 신규 은행 설립을 허가하지 않은지 35년째 되는 해였다. "얼마나 오래됐는지 허가를 내주는 방법을 아는 사람이 더 이상 없을 정도였어요." 그가 말한다. 벙크가 "외딴 곳에 위치한 텅 빈 건물에서 직원 스무 명이 일하는 신생 기업"이라는 사실도 도움이 되지 않았다. 한편 규제 기관들도 금융에 새로운 아이디어가 흐를 필요가 있음을 깨달았다. 3년 뒤인 2015년 후반, 벙크는 은행 설립을 허가받았다. "우리가 실제로 해냈다니 황홀했습니다." 알리는 말한다.

벙크의 첫 번째 버전 소프트웨어가 완성되는 데 1년이 걸렸는데, 알리가 코드의 20퍼센트를 직접 작성했다. 벙크는 2016년 비즈니스를 시작해 2019년 말 사업 지역을 유럽 30개국으로 확대했다. 모든 고객경험은 모바일 앱 기반이었고, 2019년까지는 심지어 웹 버전도 없었다. 벙크는 트윌리오, 아마존 웹 서비스 등을 이용해 오롯이 클라우드로 운영된다. 또한 놀라울 정도로 군살이 없어서 직원이 2백 명이 채 되지 않는다. 기존 은행이 경악하는 지점이다. 소프트웨어의 규모와 효율성이 전례 없이 엄청나기 때문이다. 기업 문화가 엔지니어링 중심이다 보니 알리는 벙크를 은행이라기보다는 "우연찮게 은행과 접목된 기술 기업"이라고 설명한다. 성장에 탄력이 붙은 벙크는 디지털 혁신 모델로서 기존 기업들에게 주목받고 있다.

ING, 사지 않고 만든 고객센터 2.0

벙크의 라이벌 기업 중 하나가 건너편 동네에 자리 잡은, 1700년대부터 명맥을 이어 오며 현재 1조 넘는 자산을 관리하는 ING이다. ING는 우리가 생각하는 스타트업과는 거리가 먼데다, 답답하고, 위험 회피 경향이 강하고, 규제가 심하기로 악명 높은 산업에서 경쟁하고 있다. 하지만 세계에서 가장 혁신적인 소프트웨어 개발 조직 중 하나가 되었다. 지난 몇 년 동안 나는 ING와 일하면서 그 혁신에 동참하는 즐거움을 누렸다. ING가 성공한 한 가지 이유는 조직 맨 꼭대기, 즉 2013년에 최고경영자로 승진한, 기술에 능통한 경영진 랄프 하머르스Ralph Hamers에게서 변화가 시작되었기 때문이다.

몇 년 전 ING는 기업 문화를 철저히 정비했다. 개발자들이 창조적 자유를 마음껏 누리면서 일하도록 한 것도 그 변화의 일부다. 그들은 하머르스를 비롯한 경영진을 시작으로 애자일 프로세스를 적용했다. 적용 대상은 소프트웨어 엔지니어링 조직만이 아니었다. 오프라인 지점까지 회사 전체에 애자일 관행이 운용되기 시작했다. 회사 웹사이트에 'ING가 애자일을 실천하는 방식'이라는 동영상을 올려 회사 차원에서의 변혁을 설명하기도 했다. 모든 부서가 소규모팀을 조직해 2주 간격으로 스프린트를 실시하고 스탠드업 미팅도 열었다. 벙크와 같은 새로운 디지털 혁신자들의 맹습에 그들이 맞서 싸우는 방식이다. 은행 업계에서도 '만들거나 혹은 죽거나'의 움직임이 일고 있는 것이다. 나는 이런 변혁의 결과를 직접 목격했다. 트윌리오의 일원으로 ING의 소규모 개발자 팀과 함께 일하면서 의욕적으로 프로젝트를 성사시키는 모습에 완전히 흥분의 도가니에 빠졌다.

2015년 테오 프리스베이크Theo Frieswijk라는 이름의 ING 엔지니어링 매니저가 새 고객센터 시스템을 만드는 데 도움을 얻고 싶다며 우리에게 연락했다. 테오는 고객센터 시스템을 지원하는 40명의 엔지니어를 관리하는데, 전 세계 ING 지점의 1만 명 넘는 지원팀 직원들이 이 시스템을 사용한다. 수년 동안 ING는 은행들을 매입하며 성장해 왔다. 그런데 그 은행들이 전부 다른 고객센터 시스템을 사용했다.

ING는 모두 합쳐 17개의 제각기 다른 상용 소프트웨어 회사들이 개발한 17개의 제각기 다른 시스템을, 저마다 다른 자체 데이터센터를 통해 실행하고 있었다. 이렇게 뒤죽박죽된 시스템을 유지하는 일은 악몽과도 같았다. "판매사가 기존 버전을 더 이상 지원해주지 않는 탓에 1년 중 9개월을 프로젝트를 업그레이드하는 데 써야 했습니다. 하나의 요소를 업그레이드하면 다른 요소도, 또 다른 요소도, 뒤이어 또 다른 요소도 업그레이드해야 했어요. 그 바람에 일이 단숨에 매우 거대한 프로젝트로 변해 버렸습니다." 테오는 말한다.

이렇게 이것저것 뒤섞인 구형 컴퓨터 시스템은 소프트웨어 엔지니어들이 유지하기도 힘들뿐더러 은행의 3천8백만 고객들이 최고의 서비스를 받지 못한다는 것을 의미하기도 했다. 몇 년 동안 ING는 기존 솔루션에 필요한 기능이 없으면 다른 솔루션을 도입했다. 이게 고객센터가 지속이 불가능할 정도로 몸집이 커진 이유였다. 경영진은 테오의 팀이 고객센터 솔루션 판매자들 중 하나를 골라 회사 전반을 아우르는 기준으로 삼기를 원했다.

하지만 테오는 경영진에 다른 아이디어를 제시했다. 또 거대한 단일 시스템을 구매해서 더 나은 결과가 나오기를 기대하지 말고, 자신의 팀이 아예 자체 고객센터를 만들어서 문제가 생기거나 새로운 아이디어를 시도하고 싶을 때마다 직접 손보자고 말이다. 이는 투자이면서 궁극적으로 회사의 최우선 과제 중 하나인 보다 민첩해지는 길이기도 했다. 리더들은 시도에 호기심을 보였지만 신뢰하지는 않았다.

테오가 이끄는 팀은 어떤 기성 패키지를 선택하든 별 볼 일 없는 평범한 솔루션이 될 거라고 주장했다. 기존 소프트웨어는 포괄적이어서 다수의 잠재적 고객을 대상으로 하지만 어떤 기업의 요구에도 완벽하게 맞지 않을 거라 생각했다. 하지만 사내에서 소프트웨어를 개발하는 것은 정확히 ING가 필요로 하는 맞춤 시스템을 만들 수 있음을 의미했다.

처음에는 이 제안이 기발하다 못해 정신 나간 소리처럼 받아들여졌다. 고객센터 시스템은 별로 매력적이지도 않고 굉장히 복잡하다. 그래서 대개 전기통신 산업에 뿌리를 두고 있는 어바이어Avaya나 제네시스Genesys와 같은 회사 제품을 구매했다. 이 회사들이 수십 년 동안 고객센터를 전담으로 만들었는데, 한 은행의 IT 부서 개발자들이 여기에 특화된 거대 제조사들이 만드는 것보다 나은 소프트웨어를 제작하겠다고 나선 것이었다.

이뿐만이 아니었다. 테오는 자신의 팀이 소프트웨어 판매업체를 선택하고 소프트웨어를 출시하는 것보다 더 적은 시간에, 더 적은 돈으로, 전체 고객 시스템을 기초부터 만들 수 있다고 자신했다. 더 중요한 건 ING가 코드를 소유하게 되므로 판매업체가 1년에 한 번 혹은 두 번, 업그레이드된 버전을 보내 줄 때까지 기다리지 않고, 개발자들이 원하는 만큼 자주 시스템을 개선하고, 필요하면 매일 새로운 코드를 배포할 수도 있다는 점이었다.

테오가 이런 대담한 제안을 한 건 직감이 아니라 오랜 조사 덕분이었다. 2014년에 그는 완성된 소프트웨어 애플리케이션 대신에 개발자가 자체 앱을 만들 때 결합할 수 있는 구성요소를 판매하는 트윌리오와 같은 신생 소프트웨어 회사들을 조사하기 시작했다(이런 변화에 대해서는 2장에서 설명할 것이다).

2015년 테오는 동료들과 함께 트윌리오의 시그널SIGNAL 컨퍼런스에 참석하기 위해 샌프란시스코를 방문했다. 그들은 트윌리오를 사용해 고객센터를 만들 수 있느냐고 우리에게 물었다. 몇 달 후 트윌리오 엔지니어팀이 암스테르담으로 날아가 ING 엔지니어들과 3일 동안 해커톤을 실시했다.

"기존 대로라면 어려웠겠지만 이상적인 세계에서는 가능할 것 같은 수많은 시나리오를 구상했죠." 테오가 말한다. "3일 동안 기대했던 것보다 훨씬 많은 것을 만들어 냈습니다. 다들 그 사실에 완전히 열광했어요. 해커톤이 끝난 뒤, 고객센터를 만들고 응용프로그램 프로그래밍 인터페이스Application Programming Interface, API와 마이크로서비스를 사용하는 아키텍처로 나아갈 수 있을 거라는 확신이 생겼어요."

이 경험 덕분에 테오는 경영진에 아이디어를 제시해야겠다는 용기를 얻었다. 처음 생각처럼 정신 나간 일이 아닐지도 몰랐다. 하지만 여전히 커다란 도박이었다. 사실 기존 IT 경력이 망가질 수도 있었다. 이는 대기업이 변화를 그토록 꺼려하고 스타트업에 계속해서 뒤처지는 또 다른 이유다. 고위 간부들 사이에 '수치심을 유발하며 비난하는' 문화가 형성돼 있어서 기술 그룹을 이끄는 사람들이 선뜻 위험을 감수하지 않는다.

가장 안전한 선택은 언제나 거대 판매업체와 손잡는 것이다. 물론 소프트웨어가 훌륭하지 않을 수도 있다. 하지만 문제가 생겼을 때 본인이 아닌 판매자가 책임을 지게 된다. 기술 부서의 결정권자들은 기성 소프트웨어를 재차 구매하는 게 참담한 선택이라는 것을 충분히 인지하고 있을 것이다. 그들은 회사가 근본적으로 바뀌어야 한다는 사실을 안다. 하지만 알게 뭔가? 문제를 구석으로 치워 버리는 게 더 쉽고 안전하다. 다음 사람이 처리하도록 넘기면 그만이다.

이런 사고방식은 수많은 기업이 실패에 반응하는 방식에서 비롯한다. 보통 대규모 계획을 시도했다가 실패하면 (기술 부서뿐 아니라 어느 부서라도) 향후 경력에 먹구름이 드리운다. 하지만 민첩한 문화에서는 실패를 처벌하지 않는다. 오히려 학습의 기회로 삼는다. 위험을 감수하고 실패를 감내하는 사고방식은 소프트웨어 정신에서 큰 부분을 차지한다. 또한 이는 기존 회사들이 회피하는 가장 큰 지점 중 하나다. 심지어 회사를 스타트업처럼 만들고 싶다는 리더(많은 리더들이 이렇게 주장한다)가 있는 회사조차 말이다.

이는 내게 중요한 교훈을 알려 준다.

> 소프트웨어를 만드는 회사가 되고 싶다면 조직 전체의 사고방식을 바꾸는 것부터 시작해야 한다.

새로운 개발자를 한 무더기 고용하거나 개발자가 근무하는 방식을 바꾸는 것으로는 충분하지 않다. 기업 문화를 바꾸지 않는다면 이 중 어떤 것도 힘을 발휘하지 못한다. 불모지에 나무를 새로 심는 꼴이다. 테오가 긍정적 답변을 받은 한 가지 이유는 ING가 한창 전사적으로 철저한 점검을 진행하고 있었기 때문이다. 최고경영자 하머르스가 민첩함agility에 오롯이 집중하기 전이었다면 이러한 혁신은 불가능했을지도 모른다.

테오는 오히려 위험을 즐긴다. "저는 차이를 만들고 싶습니다. 무언가를 이루고 싶어요. 제겐 이 일이 큰 기회였어요. 어떤 위험도 감수하지 않으면 만족스런 결과도 얻지 못합니다."

2016년 봄 ING 엔지니어들이 '고객센터 2.0'이라는 별칭의 프로젝트를 시작했다. 많은 회사가 자사 고객센터에 트윌리오를 추가했지만 어느 누구도 이처럼 완벽히 새로운 고객센터를 만든 적이 없었다. "참고할 만한 곳이 없었어요. 이 모든 기능을 결합하는 건 이전에 그 누구도 해본 적 없는 일이었거든요. 제가 진짜 좋아하는 일이죠." 엔지니어들은 열정을 보이며 성공할 수 있을 거라고 믿었다. 하지만 "많은 사람들이 우리가 해낼 수 없을 거라고 회의적인 태도를 보였어요." 테오의 말이다.

2017년 여름 엔지니어들은 일부 지점에서 '고객센터 2.0'의 파일럿 버전을 테스트하기 시작했고 재빨리 네덜란드의 모든 고객센터로 확대했다. 2019년 말까지 7개국 1만 1천 명의 지원팀 직원들이 '고객센터 2.0'을 사용했으며 추후 전 세계에 출시될 것이다.

도박은 곧장 성과를 거두기 시작했다. 엔지니어들은 수정과 업그레이드를 거듭하며 매주 코드를 배포하고 지속적으로 '고객들', 즉 ING의 지원팀 직원들뿐 아니라 은행의 최종 사용자들에게 피드백을 받았다. "일이 빠르게 돌아갑니다. 실시간으로요. 유지 보수를 위해 작업을 중단할 필요가 없어요. 원하는 만큼 자주 새로운 변경 사항을 구현할 수 있거든요." 테오는 말한다.

또한 코드가 훨씬 안정적인 데다가 직원들이 고객 문의를 더욱 빠르게 해결할 수 있어 대기 시간이 줄어들었다. 시스템이 워낙 훌류해서 이제는 다른 회사들이 ING에 찾아와 어떻게 하면 비슷한 시스템을 만들 수 있는지 알아내려 한다. 심지어 트윌리오의 엔지니어들조차 ING가 하는 일을 지켜보면서 우리 프로덕트에 대해 새로운 정보를 지속적으로 배우고 있다.

ING는 전 세계에 있는 자사 개발자들이 플랫폼에 기여할 수 있도록 하는 대규모 계획을 세우고 있다. 2019년에는 암스테르담의 개발자들이 필리핀의 ING 자회사 개발자들과 함께 파일럿 프로그램을 출시했다. 해당 자회사는 오프라인 지점 없이 오직 스마트폰에서만 운영된다. 그곳 개발자들은 핸드폰에서 구현되는 끝내주게 멋있는 기능을 만들어 내는 전문가들이다. 또한 자신들의 차별화된 요구에 맞게끔 고객센터 소프트웨어를 수정하기도 하는데, 암스테르담의 중앙팀과 새로운 기능을 공유하고 중앙 플랫폼에 통합시킨다.

이는 ING가 암스테르담의 소규모팀에게 모든 업무를 맡기는 대신, 전 세계에 포진한 수십 명의 개발자들의 창의력을 활용해 개발 프로세스에 가속 페달을 밟고 있음을 의미한다. "몇 년 안에 혁신 속도가 기하급수적으로 증가할 겁니다. 우리가 이 플랫폼으로 이루려는 바예요. 첫 출시는 기존의 전화 시스템을 교체하는 부분에 초점을 맞추고 있어요. 하지만 진짜는 아직 시작하지도 않았어요."

'고객센터 2.0' 프로젝트의 성공은 ING 엔지니어들의 기술은 물론이고, '평범한 IT 전문가'가 세계적 수준의 소프트웨어를 만드는 최고 개발자로 변신할 수 있음을 입증한다. 이런 세계적 수준의 소프트웨어 개발자는 사방에 널려 있다. 회사는 그들을 찾아서 고삐를 풀어 주어야 한다. 그들 스스로 주인처럼 느끼게 해야 한다.

테오는 이 프로젝트가 자신의 경력에서 가장 흥미로운 부분이라고 말한다. 그는 겸손하게도 이 모든 공을 자신의 엔지니어들뿐 아니라 그들이 큰 위험을 감수하도록 허락해 준 ING 고위 간부들에게 돌린다. "저는 직급상 최고정보책임자보다 두 단계 아래입니다. 하지만 기업가와 같은 모험적 자세로 새로운 것을 시도하고 심지어 실수를 저지르기도 합니다."

'만들거나 혹은 죽거나'의 세계에서, ING 은행은 혁신의 모델이다. 나는 '만들거나 혹은 죽거나' 프레임이 어떻게 작동하는지 증명하기 위해 은행을 예시로 들었다. 막대한 이해관계(사람들의 돈!), 복잡 미묘한 규제를 고려했을 때, 이보다 파괴적 혁신과 거리가 먼 산업을 떠올리기 힘들다. 하지만 이런 은행업조차 소프트웨어 산업으로 변하고 있다. 비트코인을 비롯한 암호화폐의 잠재적 영향력은 차치하고, 단지 소매은행을 운영하고, 고객을 확보하고, 고객을 행복하게 만드는 기본적인 방법에 한해서만 언급해도 그러하다.

이런 역동성은 전 세계 모든 산업에서 일어나고 있다. 독일 뮌헨의 세계 최대 보험회사 알리안츠Allianz, 미국의 도미노 피자Domino's, 타깃Target, 유홀U-Haul 등이 여기에 해당한다. 보험 정책을 만들든, 피자를 굽든, 튤립을 배달하든, 트럭을 대여하든 업종을 막론하고 모두 소프트웨어 회사로 거듭나고 있다.

'만들거나 혹은 죽거나'는 비즈니스계의 자연 법칙이 되고 있다. 진화가 지구상의 생물을 결정짓는 것과 비슷하다. 이것이 바로 적자생존이며, 여기서 적자適者는 회사가 마그네틱 입자를 얼마나 잘

배열하는지에 의해 정해진다.

 '만들거나 혹은 죽거나'라는 새로운 현실을 얼마나 잘 준비하고 있는지 판단하기 위해, 선임 기술 리더들에게 '만드는 것과 사는 것' 중에서 어떤 결정을 내릴 것인지 물어볼 수도 있다. 판돈이 걸린 기술이 무엇인가? 그렇다면 그 기술을 구매해야 하는가? 우리 회사를 경쟁 회사와 차별화하는 디지털 혁신은 무엇인가? 그 답을 곰곰이 생각해 보라.

 사람들이 다르다고 인식한 많은 요소가 지난 십 년 동안 판돈이 되었다. 우리 비즈니스 가운데 어떤 아날로그적 요소에 투자해 디지털화할 것인가? 어떤 소프트웨어가 우리 발목을 잡고 있는가? "우리는 못 만들어요"라는 소리를 얼마나 자주 듣는가? 가만 듣고 있지만 말고, "네, 만들 수 있습니다!"라는 대답을 들으려면 어떻게 바꾸고 투자해야 하는지 팀원들에게 물어보라.

2장
새로운 소프트웨어 공급망

> 중요한 것은 **서버를** 어떻게 사용하는지가 아니라 사용자에게 어떻게 **서비스할** 것인가이다.
>
> **제프 로슨, 2010**

1장에서 말한 것처럼, 나는 디지털 경제에서 살아남아 승승장구하고 싶은 회사라면 모두 소프트웨어를 만들어야 한다고 믿는다. 만약 자사의 디지털 공급망이 경쟁회사보다 뛰어나다면 성공할 가능성이 훨씬 높다. 반대로 자사는 공급망이 뒤떨어지거나 아예 존재하지도 않는데 경쟁사들은 성장을 가속화하는 공급망을 이용해 매일 앞서 나간다면, 항상 뒤처지게 된다.

이는 디지털 공급망이 회사에서 흔히 논의되는 아이디어가 아니기 때문일 확률이, 즉 완전히 새로운 개념이기 때문일 확률이 높다. 하지만 디지털 공급망의 등장과 선두 자리를 굳히기 위해 이를 가장 잘 활용하는 방법을 이해하는 건 디지털 경제에서 성공하는 데 매우 중요하다.

자동차, 냉장고, 주택처럼 물리적 상품을 제작하는 업계를 떠올려 보라. 대부분 성숙된 공급망을 가지고 있다. 자동차 제조업체들은 자동차의 모든 부품을 직접 만들지 않는다. 철강 회사에서 철강을 사고, 가죽 회사에서 가죽을 사고, 시트 회사에서 시트를 사고, 속도계 회사에서 속도계를 산다. 고속도로에서 눈썹 휘날리게 내 옆을 달려가는 그 모든 캠리Camry나 F-150 픽업트럭에는 수백 수천의 공급업체에서 제공받은 부품들이 장착돼 있다. 또 그들 공급업체는 글로벌 공급망에 따라 좀 더 작은 수백 수천의 부품 제조업체에서 부품을 공급받는다. 산업이 성숙할수록 공급망 생태계도 발전해 업계 전반을 더욱 효율적이고 생산적으로 만든다.

최근까지 소프트웨어 업계에는 이와 같은 공급망이 없었다. 대부분의 소프트웨어 회사들(마이크로소프트, 오라클, SAP)이 모든 소프트웨어를 처음부터 끝까지 자체적으로 만들었다. 소프트웨어가 고도로 전문화된 영역이고 상대적으로 소프트웨어 회사가 적었던 1990년대와 2000년대에는 이게 통했다. 특히 소프트웨어 회사들이 시디롬이나 다운로드로 제품을 팔 때는 이런 개념이 먹혔다.

하지만 이제 모든 회사가 소프트웨어 회사가 되고 있으며, 대부분의 회사들이 소프트웨어를 하나부터 열까지 전부 만들 수도 없다. 포드Ford나 도요타Toyota처럼 공급망을 만들 필요가 있다. 그들은 산업을 전문 영역으로 나누고 생태계를 구성하는 각 기업이 핵심 역량을 전문화할 수 있도록 한다. 하지만 소프트웨어 공급망은 생김새가 좀 다르다. 소프트웨어 공급망 회사는 속도계나 핸들을 전문으로 만드는 대신, 개발자들이 완성된 앱에 결합할 수 있는 재사용이 가능한 코드 뭉치를 전달한다. 이것이 응용프로그램 프로그래밍 인터페이스API다.

각 API 공급자들은 오직 하나의 솔루션만을 제공한다. 아마존 웹서비스는 데이터센터를 제공한다. 트윌리오는 커뮤니케이션 서비스를 제공한다. 스트라이프Stripe와 페이팔PayPal은 지불 시스템을 제공한다. 오늘날 앱들은 이런 수십 개의 작은 구성요소를 하나로 통합해 고객에게 독특한 가치를 제안한다. 소프트웨어 산업의 진화에서 이러한 구성요소 기반 소프트웨어component software로의 전환은 다가오는 커다란 변화다.

나는 이를 '제3의 소프트웨어 황금기'라고 부른다. 이런 트렌드(솔루션에서 구성요소building blocks로의 변화)를 가장 잘 예측한 것이 1990년대 IBM 광고다. 곱슬머리의 컨설턴트가 사업가에게 첫 웹사이트를 보여 주는데, 고객의 요구사항이 그다지 반영되지 않은 분위기다. 컨설턴트가 이렇게 말한다. "이제 둘 중에 하나를 선택하세요…. 돌아가는 로고와 불타는 로고 중에서요." 웹사이트 왼쪽 상단 모서리(당시 늘 로고가 있던 자리다)에 회사 로고가 따분하게 원을 그리며 돌거나 어설프게 불꽃에 휩싸여 타오른다. 사업가가 난처한 표정으로 묻는다. "좋네요. 그런데 웹사이트가 우리 공급망을 최적화할 수 있을까요?" 이는 겉만 유연한 소프트웨어로는 복잡하고 빠르게 변하는 비즈니스 욕구를 충족시킬 수 없음을 의미한다. 20년도 훌쩍 지난 지금 보면 이 광고는 놀라운 선견지명이 있었던 셈이다. 하지만 대개 그렇듯 니즈를 현실로 만드는 이는 기존에 군림하는 기업들이 아니다.

소프트웨어의 간단한 역사

소프트웨어에 대한 새로운 사고방식을 이해하려면 소프트웨어 산업이 어떻게 시작됐고 진화했는지 돌아보아야 한다. 처음에 기업들은 중앙 컴퓨터를 가동했다. 많은 회사들이 아직도 이렇게 한다. 실은 우리가 상상하는 것보다 그 수가 훨씬 많다. 그 뒤, 미니 컴퓨터, 유닉스 워크스테이션, 마지막으로 PC가 등장했다. 서른 살 이하는 기억하지 못하겠지만 개인 컴퓨터가 출시됐을 땐 소프트웨어 프로그램이 정말 플로피 디스크에 들어 있었다. 이후엔 CD로 판매됐다. 소프트웨어가 말 그대로 상자에 담겨 나온 것이다!

배비지스Babbage's나 에그헤드 소프트웨어Egghead Software, 소프트웨어 이티씨Software Etc.와 같은 매장에 차를 몰고 가면 선반에서 제품을 구입할 수 있었다. 정말이지 끝내주게 근사한 가게들이었다. 중앙 컴퓨터에서 PC로 바뀌면서 컴퓨터가 점점 작아지고 운영 시스템이 변했지만, 소프트웨어 산업은 동일한 사업 모델을 거의 그대로 사용했다. 소프트웨어 생산자들은 연구 개발비를 투자해 애플리케이션을 만든 뒤 개인 사용자나 대기업에 팔았다. 소비자에게 판매하는 건 괜찮은 비즈니스였지만, 마이크로소프트, SAP, 오라클처럼 기업에 판매하는 건 엄청난 사업이었다. 이윤만 놓고 보면 대기업 대상 소프트웨어 패키지 판매는 역사상 가장 대단한 비즈니스일 수도 있다. 일단 소프트웨어를 만들고 나면 제품을 판매할 때마다 실질적인 추가 비용이 발생하지 않으니 말이다.

하지만 기업 고객들로서는 이 모든 상황이 큰 골칫거리였다. 각 회사가 자체적으로 IT 부서를 꾸리고 서버실을 만든 뒤 인프라를 설치하고 유지해야 했다. 대부분의 소프트웨어 프로그램이 회계 및 전사적자원관리ERP처럼 지원 부서의 따분한 일거리를 처리하는 용도였다. 이와 같은 대기업 소프트웨어 프로젝트는 걸핏하면 실패하기로 악명 높았다. 한때는 이런 대규모 설치 작업의 70퍼센트 이상이 성공리에 마무리되지 못했다. 프로젝트가 실행되기까지 너무 오랜 시간이 걸려서 완성되기 전에 회사 리더가 수차례 바뀌는 경우가 허다했다.

그런데 중요한 건 회사들이 이런 소프트웨어를 고객에게 더 나은 경험을 제공하기 위해, 또는 시장에서 차별화를 꾀하기 위해 사용한 것이 아니라는 점이었다. 그들은 단순히 회계, 기업 자원관리 등의 내부 운영을 위해 소프트웨어를 사용했다. 영업팀장 혹은 인사팀장처럼 회사에서 한 부서를 책임지는 팀장들이 해당 부서를 운영하기 위해 소프트웨어를 쓰고 싶을 경우에는 IT 부서에 요청한 뒤 줄을 서야 했다.

이러한 문제는 약 20년 전에 제2의 소프트웨어 시대, 즉 서비스형 소프트웨어Software as a Service, SaaS가 시작되면서 해결되었다. 이 모델을 개척한 회사가 세일즈포스Salesforce다. 세일즈포스의 창업자이자 최고경영자인 마크 베니오프Marc Benioff는 애플에서 어셈블리언어 프로그래머로 인턴 근무를 한 뒤(쉽게 표현하자면 하드코어 코더로 일한 뒤) 대학을 졸업하고 오라클에 입사해 단시간에 승승장구하며 전설적인 영업사원이 되었다. 그는 '올해의 신입사원'으로 뽑히고 나서 20대 중반에 오라클 최연소 부사장으로 승진했다. 1999년 그는 '소프트웨어의 종말'이라는 슬로건을 걸고 세일즈포스를 설립했다. 물론 실제로는 소프트웨어의 종말이라기보다는 소프트웨어를 공급하는 새로운 방식이었지만 말이다.

서비스형 소프트웨어가 나오면서, 새로운 소프트웨어 프로그램을 필요로 하는 담당자들이 IT 부서에 요청한 뒤 수백만 달러라는 거액이 투입된 몇 년짜리 프로젝트가 시행되길 줄 서서 기다릴 필요가 없어졌다. 그 대신 영업부 담당자가 세일즈포스 페이지에서 온라인 양식을 간단하게 작성하고 곧바로 전 부서에 동급 최상의 영업 자동화 소프트웨어를 가동하면 그만이었다. 영업부장이 IT에 대해 알 필요도, 서버를 만들거나 소프트웨어를 설치하거나 시스템을 유지하기 위해 IT 직원을 고용할 필요도 없었다. 양식만 작성하면 프로그램이 바로 작동되었다.

시간이 지나면서 모든 부서의 구미에 맞는 서비스형 소프트웨어 회사들이 생겨 났다. 재무 책임자는 서비스형 금융 소프트웨어인 넷스위트NetSuite를 구입했다. 마케팅 책임자는 서비스형 마케팅 자동화 소프트웨어인 마케토Marketo를, 인사 책임자는 서비스형 인사 정보 소프트웨어인 워크데이Workday를 신청했다. 결제는 소프트웨어를 사용하는 직원 수를 토대로 이루어졌다. 데이터센터나 CPU당 라이선스도 더 이상 걱정할 필요 없었다. 실은 다수의 제품이 굉장히 저렴해서 소규모팀이라면 바로 신용카드로 결제하고 경비로 청구해도 되는 수준이었다.

이는 클라우드 컴퓨팅cloud computing이라고도 불리는데 이러한 모델이 가능해진 건 고속 인터넷 연결망과 이른바 '멀티 테넌트multi-tenant' 소프트웨어 덕분이다. 인터넷 초고속 통신망이 생기면서 사람들은 수천 마일 떨어진 서버로도 복도 아래나 회사의 자체 데이터센터 맞은편에 있는 서버를 쓸 때와 똑같은 속도로 비트를 압축할 수 있음을 깨달았다(혹은 최소한 그 차이가 굉장히 적어서 프로그램 사용자가 다른 점을 구분할 수 없었다).

클라우드 컴퓨팅에서는 더 이상 자체 데이터센터가 필요 없었다. 개별 직원이 자신의 PC에 로컬 버전의 프로그램을 운영하지 않아도 됐다. 웹브라우저를 통해서 원하는 건 뭐든 할 수 있었다. 덕분에 삶이 모든 면에서 편리해졌다. 소프트웨어에 버그가 있어서 업데이트를 해야 하거나 소프트웨어 판매사가 새 버전의 앱을 소리 소문 없이 출시했다 하더라도 IT 직원이 전 직원의 책상에 일일이 새 버전을 설치할 필요가 없었다. 그런 수정과 업그레이드는 저절로 이루어졌다. 바깥에 있는 클라우드에서 말이다. 사용자의 눈에는 이 모든 과정이 전혀 보이지 않았다.

또 다른 변화는 사업 모델을 둘러싸고 일어났다. 얼마나 많은 서버를 이용하는지를 토대로 프로그램 라이선스 비용을 지불하는 대신 그냥 구독하면 됐다. 소프트웨어가 더 이상 필요하지 않으면 잡지를 끊는 것처럼 구독을 중단했다.

1999년 세일즈포스가 사업을 시작했을 때 많은 사람들이 베니오프가 정신이 나갔다고 생각했다. 어느 누가 무슨 이유로 소프트웨어에 돈만 내고 소장은 하지 않는단 말인가? 혹시라도 인터넷이 다운되면 어떻게 할 것인가? 당시는 인터넷이 서비스형 소프트웨어를 운용할 만큼 충분히 빠르지도 안정적이지도 않았음을 기억하자. 2001년까지 미국인의 오직 6퍼센트만이 광대역 인터넷에 접속할 수 있었다. 퓨리서치센터Pew Research Center에 따르면 대부분이 지지직 소리가 나는 전화 모뎀을 통해 연결했다.

하지만 베니오프는 인터넷이 진일보해 안정화될 것을 알았다. 초고속 인터넷이 표준이 되면서 세일즈포스는 도약했고, 2020년 회계연도에 매출 170억 달러를 기록하며 세계에서 가장 큰 소프트웨어 회사 중 하나로 성장했다. 하지만 그들만 성장한 게 아니었다. 거액의 가치를 인정받는 수많은 서비스형 소프트웨어 회사들이 밀레니엄이 되면서 수백억 달러의 매출과 수천억 달러의 시가총액을 자랑하며 부상했다.

하지만 세계 역사상 가장 빨리 성장한 소프트웨어 회사는 서비스형 소프트웨어 회사들처럼 훌륭하면서도 세일즈포스나 워크데이와는 전혀 다른 모습을 보였다.

게임을 바꾼 아마존 웹 서비스

나는 아마존 웹 서비스AWS 초기 시절인 2004년에 아마존에 입사했다. 상사가 갓 입사한 내게 임무를 설명해 줬다. 아마존은 거대한 데이터센터를 만들어 컴퓨팅 파워와 스토리지를 대여할 계획이었는데, 앱 자체가 아니라 개발자나 타 회사가 앱을 만들 때 사용할 수 있는 **구성요소**building blocks를 판매하려고 했다. 이렇게 하면 모든 개발자와 회사가 웹 스케일의 인프라 구조에 대한 아마존의 전문 기술을 이용할 수 있을 터였다. 이 서비스는 유연성이 좋아서 상황에 맞추어 규모를 키우고 줄일 수 있었다. 만에 하나 며칠 동안 트래픽이 치솟으면 '일래스틱 컴퓨트 클라우드Elastic Compute Cloud'로 해당 웹사이트에 가상 서버를 증설해 컴퓨팅 능력을 늘리면 그만이었다. 트래픽이 잦아들면 가상 데이터 센터 서버 규모를 원래대로 줄이면 됐다. 사용자는 쓴 만큼만 값을 지불했다. 핸드폰이나 전기와 마찬가지로 매달 요금을 결제했다.

사용한 만큼만 비용을 지불하는 모델은 엄청난 혁신이었다. 기술 그 자체만큼 중요할지도 모른다. 하드웨어를 선불로 구매하는 옛날 모델은 어처구니가 없을 정도로 비쌌고 비경제적이었다. 수십 년 동안 회사들은 필요한 것보다 훨씬 많은 용량을 구매했고 지나치게 많이 공급받았다. CPU는 한가로웠다. 저장 공간은 텅텅 비었다. 디스크 저장 시스템의 이용률은 30퍼센트로 바닥을 쳤다. 서버는 보통 10퍼센트의 이용률을 보였다. 앱마다 전용 서버와 스토리지가 필요했는데 발생할 수 있는 최대 업무량을 처리하고도 남았다.

보통 한 앱의 용량을 나머지 앱과 공유할 수도 없었다. 한 매장이 눈코 뜰 새 없이 바쁜 휴가 시즌에 판매시점관리Point-Of-Sale, POS 시스템에 추가 용량이 필요하다고 해도, 바로 옆에 있는 인사 시스템의 넉넉한 용량과 텅 빈 스토리지를 빌릴 수 없었다. 그 대신 휴가 시즌에 겪는 과부하를 처리하기에 충분한 성능을 갖춰야 했다. 성수기 외에는 쓸 일이 없는 데도 말이다.

소프트웨어 회사들이 IT 시스템을 통해 자원을 공유하는 프로그램을 개발했지만 이 역시 값비싼 소프트웨어였고 구매하면 또 다른 IT 작업팀을 꾸려야 했다. 한 가지 골칫거리를 해결하면 다른 골칫거리가 생겼다. AWS로의 전환은 더 이상 비싼 하드웨어를 구매하지 않아도 될 뿐 아니라, 이 모든 하드웨어를 관리하는 거대한 상근 IT 부서 역시 고용할 필요가 없음을 의미했다.

마치 아마존이 AWS라는 마술봉을 휘둘러서 이 모든 골칫거리를 사라지게 만든 것처럼 보였다. 가입만 하면 하드웨어와 스토리지를 어떻게 운영할지 두 번 다시 고민할 필요가 없었다. 그저 사용한 만큼 지불하면 되었다.

1세대 모델과 AWS의 차이는 자체 디젤 발전기로 전기를 생산하는 것과 공기업에서 전기를 구매하는 것의 차이와 비슷하다. 우리는 자신이 쓰는 프로그램이 어디서 운영되는지, 어떤 종류의 컴퓨터로 운영되는지 전혀 모른다. 신경 쓸 필요도 없다. 전부 저 밖 '클라우드'에서 일어나기 때문이다. 신경은 다른 사람이 대신 써 준다. 우리가 할 일은 스위치를 누르고 많든 적든 필요한 만큼 데이터를 이용하는 것뿐이다. 대기업들도 이 대열에 합류했다. 다들 자체 데이터센터에서 아마존 클라우드로 앱을 이동하기 시작했다.

AWS가 미친 다른 영향은 즉시 눈에 보이는 건 아니었다. 하나는 AWS가 신규 기업을 설립하는 비용을 거의 0원에 가깝게 끌어 내렸다는 점이다. AWS가 등장하기 전에는 기술 기업을 시작하려면 비싼 값을 주고 서버, 저장 시스템, 데이터베이스 소프트웨어를 구매해야 했다. 겨우 첫 번째 버전을 구현하기 위해 하드웨어를 구입하고 설치하는 데 수백만 달러를 써야 하는 경우도 있었다.

이제 AWS의 사용한 만큼 지불하는 모델 덕분에 백 달러 정도를 지불하고 몇 분 만에 사업을 시작할 수 있다. 몇 분은 양식에 맞춰 정보를 기입하고 신용카드 번호를 넣는 데 걸리는 시간이다. 창업

비용이 낮아지는 것은 스타트업이 크게 늘어남을 의미한다. 또한 스타트업들이 상품을 훨씬 빨리 내놓을 수 있다. 냅킨 뒤(트윌리오의 경우에는 피자 상자 뒤)에 아이디어를 스케치하는 데서부터 제품을 배송하는 데까지 불과 몇 달밖에 걸리지 않는다. 인프라 구조와 어떤 마찰도 일으키지 않고 확장하고 성장할 수 있다. 빠르게 이동하고 제품을 만드는 게 가능하다.

　AWS에서 일하면서 내가 얻은 깨달음은 AWS 플랫폼이, 전통적 기업보다 훨씬 빠르고 날렵해 거의 새로운 종처럼 보이는 지금껏 없던 세대의 스타트업을 촉발시킬 거라는 점이었다. 이런 민첩하고 작은 초포식자들superpredators이 모든 업계를 가로지르며 기업에 혼란을 주기 시작할 터였다. 그러고 나면 대기업들이 소프트웨어를 만들기 시작할 것이고 나아가 소프트웨어 혁신을 가속화할 게 분명했다.

　하지만 AWS가 컴퓨팅 능력을 구매하는 방식뿐 아니라 구매하는 **주체**까지 바꾸었다는 점이 가장 흥미로웠다. 전통적 세계에서는 조직 꼭대기에 있는 CIO나 CFO와 같은 사람들이 IT 관련 결정을 내렸다. 수년의 작업 기간과 수백만 달러가 투입되는 부담스러운 사안이었기 때문이다. 하지만 AWS의 경우 수많은 고객이 평범한 개발자였다. 개별 엔지니어 혹은 부서 담당자가 신용카드 번호만 입력하면 AWS에서 서버 및 저장 용량을 가동할 수 있었다. 회사에서 앱을 사용하기 시작할 때 IT 부서에서 코드를 사내 데이터센터로 옮길 필요도 없었다. AWS에 두고 쓰면 되었다. 사용량이 늘어나면 월 사용료가 올라갔다. 덕분에 회사가 인프라를 구매하는 방식에 개발자들이 훨씬 많은 영향력을 행사하게 되었다.

이런 경향의 결과는 AWS의 사업적 성과에도 고스란히 나타난다. AWS의 판매 수치는 2007년 사실상 0달러에서 2020년 1분기 현재 연간 4백억 달러로 증가했다. 12년 동안 0달러에서 4백억 달러로의 매출 증가는 전례 없는 성장이다. 이런 사업 모델(플랫폼 비즈니스 모델)이 소프트웨어 분야의 차세대 대박 상품인 이유다.

AWS가 제3의 소프트웨어 황금기를 이끌어 가는 유일한 회사는 아니다. 마이크로소프트, 구글, 알리바바Alibaba도 아마존과 경쟁하기 위해 클라우드 제품을 개발해 컴퓨팅과 스토리지 및 개발자들이 통합할 수 있는 다양한 서비스를 제공하고 있다. 마이크로소프트 애저Azure는 2019년에 370억 달러, 구글 클라우드Cloud는 90억 달러의 매출을 올렸다. 이들은 클라우드 분야를 이끄는 거인이다. 트윌리오는 커뮤니케이션용 API를 제공하는데, 2019년에 11억 달러 매출을 올리며 가파르게 성장했다. 결제용 API를 제공하는 비상장 기업 스트라이프Stripe는 매출액을 공개하지 않았지만 2020년 4월 펀드 모금액 기준, 360억 달러의 기업가치를 인정받았다. 제3의 소프트웨어 황금기인 오늘날 엄청난 가치가 고객에게 제공되고 또 투자자를 위해 창조되고 있다.

어떻게 여기까지 왔을까?

지난 10년 동안 발전해 온 'API 경제'보다 훨씬 흥미로운 지점은 어떻게 해서 API 경제가 전개되었는가이다. 사용당 몇 페니로 책정된 수많은 작은 API가 어떻게 수백 억 달러의 수익을 올리고 우리가 매일 사용하는 앱을 실행시키는지 분명하지 않다. 하지만 API 의 탄생 스토리는 이 책에서 자세히 설명하는 소프트웨어 전술의 많은 다양한 측면과 복잡하게 연결돼 있다. 이 모든 것의 시작점은 소규모팀이다.

2000년 아마존은 엔지니어와 코드가 거대한 단일체monolithic mess 로 묶여 급속도로 성장하는 소매 비즈니스를 지원하고 있었다. 엔지니어들의 업무가 겹쳤고, 다들 뭐라도 완성하기 위해 서로 업무를 정리하느라 엄청난 에너지를 쏟았다. 이 바람에 속도가 느려졌고 제프는 '피자 두 판 팀'이라는 메시지를 통해 보다 빠르게 움직이기 위해 회사를 소규모팀으로 나누자고 제안했다(피자 두 판이면 팀원 전체가 먹을 수 있다는 데서 붙은 이름이다). 하지만 문제가 있었다.

업무가 엔지니어들이 작성하는 코드로 전부 복잡하게 연결돼 있는데 어떻게 회사를 독립적인 소규모팀으로 나눌 수 있단 말인가? 한 팀이 코드를 바꾸면 다른 팀들이 작업하고 있는 코드에 지장을 주는데 독립적으로 작업을 수행하는 건 불가능했다. 제대로 기능할 리 없었다.

해답은 코드와 팀을 하나씩 묶는 것이었다. 아마존은 조직을 소규모팀으로 나누면서 코드도 작은 조각들로 나누었다. 그리고 팀마다 '해당 코드를 가져가서' 독립적으로 작동시키도록 했다. 팀들과 각 코드가 서로 대화할 수 있는 방법이 필요했고, '웹 서비스'가 그 해답이 되었다. 예전처럼 다른 사람들이 서버에 배포해 실행할 수 있도록 코드를 거대한 저장소로 보내는 대신, 각 팀은 각자의 코드를 다른 팀들도 상호 운영할 수 있는 서비스 형태로 실행했다. 모든 팀이 소규모였기 때문에 일반적으로 그들이 제공하는 서비스 역시 다소 제한적이었다. 개별 서비스가 보통 한 가지만 전문적으로 담당하게 되면서 이는 '마이크로서비스microservices'라고 불리기 시작했다.

이 마이크로서비스들은 코드 파일도, 웹사이트도 아닌 웹을 토대로 한 API로 배포되었다. API는 한 코드가 다른 코드와 대화할 수 있도록 만들어 주는 잘 정의된 인터페이스다. 팀이 API를 만들어서 다른 팀에 공개할 때는 최신 버전의 정확한 문서를 이용해 사용법을 가르쳐 주는 게 중요하다. 그래서 아마존에서는 API 문서를 만드는 사내 문화가 생겨 났다. 한 팀이 다른 팀의 API 문서를 찾아 그 서비스를 사용하기 시작하면서 종종 대화할 필요가 없어지기도 했다. 덕분에 팀 간에 효율적으로 협업하며 공동작업 문제가 해결되었다.

하지만 또 다른 문제가 있었다. 각 서비스의 효율성을 어떻게 측정하고, 해당 사업이 어디에 돈을 쓰는지 어떻게 확인해야 할까? 한 팀이 만 대의 서버에서 서비스를 운영한다면 그건 좋은 걸까, 아니면 끔찍하게 비효율적인 걸까? 해당 비용의 비즈니스 목적을 무엇으로 간주해야 할까? 그래서 아마존은 내부에서도 이런 서비스를 이용하는 데 비용을 매기기 시작했다. 일부는 이를 이전가격transfer pricing이라 부르는데, 실제로 이 시스템은 두 가지를 수행한다. 하나는 팀에 비용을 책임지게 하는 것이고, 또 하나는 예산 주기에서 어디에 더 많은 자원을 투자할지 결정하는 것이다.

소규모팀은 서비스 효율성을 책임져야 한다. 그들은 사실상 '가격'을 공표하고, 내부 고객들은 손익계산서의 비용을 지불한다. 만약 '고객들'이 비용에 만족하지 않으면 손을 봐야 한다. 책임에 기반한 내부 시스템은 모든 이들의 관심사를 일치시키고, 시간이 지나면서 효율성을 높이고자 하는 자연스러운 동기를 부여한다. 또한 내부적으로 가격을 책정하면 리더가 예산과 관련해 올바른 결정을 내리게 된다.

일반 회사에 소비자를 상대로 하는 두 개의 제품이 있다고 하자. 하나는 1억 달러의 매출을 올리면서 빠르게 성장하는 반면, 다른 하나는 1천만 달러의 매출을 올리면서 천천히 성장한다. 어느 쪽에 더 많은 예산을 투입해서 보상하겠는가? 매출을 점수표라고 생각하면 답은 뻔하다. 내부 서비스도 이와 마찬가지다. 내부 서비스가 내부 고객에 의해 널리 사용되고 빠르게 성장할 때 더 많은 예산을 투입하기 마련이다. 이런 계획을 시행하면서 점수표를 균일화하지 않으면 어떤 팀에 더 많이 투자할지 불확실해진다. 따라서 내부 고객을 상대할 때조차 가격 책정 기능을 적용하는 게 큰 도움이 된다.

여기서 이야기는 **훨씬 더 흥미로워진다**. 사업을 특정 분야를 전문으로 하는 소규모팀으로 나누고 또 세분화한 뒤, 문서로 잘 정리된 인터페이스와 해당 서비스의 진정한 가치를 반영한 가격까지 덧붙여 서로 사용할 수 있도록 마이크로서비스를 제공한다고 해보자. 그런데 왜 이런 마이크로서비스를 전부 내부에서 개발한단 말인가? 왜 사내 개발자들이 다른 회사에서 사도 되는 마이크로서비스 개발에 온 힘을 바친단 말인가? 외화 환산 소프트웨어 전문 업체에서 마이크로서비스를 사면 될 것을, 왜 자체적으로 외화를 환산하는 마이크로서비스를 만든단 말인가? 사내 개발자들이 전문 판매사에서 구매한 제품들을 연결하면, 짜잔 하고 소프트웨어 공급망이 생기는데 말이다. 마이크로서비스 판매사의 명함에 어떤 회사 로고가 적혀 있는지가 정말로 중요할까?

곧 사람들은 마이크로서비스를 만들어 다른 회사에 팔면 사업이 된다는 사실을 깨닫기 시작했다. 뉴렐릭New Relic은 2008년에 사업을 개시해 웹사이트 성능을 모니터하는 소프트웨어를 개발했다. 스트라이프는 지불 처리 서비스를 개발했다. 트윌리오는 클라우드 커뮤니케이션 플랫폼을 개발했다. 또 다른 사례는 구글맵Google Maps이다. 코드 몇 줄만 있으면 개발자들이 이 마이크로서비스를 웹사이트에 집어넣을 수 있다. 이렇게 하는 게 몇 년 동안 직접 발로 뛰면서 지붕 위에 카메라가 달린 자동차를 끌고 전 세계 골목을 다닌 뒤, 항공뷰와 거리뷰와 구글맵이 가진 다른 모든 기능을 장착한 매핑 소프트웨어를 만드는 것보다 훨씬 낫다. 꽤 확실한 가치 제안이지 않은가.

우리는 저마다 정말 해결하기 힘든 문제를 떠안고 솔루션을 코딩하느라 몇 년의 시간을 보냈고, 이제는 다른 사람들에게 그 서비스를 제공하고 있다. 우리의 서비스는 블랙박스다. 고객들은 서비스가 어떻게 작동하는지 알지도 못하고 신경 쓰지도 않는다. 그저 우리 코드를 자신의 코드에 연결하고, 약간의 코드를 직접 작성한 다음 사용한다. 오늘날 트윌리오는 모두 합쳐서 1천 개 이상의 마이크로서비스를 운영하고 있다. 우리는 아마존이 컴퓨팅 서비스를 판매하는 것과 동일한 방식으로 사용량에 따라 비용을 매긴다.

클라우드 플랫폼은 오늘날 개발자들에게 새로운 구성요소다. 이는 애플리케이션을 훨씬 빠르고 훨씬 저렴하게 개발하도록 도와준다. 또한 규모를 확장해 수십억 명의 사용자를 지원할 수도 있다. 10년 전에는 이 모든 게 상상도 못할 일이었다.

빌드build vs. 바이buy

제3의 소프트웨어 황금기에는 누릴 수 있는 것도 많지만 중요한 질문거리도 있다. 개발자와 회사의 리더는 어떤 마이크로서비스를 서드파티third party에서 구매하고, 어떤 마이크로서비스를 자체적으로 만들지 계속해서 결정한다. 의사결정권자들은 캄브리아 대폭발처럼 시장에 우후죽순 뛰어들고 있는 새로운 마이크로서비스 공급자들과 속도를 맞출 필요가 있다. 모든 마이크로서비스가 빠르게 변화하고 개선되고 있다.

"기술 회사들은 끊임없이 논쟁을 벌이고 있습니다." 애슈턴 쿠쳐 Ashton Kutcher는 이렇게 말한다. 어떤 마이크로서비스를 만들지, 또 어떤 마이크로서비스를 구매할지를 놓고 벌이는 논쟁이다. 그는 수십 개의 스타트업에 투자해서 여러 차례 대박을 터트렸는데, 가장 유명한 곳이 에어비앤비, 스포티파이, 우버다. "직접 만들지 않는 것도 직접 만드는 것만큼 중요하다고 생각합니다. 기업이 직접 구축해야 하는 건 사업에 핵심적인 것들이에요. 비교적 저렴하게 구매하거나 사용할 수 있는 제품이 이미 존재하는 데도 결국 직접 만들고 마는 경우가 많아요. 복리후생이나 급여 지불 시스템을 꼭 직접 개발해야 할까요? 저라면 트윌리오나 슬랙Slack, 구스토Gusto를 다시 만들 생각은 절대 안 할 겁니다."

경험상 고객에게 차별된 경험을 제공하는 것이라면 만들어야 한다는 게 내 원칙이다. 고객을 상대하는 소프트웨어라면 제작해야 한다. 고객이 '왜 여기엔 X라는 기능이 없나요'라고 묻는데, '그게, 우리가 구매한 제품에 X라는 기능이 없거든요'라고 답해야 하면 곤란하다. 이런 서비스는 무조건 만들어야 한다. 고객이 관심을 가질 때도 제작해야 한다. 백엔드 소프트웨어를 직접 만드는 게 설득력 있는 경우도 가능하다. 재고를 얼마나 잘 관리하느냐에 따라 경쟁 우위를 확보할 수 있는 사업이라고 하자. 이럴 땐 당연히 자체적인 공급망 소프트웨어를 만들어라.

하지만 대부분의 백엔드 소프트웨어나 고객에게 어떤 차별된 경험을 제공하지 못하는 서비스의 경우에는 구매하는 게 옳다. 누구도 사내 이메일 시스템을 구축하려 하지는 않는다. 데이터베이스 소프트웨어도 마찬가지다. 인사 소프트웨어나 명예퇴직 프로그램과 같은 것들은 자체 코드를 작성한다고 경쟁 우위를 확보할 수 있는 분야가 아니므로 서비스형 소프트웨어 업체에서 앱을 구매하는 게 낫다. 하지만 다시 한번 내 경험법칙을 반복하자면, 고객을 직접 상대하는 소프트웨어는 꼭 만들어라. 왜냐면 **차별된 경험은 구매할 수 없기 때문이다. 그건 직접 구축하지 않고는 길이 없다.**

하지만 좋은 소식이 있다. 소프트웨어 제작이 훨씬 쉬워지고 있다. 과거 소프트웨어 공급망이 성숙하기 전에는 개발에 대한 부담이 너무 커서 보통 솔루션을 사는 게 답이었다. 소프트웨어를 만들려면 마이크로소프트나 오라클처럼 소프트웨어 제작 능력이 탁월해야 했다. 하지만 지금은 제3의 소프트웨어 황금기 덕분에, 기업들이 전례 없이 쉽고 빠르게 개발할 수 있게 해주는 디지털 공급망 덕분에, 기업이 직접 소프트웨어를 만드는 게 가능한 걸 넘어 필수적인 일이 되었다. 경쟁의 역학이 그렇게 하도록 지시하고 있다.

기업은 하나의 전체적인 경험이 되도록 이러한 구성요소를 묶어서 상상하고, 구축하고, 소유한다. 이것이 해당 기업의 경쟁 요소이기 때문이다. 하지만 경쟁 요소를 구성하는 조각들은 가게 선반에서 꺼내 차곡차곡 빠르게 결합한 것들이다. 이렇게 혼합한 구성요소에 자사 마이크로서비스를 추가하는데, 이와 같이 직접 만든 서비스는 붕어빵 찍어 내듯 똑같은 소프트웨어를 다시 만드는 대신 경쟁 우위를 점하는 '비법'이 된다. 이는 독점적 가격 책정 알고리즘일 수도, 독특한 유통 시스템을 만드는 물류 배송 알고리즘일 수도 있다.

좋은 소식은 점점 많은 기존의 구성요소들이 계속해서 성숙하고 있다는 점이다. 클라우드 플랫폼이 거의 모든 항목에서 레거시 인프라 구조를 대체하고 있다. 이런 상업용 마이크로서비스는 우리가 사용하는 거의 모든 앱에서 그대로 쓰인다. 사용자 인터페이스의 이면을 들여다보면, 수많은 앱이 사실 조각보처럼 수백 또는 심지어 수천 개의 마이크로서비스로 구성돼 있는데, 일부는 회사의 사내 개발자에 의해, 일부는 판매업체에 의해 만들어진 것이다.

요즘에도 대체 서비스가 아직 존재하지 않아서 개발자들이 마이크로서비스를 맨 처음부터 개발하는 것 외에 방법이 없는 곳들이 많다. 마이크로서비스 모델의 장점은 앱의 나머지 코드를 건드리지 않으면서 서비스를 교체할 수 있다는 점이다. 구매 가능한 새로운 마이크로서비스가 생기면 자체 구축한 서비스 일부를 제거하고 대체제로 교체하는 일이 드물지 않다. 이런 서비스는 판매업체의 막대한 투자금으로 매일 개선되는 반면, 자체 구축한 버전은 시간이 지나도 개선이 정체되는 경우가 많기 때문이다. 일례로 트윌리오만 봐도 (글을 쓰는 2020년 현재 기준) 1천 명이 넘는 연구개발팀 직원들이 매일같이 커뮤니케이션 플랫폼을 개선한다. 우리 앱이 날마다 나아지면 우리 고객들도 투자의 혜택을 고스란히 받는다.

이론적으로 언젠가 코드를 단 하나도 직접 쓰지 않고, 다른 회사들이 만든 여러 마이크로서비스만을 조합해서 앱을 만드는 소프트웨어 회사가 나타날지도 모른다. 사실 10억 달러 이상의 가치를 지닌 회사를 개인(온갖 마이크로서비스를 조합한 앱의 개발자)이 운영하는 '1인 유니콘 기업'이 생길 거라는 의견도 있다.

아직 일어나진 않았지만, 이는 단지 시간의 문제다. 우리가 '소프트웨어를 작성한다'고 생각하는 과정이, '델'이 기성 부품들을 조립해 PC를 만드는 것처럼, 요리사가 말 그대로 선반에서 재료를 꺼내 특별한 요리를 만드는 것처럼, 코드 뭉치를 긁어모으는 것이 될 수도 있다. 컴퓨터 공학을 특별히 배우지 않아도 소프트웨어 작성이 누구나 할 수 있는 너무나 쉬운 일이 될 수도 있다.

현재는 많은 기업이 하이브리드 모델을 사용한다. 기존 서비스를 구매해서 나머지는 직접 만드는 것이다. 회사가 기존 서비스를 어떻게 결합하는지, 마이크로서비스를 토대로 고객 대면 소프트웨어를 얼마나 잘 개발하는지에 따라 '가치를 더하는' 작업이 될 수 있다. 애플의 아이폰에는 아무 회사나 살 수 있는 메모리칩과 플래시 드라이브 같은 상업용 부품들이 들어 있다. 이런 부품으로 아이폰이 차별되지 않기 때문에 애플은 이를 직접 설계하거나 제작하지 않는다. 하지만 아이폰에 쓰이는 특정 마이크로프로세서는 자체적으로 설계한다. 이 칩이 다른 핸드폰보다 애플이 더 잘 돌아가게끔 만들어 주기 때문이다. 또한 아이폰에 사용되는 모든 소프트웨어를 직접 만든다.

애플의 비결에는 어떤 부품은 구매하고 어떤 부품은 제작할지를 아는 것, 이런 부품들을 독특하게 결합하는 법을 아는 것, 그리고 이보다 중요한, 훌륭한 소프트웨어를 만들기 위해 지상 최고의 개발자를 고용하는 것도 포함된다. 또한 언제나 자신들의 이야기를 들려주고 브랜드를 판매하는 일에도 능숙하다. 이 역시 그들이 차별화하기로 판단한 또 다른 영역으로 성과가 훌륭하다.

애플과 마찬가지로 이제 소프트웨어 개발자들은 자체적으로 만든 소프트웨어에 다른 회사가 판매하는 마이크로서비스를 혼합하고 있다. 우버가 좋은 사례다. 우리가 '우버 앱'이라고 생각하는 것은 사실 4천 개의 마이크로서비스를 조각보처럼 하나로 이어 놓은 것이다. 즉, 일부는 우버의 엔지니어들이 개발했지만 그 외 기능은 외부 클라우드 플랫폼에서 제공한다. 승객이 운전자를 부르면 우버 메인 화면에서 트윌리오 서버로 요청 사항이 곧장 날아가고, 트윌리오는 운전자에게 해당 내용을 전송한다. 하지만 이 과정은 양쪽 모두에 보이지 않는다. 그들 눈엔 우버가 서로 대화하도록 만든 것처럼 보일 것이다. 요금 지불은 또 다른 마이크로서비스가 처리하지만 통화 및 환율 변환은 우버가 자체 개발한 마이크로서비스 틴컵Tincup으로 전달된다.

실리콘밸리의 모든 신생 회사들이 이렇게 소프트웨어를 개발한다. 이는 은행, 소매업, 항공사 등 모든 전통적인 기업에서 빠르게 표준이 되어 가고 있다.

가장 뛰어나고 새로운 게 뭔지 개발자들이 안다

어떤 회사들은 컴퓨팅, 스토리지, 결제, 커뮤니케이션과 같은 서비스는 핵심 부문이기 때문에 아웃소싱할 수 없다고 생각한다. 이를테면 클라우드 초창기 시절, 내가 아는 일부 유통회사는 아마존이 경쟁자란 이유로 AWS를 사용하지 않았다. 하지만 이런 태도를 가진 회사는 도중에 실패하고 만다. 경쟁자들이 사납게 치고 올라갈 때가 바로 기업들이 모든 개발 노력을 사업의 차별화 요소에 집중해야 할 때다. 제3의 소프트웨어 황금기가 제공하는 가능성에 판돈을 걸어야 승리의 기회(심지어 가장 사나운 경쟁자가 제공하는 것이라 하더라도)를 얻을 수 있다. 이게 넷플릭스가 아마존 프라임 비디오Amazon Prime Video의 경쟁자이면서도 AWS의 소문난 거대 고객인 이유다. 거대 통신사들이 고객센터, 고객 알림 등의 기능 때문에 트윌리오의 서비스를 사용하는 연유이기도 하다. 가끔 경영진에서 클라우드 서비스를 이용하지 않겠다고 하는 경우를 보는데, 그 이유가 바로 전략 방향 때문이란다. 내 생각에 이는 바보 같은 결정이다.

경영진은 개발자와 기술 인력이 클라우드 서비스를 이용하는 결정을 내리도록 도와줘야 한다. 조직적으로 이미 일어나고 있는 일이다. 개발자들이 AWS와 트윌리오를 토대로 개발하면서 신용카드로 비용을 지불하고 있다. 리더들은 그들을 질책하기보다 이런 자연스런 이끌림을 하나의 신호로 보고 동참해야 한다.

다가구주택 임대 서비스를 하는 대형 공공 소프트웨어 회사 리얼페이지RealPage의 전기통신담당 부사장인 조 매코클Joe McCorkle의 이야기가 생각난다. 그들은 아파트와 같은 부동산을 보유하고 운영하는 기업들에 수십 개의 SaaS 상품을 제공한다. 기업 인수에도 제법 열성적이다. 지난 10년 동안 수십 개의 기업을 인수했다. 2012년 트윌리오의 고객이었던 스타트업 몇 군데를 인수하고 나서 조의 책상으로 청구서가 날아오기 시작했다. 그가 통신비 지출에 대한 책임을 모두 지고 있었기 때문이다. 처음에 조는 청구서를 본 척만척했다. 그런데 얼마 후 최고운영책임자Chief Operating Officer, COO 가 그에게 "트윌리오라는 게 뭐고 어떻게 해야 비용에서 없앨 수 있는지", 그들이 이미 계약한 기존 통신사 및 통신 하드웨어 서비스로 트윌리오를 대체할 수 있는지 알아보라고 했다.

조는 트윌리오가 무슨 일을 하는지, 어떻게 해야 트윌리오를 제거할 수 있을지 알아 낼 목적으로 2012년 당시 트윌리오콘TwilioCON이라고 불렸던 우리의 연례 고객 컨퍼런스를 찾아왔다. 그는 컨퍼런스 기간 동안 수백 명의 다른 고객들을 만났고 얼마나 많은 다양한 회사가 고객을 향한 혁신을 위해 트윌리오를 사용하고 있는지 보았다. 그는 쿨에이드를 마시기 시작했다. 돌아오는 비행기에서 조는 메모를 끄적였다. 요약하자면 다음과 같다. "우리는 트윌리오를 없애지 않는다. 오히려 모든 것을 트윌리오로 옮긴다." 지난 몇 년 동안 리얼페이지는 그렇게 해왔다.

조의 결정은 개발자들이 가장 뛰어나고 새로운 것이 뭔지 안다는 점을 믿고 그들의 조언을 따른 훌륭한 사례다. 소프트웨어 개발팀을 꾸릴 때, 팀의 개발자, 설계자, 기술 리더들이 기본적으로 요구하는 부분이 바로 어떤 영역을 직접 만드는 게 적합한지 정해 달라는 것이다. 어느 분야를 핵심 역량으로 삼을 것인지 결정하는 게 (기업 리더들이 자주 논의하는 질문이다) 이제 마이크로서비스 수준까지 확대되고 있다.

대부분의 기업 경영진이 이 정도로 깊이 있게 조사하려는 욕구나 전문성을 가지고 있으리라 기대하진 않지만, 경영진이라면 기술팀이 이와 같은 결정을 자주 내린다는 사실을 알아야 한다. 이용 가능한 서비스 생태계에 대한 이해도를 높이고 팀들이 고객에게 가치를 전달하는 데 속도를 붙일 수 있는 '구성요소' 접근법을 채택하도록 강하게 독려해야 한다. 또한 이미 존재하는 서비스가 우리보다 더 잘하는 것은 그들에게 맡기고 인재들을 보다 가치 있는 영역에 재배치하려면 어떻게 해야 하는지 기술팀에 끊임없이 물어야 한다. 이건 단순히 '만드느냐 혹은 사느냐'를 결정하는 문제가 아니다. 마이크로서비스에 따라 질문에 대한 대답은 시간이 지나면서 달라질 수 있다. 그러니 정기적으로 묻는 게 좋다.

개발자는 보통 디지털 공급망에서 뭐가 새롭고 흥미로운지 가장 먼저 아는 사람들이다. 자사 개발자들에게 최신 API를 얼마나 자유롭게 채택할 수 있는지, 또는 그럴 때 회사가 얼마나 제약을 가하는지 물어보고 싶지 않은가? 보안 관련 사항을 염려하는 마음과 개발자들이 최신 서비스를 사용할 수 있도록 구매 주문을 넣고 싶은 욕구 사이에서 어떻게 균형을 맞출 수 있을까? 팀원들에게 디지털 공급망 서비스를 몰래 사용하면서 비용을 지불하고 있지는 않은지 물어보라. 만약 그렇다고 대답해도 그들을 징계하지 말라. 이유를 파악하고 어떻게 해야 정식으로 승인할 수 있을지 고민하라. 개발자들에게 어떤 서비스를 구매할지, 회사를 진정으로 차별화시키는 핵심 역량이 무엇인지 판단하기 위해 어떤 전략적 근거를 사용했는지 물어보라.

Ask Your Developer

2부

개발자를 이해하고 동기부여 하기

UNDERSTAND AND MOTIVATE YOUR DEVELOPERS

1부에서 디지털 시대에서 살아남아 승승장구하려면 소프트웨어를 어떻게 만들어야 하는지 살펴보았다. 하지만 이건 사실 뉴스거리가 아니다. 만약 그랬다면 여러분은 이 책을 집어 들지 않았을 것이다. 그렇다. 어떻게 성취할 것인지가 가장 중요한 부분이다. 이는 개발자에게 최고의 역량을 발휘하도록 동력을 제공하는 게 무엇인지, 자신이 리더로서 개발자에게 동기를 부여하는지, 아니면 뜻하지 않게 동기를 꺾고 있는지 파악하는 것부터 시작한다. 2부는 개발자들의 수장이 되는 일을 다룬다. 내 이야기로 시작하겠다.

3장

제 이름은 제프고 개발자예요

트윌리오는 신입사원을 위해 격주로 온보딩 프로그램을 제공하는데 이때 내게 주어진 시간은 30분이다. 나는 이렇게 세션을 시작한다. "안녕하세요. 저는 제프고, 소프트웨어 개발자입니다." 모두가 나를 최고경영자이자 창립자로 알고 있지만 사실 나는 스스로를 소프트웨어 개발자로 정의한다. 디지털 시대의 기업을 보면 회사를 이끄는 간부와 회사의 디지털 전환을 실질적으로 담당하는 소프트웨어 개발자 사이에 간극이 존재하는 경우가 많다. 이 책을 집필하면서 바람이 있다면 바로 이들 사이의 틈을 좁히는 것이다. 개발자, 매니저, 임원에게 공통의 언어를 제공해서 협업이 보다 잘 이루어지도록 말이다.

주식회사의 최고경영자이자 개발자로서 나의 관점은 대부분의 간부는 물론이고 개발자와도 다르다. 매니저와 개발자가 협업할 때 생기는 문제와 성과를 양쪽 입장에서 목격했기 때문이다. 그러니 '개발자에게 묻기 Ask Your Developer' 방법론을 이해하려면 우선 내가 걸어온 길을 아는 게 도움이 될 것이다. 지금이야 최고경영자이지만 나도 어렸을 적부터 만들고 땜질하는 일을 해왔다. 그러다 전환점을 맞으며 '개발자에게 묻기' 사고방식을 갖게 되었다. 내가 강조하고 싶은 게 바로 이 전환점이다.

나는 디트로이트 교외의 웨스트 블룸필드에서 성장했다. 어머니는 수학 교사였고, 아버지는 방사선 전문의였다. 1980년대 초반, 방사선의학은 전부 아날로그였다. 당시 코닥Kodak에서 박스당 열두어 개쯤 되는 방사선 필름을 넣어 병원으로 보냈는데, 노출되지 않은 생필름 사이사이마다 하얀 마분지가 끼어 있었다. 병원에서는 마분지를 쓰레기통에 던져 넣었고(이해해 주기 바란다. 재활용이 적극 도입되기 이전이었으니) 아버지는 그걸 집으로 가져와 은신처에 잔뜩 쌓아 놓고선 몰래 무언가를 만들기 시작했다.

어느 주말, 무료해서 TV나 보려는데 아버지가 말했다. "재밌는 것 좀 만들어 보자!" 우리는 다양한 크기의 마분지로 그득한 상자를 꺼냈다. "뭐 만들고 싶니?" 그러면 내가 말했다. "로봇이요!", "비디오 플레이어요!", "엑스레이 기계요!" 우리는 곧장 작업에 돌입했다.

이를테면 마분지로 대강 비디오 플레이어 크기의 상자를 만든 다음 사인펜으로 '재생, 잠시 멈춤, 〉〉, 〈〈'와 같은 버튼을 그리는 식이었다. 베타 테이프를 넣을 수 있는 구멍도 그려 넣었다(그렇다. 우리는 베타 하우스였다![1]). 작업이 끝날 때마다 나는 아버지가 두려워하는 질문을 던졌다. "아빠, 이거 진짜로 움직이게 할 수 있어요?" 아버지에게 피노키오의 제페토 할아버지 같은 능력이 있었다면 분명 내 부탁을 들어 주었을 것이다. 아버지는 VCR, 로봇 할

---

1 (옮긴이) 대학생들이 술을 마시고 난장판을 벌이는 것을 의미하는 속어다. 베타 테이프를 사용하는 집이라는 뜻과 중의적인 의미로 사용한 것으로 보인다.

것 없이 그날 만든 물건에 생명을 불어넣기 위해 온 힘을 다했다. 하지만 결국 성공하지 못했고, 우리 둘 다 좌절했다. 그럼에도 무언가를 만들고 싶은 욕망이 내 안에서 싹을 틔웠다. 나는 도구와 재료만 있으면 무언가를 만들 수 있다는 사실에 흠뻑 취했다. 설령 작동하지 않는다고 하더라도 말이다. 아직은 그랬다.

1983년 즈음, 우리 집에 첫 컴퓨터 애플 투Apple IIe가 생겼다. 나는 베이직이라는 간단한 프로그래밍 언어를 사용하면 컴퓨터에 명령을 내릴 수 있다는 사실을 발견했다. 처음엔 다음과 같은 시시한 것들을 명령했다.

```
10 Print "Hello World"
20 GOTO 10
```

하지만 곧이어 좀 더 수준 높은 것들을 시도했다. 간단한 주소록을 만든 일도 기억난다. 그럴싸한 장난감이었지만 크게 쓸모는 없었다. 그럼에도 부모님은 당신들의 역할을 저버리지 않고 매우 감동받은 척 해주셨다.

1990년 컴퓨애드CompuAdd라는 회사가 만든 20-MHz 386DX 모델 PC를 구입했다. 무게가 13킬로가 넘고 부피도 어마어마한 거대한 상아색 상자였다. 수년 동안 나는 그 내부를 파헤쳤다. 부품을 더 나은 것으로 갈고 윈도우를 3.0에서 3.1로 업그레이드했다. 주기적으로 바보 같은 짓을 해서 먹통으로 만들기도 했다. 이를테면 'c://command.com'을 지운다거나 'c://autoexec.bat'로 장난을 치는 식이었다. 다행히 제리 삼촌이 근처에 산 덕분에 그 집으로 달려가

'autoexec.bat'를 복사해 원래대로 복구했다.

나는 '컴퓨터에 훤한' 아이가 되었다. 누군가 왜 마우스가 작동하지 않는지, 왜 부팅이 되지 않는지 물어본다고 즉각 답할 수 있지는 않았다. 하지만 계속 파다 보면 '답을 찾을 수 있다'는 건 알았다. 뭐, 상황이 더 나빠지진 않았으니까! 386DX 덕에 나는 컴퓨터를 파헤치며 노는 법을 배웠다. 더불어 큰 사고를 쳤어도 언제나 바로잡을 수 있다는 사실을 깨달았다. 이는 많은 면에서 개발의 핵심이다.

프로그래밍에 대한 이해가 분명해진 것은 1995년 미시간대학에 입학하면서부터다. 대부분의 학생들이 파티, 술, 연애와 같은 열여덟의 전리품을 손에 넣고 흥분했다. 하지만 나를 흥분시킨 것은 기숙사 방에 있는 이더넷 잭이었다! 속도가 28,800kbps밖에 안 되던 고향 집에 설치된 인터넷(게다가 전화로 연결했다)과는 차원이 다른 100Mbps 인터넷에 상시 접속할 수 있게 된 것이다. 부모님께 작별인사를 하자마자 처음으로 한 일은 FTP로 넷스케이프 네비게이터 1.0의 복사본을 다운 받는 것이었다. AOL[2]의 시대가 끝나고, '진짜' 인터넷의 시대가 시작되었다. 넷스케이프가 기업공개를 해서 세상을 깜짝 놀라게 한 지 몇 주 후였고, 그 몇 달 동안 처음으로 인터넷을 접한 수백만 명 중 하나가 나였다.

당시 보편적이던 정적인 화면의 웹사이트가 생각난다. 회사 마케팅 페이지, 학술 연구원 웹페이지, 취미 등을 적어 놓은 개인 홈

---

2 (옮긴이) 미국의 온라인 사업을 이끌어 온 PC통신 서비스 회사다. 초창기엔 전화 모뎀 서비스를 제공했다.

페이지까지 그곳에 들어가 몇 시간 동안 클릭하다 보면 어떤 정보든 얻을 수 있었다. 초기 웹 콘텐츠보다 훨씬 놀라웠던 것은 어떤 웹페이지에서든 '소스', 즉 개발자가 웹페이지를 만들 때 사용한 코드를 '볼 수 있다는' 점이었다. 비밀도 없고, 화면 뒤에서 벌어지는 마법 같은 것도 없었다. 말 그대로 인터넷에서 모든 것이 어떻게 만들어지는지 들여다보고, 거기서 배우고, 그것을 기반으로 개발할 수 있었다. 굉장한 일이었다.

그런데 이보다 흥미로운 것은 당시 등장하기 시작한 이런 '역동적인' 웹사이트들이 단순히 콘텐츠를 보여 주는 데 그치지 않았다는 사실이다. 아마존닷컴에서는 책을 검색하고 심지어 구매할 수도 있었다! 야후Yahoo, 라이코스Lycos, 알타비스타AltaVista에서는 무엇이든 검색할 수 있었다. 맵퀘스트MapQuest에서는 지구상 모든 장소를 찾을 수 있는 것은 물론이고 지속적으로 경로를 확인할 수도 있었다.

가장 놀라운 점은 이들 사이트에서 프로그램을 작성할 수 있는 것이었다. '애플 투' 시대와는 달리, 인터넷상의 누구나 코드와 상호작용할 수 있었다. 그러니까 부모님께 보여 드리는 데 그치지 않고, 수백 만 명이 보고 사용할 수 있는 무언가를 작성할 수 있었다. 갑자기 그 세상이 '진짜'처럼 느껴졌다. 이건 아이들이 가지고 노는 장난감이 아니라 진짜 세상이었다.

미시간대학에서 실리콘밸리로

나는 컴퓨터 과학 수업을 들으면서 CPU가 어떻게 기능하는지, 메모리가 어떻게 작동하는지와 같은 컴퓨터의 동작 원리를 배웠다. 이진법이 컴퓨터의 기초가 되는 이유처럼 현대 컴퓨팅의 이론적 측면도 공부했다. 또한 정렬 알고리즘을 C와 C++로 작성하는 법, 루프, 기능, 구조 등 소프트웨어 개발 기초도 배우기 시작했다. 이 모든 게 매우 흥미로웠다. 하지만 지금쯤이면 눈치챘겠지만 내 관심사는 응용 쪽에 가까웠다. 나는 수백만의 학생들이 이미 수백만 번 넘게 구현했을 정렬 알고리즘 그 이상을 배우고 싶었다.

컴퓨터 과학 수업을 몇 년 동안 들은 뒤 1997년 여름, LA 시내 북동쪽에 있는 산맥으로 둘러싸인 캘리포니아 패서디나의 시티서치 Citysearch에서 인턴십을 밟았다. 시티서치는 최초의 거대한 웹사이트 중 하나로, 자신이 사는 동네와 관련된 모든 정보를 알려 주는 일종의 '시티 가이드' 프로덕트를 제공했다. 내가 도착한 때인 1997년 6월 직전에 회사 차원에서 콘텐츠 관리 시스템Content Management System, CMS을 새로 구축해 웹사이트를 업데이트했는데, 버전이 업그레이드되면서 파일 포맷도 바뀌었다(그렇다. 데이터가 파일로 저장돼 있었다. 데이터베이스도 아니고!). 인턴십 첫날, 매니저가 환영 인사를 건네며 할 일을 설명해 주었다. 내가 맡은 업무는 파일을 옛 포맷에서 새 포맷으로 전환하는 것이었다. 그가 회사용 컴퓨터와 파일 포맷(옛 파일과 새 파일) 설명서를 준 뒤 자리로 안내했다.

나는 옛 파일을 읽어서 새 포맷으로 데이터를 전환하는 프로그램을 C 언어로 작성했다. 점심 무렵, 매니저 책상으로 가서 첫 업무를 끝냈다고 보고했다. 그의 입이 쩍 벌어졌다. 알고 보니 그게 여름 내내 내가 할 일이었다. 매니저는 내가 데이터를 일일이 복사하고

붙여 넣느라 수일을 보낼 거고(파일이 수천 개니까) 그 정도면 알찬 인턴십이 될 거라고 생각한 것이다. 내가 남은 방학 동안 뭘 해야 하냐고 묻자 그가 잠시 후 다시 알려 주겠다고 했다. 사실 그에겐 아무 계획이 없었다. 그날 오후뿐 아니라 여름방학 내내 말이다. 그때 나는 매니저의 인식과 소프트웨어 개발자의 실제 업무 사이에 커다란 간극이 존재한다는 사실을 처음으로 깨달았다.

결국 회사에서 매일 9시부터 5시까지 책상에 앉아 인터넷만 만지작거리며 시간을 보냈다. 당시에 인터넷 애플리케이션을 개발하는 데 필요한 새로운 프로그래밍 언어인 콜드퓨전Cold Fusion도 배웠다. 그해 여름이 끝나고 나는 혼자 힘으로 무언가를 시작해 보리라는 새로운 욕망을 품은 채 앤아버로 돌아왔다.

나는 언제나 새로운 것을 배우는 왕도는 '고객'만을 생각하고 배우기를 게을리하지 않는 것이라고 여겨 왔다. 그래서 친구 두 명과 의기투합했다. 브라이언 레빈과 마이클 크라스만, 둘 다 나와 인터넷에 대한 열정을 공유하는 친구들이었다. 우리는 개발 가능한 제품을 브레인스토밍하기 시작했다. 아이디어가 몇 가지 떠올랐지만 하나가 우리 마음을 사로잡았다.

당시 미시간대학 앤아버 캠퍼스는 필기 업체 광고로 도배되어 있었다. 블루 노츠Blue Notes, 수페리어 노츠Superior Notes, A학점 노츠Grade A notes와 같은 이름을 달고 캠퍼스 주변에서 복사 가게를 운영하는 소규모 회사들이었다. 학기당 약 50달러만 내면 매우 총명하고 성실한 학생들(있지 않은가. 강의실 맨 앞자리에 앉아 있는 아이들 말이다)에게 노트를 사서 허접한 본인의 노트를 대신할 수 있었다. 보통은 50달러를 낸 뒤 매 강의가 끝날 때마다 눈 속을 가로질러서 손으로 일일이 복사한 노트를 찾아 오는 식이었다. 강의 노트 판매 서비스는 꽤 반응이 좋았는데, 특히 천 명 단위로 입학하는 신입생들이 필수로 들어야 하는 개론 과목에서 큰 인기를 끌었다.

브라이언과 마이클, 나는 생각했다. 일주일에 몇 번씩이나 눈 속을 헤치며 걸어가는 대신 인터넷으로 노트를 구하면 훨씬 편하지 않을까? 기숙사 방에 편안하게 앉아서 온라인으로 노트를 다운받는다면 말이다. 개수가 상대적으로 적은 대형 강의(심리학개론, 경제학개론 등)에 학생들이 집중되었으므로 노트 필기할 학생을 소수만 고용해도 거의 모든 신입생을 상대할 수 있었다. 미시간대학 정도 규모만 돼도 신입생이 거의 5천 명에 달했다. 게다가 대학을 막론하고 이런 서비스가 꽤 많이 존재했다. 우리는 대충 계산을 한 끝에 강의 노트 판매 '산업'이 1천5백만 달러에 달하는 막대한 시장이라고 판단했다. 그래서 결국 노트를 판매하는 대신(아직 1997년이라 온라인 거래가 힘들었으므로) 공짜로 나눠 주기로 결정했다. 광고 시장이 '강의 노트' 시장보다 훨씬 크니 미국 전역을 대상으로 노트에 광고를 실어서 수익을 얻기로 한 것이다.

우리는 회사 이름을 노츠포프리닷컴Notes4Free.com으로 결정한 뒤 도메인을 등록하고 비공식 구호도 넣었다. "땡땡이를 용인하는 게 아닙니다. 그냥 더 쉽게 만들 뿐." 예상처럼 서비스는 큰 인기를 끌었다. 어떤 학생이 기숙사 방에 가만히 앉아서 강의 노트를 공짜로 받을 수 있는 데 마다하겠는가? 얼마 안 있어 우리는 두 번째 캠퍼스(미시간주립대학)로 사업을 확장했고 뒤이어 상위 10개 대학으로 범위를 넓혔다.

  1998년 가을, 닷컴 붐이 일었다. 너무 엄청난 기회라서 그냥 지나칠 수 없었다. 나는 공동 창업자들과 함께 학교를 자퇴하고 사업에 온전히 집중했다. 우선 친구와 가족에게 투자금 백만 달러를 모으고 6개월 만에 사무실을 세 배 확장했다. 대학 친구들 전부와 갓 성인이 된 지인들까지 고용한 뒤 가능할 때마다 공간을 계속 늘려갔다. 회사 이름도 다행히 버시티닷컴*Versity.com*으로 바꾸었다. 1999년 여름, 우리는 실리콘밸리의 유명 벤처캐피털 회사 벤록 어소시에이츠*Venrock Associates*에서 1천만 달러의 벤처 자금을 받은 뒤 직원 50명을 데리고 미시간에서 실리콘밸리로 회사를 옮겼다.

  회사는 계속해서 성장했다. '전문' 경영진도 고용했는데 지금 와서 생각해 보면 회사를 파는 게 그들의 주된 관심사였던 것 같다. 그래서 그렇게 했다. 2000년 1월, 우리는 대학생들을 대상으로 하는 컬리지클럽닷컴*CollegeClub.com*(상장을 위해 막 서류를 제출한 상태였다)에 주식을 받는 조건으로 버시티닷컴을 팔았다. 컬리지클럽은 버시티닷컴 인수를 완료하기 위해 신규상장 서류를 철회했는데, 2000년 4월에 서류를 다시 제출할 때쯤 신규상장 길이 막혀 버렸다. 핑크빛 전망이 물거품처럼 꺼졌고 매달 약 3천만 달러가 공중으로 사라졌다. 회사는 자멸의 길로 내달렸고, 신규상장으로 자금을 조달하는 대신 2000년 8월 파산을 선언했다. 우리 주식도 휴지조각이 되었다.

첫 번째 버전 만들기

겨우 18개월 동안 우리 회사는 학창 시절 부업에서 시작해 신규 상장을 앞두고 투자자에게 1억 5천만 달러 이상의 가치를 인정받는 데까지 성장했다가 빈 깡통으로 전락했다. 닷컴 회사들이 겪는 전형적인 롤러코스터 과정이었다. 돌이켜 생각해 보면 참 엉망이었다. 우리는 아무런 사업 모델도, 거액의 투자금도 없이 설쳐대는 스물한 살에 불과했다. 회사를 운영하면서 벤처 자금으로 1천만 달러가 넘는 돈을 썼고 1만 4천 달러의 수익을 냈다. 하지만 수익이 목표가 아니었다. 투자자들도 요구하지 않았고 이사회도 조바심 내지 않았다.

우리 모두가 바란 건 마케팅에 노출된 고객, 즉 방문자를 만드는 것이었다. 이 부분에서는 성공했다. 우리는 수백만 명의 대학생이 매주 혹은 매일 우리 사이트를 찾게끔 했다. 대학생을 방문자로 만들었다는 점에서는 계획대로 된 셈이다. 분명 가치 있는 닷컴 사업을 창조하는 데는 실패했지만 나는 기업가가 되고 싶어 몸이 근질거렸을 뿐 아니라 실패를 통해 많은 것을 배우고 다음 행보까지 설계할 수 있음을 깨달았다. 이것으로 내 경력이 끝이 났을까? 아니, 막 시작되었다.

그즈음 친구인 제프 플루어가 아드레날린Idrenaline Inc이라는 회사의 사업계획서를 작성했다. 길모퉁이에서 암표상과 현금 거래를 하는 대신 행사 티켓(스포츠 경기, 콘서트 등)을 좀 더 쉽고 안전하게 사고팔 수 있는 웹사이트를 구축하는 것이 골자였다. 제프와 공동 창업자 에릭 베이커는 2000년이 닷컴 자금을 모으기 좋은 시기가 아님을 알면서도 사업 계획을 세우고 자금을 찾아 나설 채비를 하고 있었다. 제프와 에릭 모두 은행원이었고 회사를 경영해 본 경험은 전무했다. 흥미로워 보이기도 했거니와 컬리지클럽에 더 이상 머물고 싶지도 않아서 나는 최고기술책임자로 합류해 사이트를 구축하고 기술팀을 꾸리고 회사가 순조롭게 출발하도록 돕기로 했다.

  회사 이름을 좀 더 나은 것으로 바꿔야 할 것 같아 고민하던 중 제프가 리퀴드시츠Liquid-seats라는 이름을 골랐다(항상 설사를 지린 듯한 상황을 떠올리게 했다). 그러다 버시티에서 마케팅을 담당하던 내 친구 데이브 브라운이 마케팅 책임자로 합류하면서 다행스럽게도 스터브허브StubHub를 이름으로 제안했다. 제프는 또한 매트 리벤슨Matt Levenson(이 이야기에서 중요한 인물로 이번 장 후반부에서 자세히 언급할 것이다)을 최고운영책임자로 고용했다.

  때는 2000년 중반이었고 우리는 그해 가을에 열리는 NFL 개막 시기에 맞춰 사업을 시작하려고 온 힘을 다했다. 정말 미친 듯 달렸다. 우리는 어떻게 초반 티켓 물량을 공급받을지, 어떻게 구매자를 찾을지, 어디서 서비스를 개시할지 등을 파악하기 시작했다. 오래전에 배운 촬영 기술을 이용해 바이럴 마케팅에 사용할 론칭 비디오도 제작했다. 상업용 사이트를 제작하거나, 온라인으로 신용카드를 결제하는 코드를 작성하거나, 경매가 어떻게 굴러가는지 생각해 본 적도 없었지만, 그래서 도리어 흥분되었다. 나는 곧바로 작업에 착수했다. 백지 상태의 코드에서 시작해 9월에, 즉 6주 만에 사이트를 오픈할 수 있는 소규모팀을 조직했다. 스터브허브를 출정시키기 위한 작업은 정신없고 고생스러웠지만 신나는 경험이었다. 아이디어를 채택해서 첫 번째 버전을 만들고 그토록 단시간에 소비자의 손에 들어가게 만드는 모든 과정이 좋았다. 이와 같은 속도로 지속적으로 반복 작업을 하는 게 가능했다.

광장한 사업 기회였음에도 스터브허브는 내게 소명이 아니었다. 본능적으로 마음을 끌어당기는 것을 만드는 데 시간을 바치고 싶었고, 티켓은 아침에 나를 벌떡 일어나게 하는 그런 류의 제품이 아니었다. 결국 나는 다음 기회를 찾기 시작했다.

인터넷 광고 네트워크 영역의 선두주자인 더블클릭DoubleClick의 창립자이자 최고경영자 케빈 오코너Kevin O'Connor와 점심을 함께한 게 그때였다. 더블클릭은 최초의 인터넷 광고회사로 인터넷을 통해 이익을 창출한 1세대 기업의 대표 주자였다. 케빈은 버시티의 엔젤 투자자로 나와 오랫동안 연락을 주고받았다. 점심을 먹다가 그에게 새로운 일을 시작하고 싶다고 말했고, 그 역시 아이디어를 찾는 데 힘을 보태겠다고 했다. 이어서 버시티와 스터브허브 모두에서 일했던 매트 리벤슨을 설득했다.

우리는 천 개에 달하는 아이디어를 브레인스토밍한 뒤 장점이 뚜렷한 50개를 조사하고 약 20개의 사업계획서를 작성했다. 하지만 이 모든 과정에도 불구하고 아이디어는 엉뚱한 데서 나왔다. 매트는 캘리포니아주 산타바바라에서 익스트림 스포츠(스케이트보드, 서핑, 스노보딩, BMX 자전거)가 폭발적인 인기를 누리는 모습을 목격하며 자랐다. 하지만 이런 스포츠 마니아들이 장비를 살 수 있는 매장은 가족이 운영하는 소규모 점포들이 유일했다. 시장이

작을 때는 소규모 독립 점포로도 충분하지만, 주류 스포츠로 확장되면 고객들이 아웃도어용품 전문점 REI처럼 개점 시간을 알 수 있고, 환불 정책이 우수하고, 제품 구성도 다양한 대형 매장을 갈수록 원하게 될 거라고 매트는 가정했다. 우리는 익스트림 스포츠 전문점이 그런 형태를 갖추면 어떤 모습일지 고민하며 일을 시작했다. REI가 그래놀라에 가까운 스포츠를 대상으로 한다면 이쪽은 자극적인 과자에 가까운 스포츠일 것 같았다.

온라인이나 모바일에서 각광받는 빅테크 트렌드로 중무장한 아이디어를 천여 가지나 브레인스토밍한 다음 우리 모두가 동의한 유일한 아이디어가 바로 익스트림 스포츠용품을 파는 것이었다. 이상하긴 하지만 이는 시대의 징후이기도 했다. 닷컴 시대가 몰락한 뒤였기에 광풍처럼 몰아치던 인터넷 사업 모델에 비하면(2000년부터 2001년 사이에 전부 붕괴했다) 특정 금액에 상품을 사서 차익을 남기고 되파는 사업이 꽤나 괜찮아 보였다.

하지만 마음이 불안했다. 나는 매트에게 나 같은 소프트웨어 개발자가 해당 분야에 대해 아는 게 전무한 상태로 익스트림 스포츠용품을 파는 매장을 어떻게 열 수 있겠냐고 물었다. 우리는 더 나은 고객경험을 위한 기술 그리고 2001년 스포츠용품을 파는 것과 관련한 아무런 경험도 없이 맨땅에서 매장을 여는 것의 이점에 대해 논의했다. 이는 우리가 고객을 기쁘게 하고 매장을 효율적으로 만들기 위해서라면 뭐든 할 수 있다는 것을 의미했다. 아이디어에 구미가 당겼고, 결국 나는 매트와 함께 차에 올라타 햇살이 아름다운 캘리포니아로 이사했다. 이번에는 모든 익스트림 스포츠의 중

심지, 로스앤젤레스였다.

매트와 나는 작업에 돌입했다. 회사 이름을 나인스타Nine Star로 정하고(임시로 만든 러프 라이더스Rough Riders보다는 나았지만 마음에 들지 않았다) 가게를 얻었다. 매트를 비롯한 팀원들은 매장을 꾸미고 제품을 들여놓는 데, 나는 매장 운영을 위한 소프트웨어를 만드는 데 집중했다. 나로서는 매장에 필요한 모든 기술이 어떻게 작동하는지 파악하고 타 매장보다 훨씬 뛰어난 무언가를 만들 일생일대의 기회였다. 그동안 살면서 수없이 많은 매장을 방문했다. 계산원이 바코드를 스캔해서 금전등록기에 금액을 입력하고, 단말기에 신용카드를 긁고, 영수증을 프린트하는 모습을 천 번도 넘게 봤다. 이제는 그 속에 직접 뛰어들어 이 모든 과정이 어떻게 이루어지는지 몸소 배울 차례였다. 바코드 스캐너로 스티커의 바코드를 찍으면 어떤 일이 벌어질까? 신용카드 마그네틱에는 어떤 정보가 암호화돼 있을까? 금전등록기는 열리는 타이밍을 어떻게 알까?

나는 이 모든 것을 웹 애플리케이션으로 제작했다. 내 전문 분야가 웹이었기 때문이다. PHP 프로그래밍 언어로 판매관리 시스템, 즉 소매업자가 금액을 찍고 현금과 신용카드를 받고 영수증을 인쇄하는 등의 업무를 처리하는 데 필요한 소프트웨어를 개발했다. 직접 코드를 작성했기 때문에 마음대로 시스템을 만들고 바꿀 수 있다는 점이 좋았다.

멤버십이 필요하다는 판단하에 멤버십 프로그램도 관리 시스템에 넣었다. 직원이 계산을 끝낸 신규 고객에게 회원 가입을 하겠냐고 제안하고 좋다는 대답이 돌아오면 이름과 이메일 주소를 받은 뒤 작은 웹캠을 이용해 사진을 찍었다. 30초도 안 돼서 총천연색의 회원카드가 발급되었다. 특히 아이들이 열광했다! 십대 초반에게는 자기만의 나인스타 신용카드가 생긴 것 같은 기분이었을 것이다. 우리는 회원들에게 1년 동안 구매한 금액의 20퍼센트를 '적립금'으로 제공하되, 2월에(명절 재고를 처분하고 싶을 때) 포인트처럼 결제할 수 있게 하자고 결정했다. 나는 관리 시스템에 '적립금' 항목을 집어넣었다.

나는 매장 뒤편에서 코드를 작성했다. 장사가 바쁠 땐 누군가 와서 바짓가랑이를 붙잡는 바람에 어쩔 수 없이 계산대에 투입되곤 했다. 처음에는 끝내줬다. 내가 만든 소프트웨어를 매일 사용할 수 있었으니까. 버그나 계산원의 업무 속도를 높일 수 있는 지점을 발견하면 자리로 돌아갔다가 30분 후에 나타나 즉시 개선 사항을 확인했다. 피드백 순환이 빨랐고 그래서 매우 만족스러웠다. 하지만 속으로는 내가 신발상자와 스케이트보드로 말 그대로 빙 둘러싸여 매장 구석에 앉아 있는 게 신경 쓰였다. 동료들은 스케이트와 서핑 마니아들이고 나만 '컴퓨터 가이'였으니 그럴 수밖에 없었지만.

개발자들은 시스템 전체를 파악하기 위해 온전히 집중해야 한다. 사람들은 이를 몰입이라고 부른다. 문제에 푹 빠져서 엄청난 양의 일을 해내는 상태를 말한다. 특정 코드가 변경 사항을 얼마나 잘 수행하는지 기억하면서 코드베이스에 몰두하려면 어마어마한 집중력이 필요하다. 스케이트 매장 뒤편에서 일을 하면 집중력이 흐트러질 수밖에 없다. 우리는 매장 빈 공간에서 스케이트를 탈 수 있게 만들어 아이들이 매장을 스케이트장처럼 여기도록 유도했다.

아이들은 그 공간에 환장했다. 하지만 나는 혐오했다. 시끄러운 소음과 직원들의 고함소리에 시시때때로 정신이 산만했다.

하루는 한창 일에 집중하고 있는데 한 직원이 뒤편으로 달려왔다. 그가 내 어깨를 툭툭 치며 말했다. "이봐, 웹사이트 끝냈어?"

나는 헤드폰을 벗고 방해받은 것에 짜증을 냈다. "지금 그거 질문이야? 아니면 명령이야?!" 나는 잡아먹을 듯이 말했다.

스케이트광 직원은 천천히 뒷걸음질했다. 그때 깨달았다. 내가 구석에 처박힌, 누구도 말 섞기 싫어하는 성질 더러운 컴퓨터 기사가 되어 버렸다는 걸. 여기는 내가 있을 곳이 아니라는 사실을.

나인스타에서 모든 멋진 기술을 구현하는 동안, 나는 구글이 난데없이 튀어나와 거대 기술 기업이 되는 과정을 지켜보았다. 아마존은 온라인 사이트에 새로운 제품 항목을 추가하면서 하루가 다르게 성장하고 있었다. 닷컴 붕괴에서 살아남은 회사들이 우리 삶을 정의하기 시작했다. 게다가 나인스타의 재정 상황이 좋지 않았다. 선반을 채울 제품을 구매하느라 현금이 바닥난 상태였다.

매트와 나는 3년째 월급을 받지 못했으며, 그 여파로 통장 잔고는 마이너스였고, 신용카드는 한도 초과였다. 나인스타 건너편 써브웨이Subway에서 매일 오후 5시가 지나면 샌드위치를 하나 가격에 두 개씩 팔았는데, 나는 3.99달러를 주고 하나는 저녁으로 먹고, 나머지 하나는 다음 날 점심으로 쟁여 두었다. 언젠가는 멕시칸 체인 음식점인 바하프레시Baja Fresh에서 부리토 무료 쿠폰을 온라인에 올려 놓았다. 온라인 시장 초입 무렵이라 횟수 제한 없이 마음껏 쿠폰을 인쇄할 수 있다는 사실을 모르고서 말이다. 매트와 나는 거의 석 달 동안 하루에 두 번씩 무료 부리토를 먹다가 결국 덜미를 잡히고 말았다. 기업가 정신이란 게 다 이런 거 아니겠는가.

아마존 웹 서비스에서 배운 것

나는 다음에는 무슨 일을 할지 고민하다가 이제까지 내가 몸담은 세 회사가 초기 단계의 스타트업이었음을 깨달았다. 몇몇이 차고에(경우에 따라선 스케이트 매장에) 모여서 무에서 유를 창조하는, 시작 단계의 회사에서만 일한 것이다. 하지만 여름에 인턴으로 일했던(실제로는 반나절이었다) 시티서치 외에 대기업 경험은 하나도 없었다. 만약 언젠가 의미 있는 회사를 차리고 싶다면 대기업이 어떻게 운영되는지 배워야 했다. 무엇이 운영에 도움이 될까? 다음 스타트업을 창업할 때 본받아야 할 게 뭘까? 회사가 커지면 어떤 기능이 멈출까? 어떤 위험을 피해야 할까? 사업이 어떻게 작동하는지, 고속으로 성장하는 조직을 관리하고 지도하고 평가하려면 어떻게 해야 하는지 배울 필요가 있었다. 스타트업은 최대한 빨리 달리려고만 하는데 '진짜' 기업들은 어떻게 작동할까? 전부 알고 싶었다. 게다가 월급을 받아서 빈 지갑을 채운다고 나쁠 것도 없었다.

2004년 가을, 나는 아마존 웹 서비스에서 입사 제의를 받고 시애틀로 거처를 옮겼다. 그동안 (인력과 예산을 되는 대로 끌어다가 차린) 허술한 스타트업에서 일하다가 세계적인 인재들이 모인 글로벌 회사에서 일을 하니 차원이 완전히 달랐다. 나는 AWS에서 대규모 시스템이 어떻게 작동하는지 배웠다. 또한 그때까지 다른 것들과는 비교가 안 되게 거대한 규모의 문제(분산 시스템, 일관된 해싱, 멱등성, CAP 정리)를 처리하기 위해 아마존이 직접 개발한 기술도 익혔다. 내가 프로덕트 매니저로 합류한 시점에 AWS 직원은 약 서른 명으로 오래된 아르데코 풍의 병원을 아마존 본부로 개조한 퍼시픽 메디컬 센터(줄여서 PacMed) 6층에 사무실이 있었다. 제프 베이조스는 7층에서 근무했는데, 그와 가까이에 있다는 것은 제프가 그 업무에 관심이 많음을 의미했다. AWS는 그가 특히 아끼는 부서라 6층에 있었다.

우리 팀은 일반 소비자가 아닌 나와 같은 개발자를 위한 프로덕트를 만드는 중이었다. 나와 함께 일하던 사람들은 완전히 새로운 것을 개발하고 있었다. 모든 것을 다시 생각해야 했다. 제품, 마케팅, 심지어 가격까지. 부서 동료인 데이브 바스Dave Barth는 향후 데이터 스토리지 시장을 뒤집어 놓을 심플 스토리지 서비스Simple Storage Service, 줄여서 S3라 불리는 신생 프로덕트 제작을 책임지는 제1 프로덕트 매니저였다. 나는 추후에 플렉서블 페이먼트 서비스Flexible Payment Service, FPS라고 이름 붙인 프로덕트 개발에 투입되었다. FPS는 개발자가 자신의 앱에 결제 기능을 탑재할 수 있도록 만드는 서비스다. S3가 개발자가 데이터를 무제한 저장할 수 있게 하는 것처럼, FPS는 개발자가 전 세계에서 가장 큰 전자상거래 사이트를 굴러가게 하는 바로 그 결제 인프라에 접속할 수 있게 한다.

우리는 S3가 '심플' 스토리지 서비스인데 반해 FPS가 '플렉서블' 페이먼트 서비스인 데는 그만한 이유가 있다며 농담하곤 했다. 프로덕트가 근본적으로 너무 복잡해 출시하는 게 쉽지 않아서였다. 그럼에도 굉장한 경험이었다. 아마존은 '거대한' 회사 같기도 하고 스타트업 같기도 했다. 회사 전체가 피자 두 판이면 한 끼를 해결할 수 있는 소규모팀으로 나뉘어 있었고, 모든 팀이 아주 작은 스타트업처럼 돌아갔다. 다급함도 있었다. 에너지도 넘쳤다. 우리가 하는 일이 중요해 보였다. 우리가 미래를 만들고 있었다. 이게 바로 경영자가 바라는, 기술 인재들이 느꼈으면 하는 바다.

아마존에서 얻은 가장 큰 깨달음 중 하나는 개발자들이 엄청난 영향력과 의사결정력을 가지고 있다는 것이었다. 당시 프로젝트를 이끌던 시니어 리더는 대부분 사업 책임자가 아닌 기술 책임자였다. S3는 비공식적으로, 아마존의 CTO였던 알 베르묄렌Al Vermeulen이 이끌었고, 내가 참여한 FPS는 아마존 소액결제 시스템의 대부분을 만든 비카스 굽타Vikas Gupta라는 엔지니어가 리더였다. 앤디 재시Andy Jassy와 같은 사업 책임자들은 리더십에 대한 조언과 지혜를 제공했지만 사실 기술 책임자들이 코드만 작성하는 게 아니라 역량을 마음껏 발휘하고 사업적 가치를 더할 수 있는 환경을 조성했다. 이 경험을 통해 개발자가 잠재적으로 훌륭한 비즈니스 리더라는 나의 신념('개발자에게 묻기' 사고방식의 근본 요소이기도 하다)은 공고해졌다.

아마존에서 근무했던 경험은 세상과 인터넷이 제공하는 기회를 바라보는 방식을 근본적으로 변화시켰다. 또한 기업문화와 훌륭한 인재들이 최고의 결과를 낼 수 있는 환경을 조성해야 하는 리더의 역할에 대해 많은 것을 알려 주었다. 나는 초기 아마존이 이룩한 위대한 일들은 물론이고 고치고 싶은 부분도 모두 보았다. 시애틀로의 이주는 내 인생을 바꿔 놓았다. 아내 에리카를 만났다는 점에서도 그렇다. 그녀도 세인트 루이지애나의 워싱턴대학에서 의예과를 졸업하고 시애틀 아동 병원에서 소아과 인턴을 하기 위해 시애틀로 건너왔으니 말이다.

개발자를 위한 통신 API 서비스

몇 년 뒤 나는 아마존에서 쌓은 지식으로 회사를 차리고 싶은 충동을 느꼈다. 이번에는 중고 티켓 구매자나 스케이트보드 마니아가 아니라 내가 진심으로 동일시할 수 있는 고객을 위한 회사를 차리리라 다짐했다. 지난 실수에서 교훈을 얻어 나와 세상이 필요로 하는 것을 만들 생각이었다. 아마존에서 배운 규모 확장과 관련된 지식을 바탕으로 모든 단계에서 그 정도의 에너지와 추진력을 가진 회사를 만들겠다고 맹세했다.

2006년 중반, 나는 아마존을 떠났다. 무슨 계획이 있던 건 아니었다. 그저 다음 아이디어를 찾아야겠다는 생각뿐이었다. 돈을 아끼기 위해 퓨젓사운드의 절경이 보이는 도심 해안가 아파트에서 워싱턴대학 학생들이 주로 거주하는 오래되고 퀴퀴한 유니버시티 디스트릭트로 집을 옮겼다. 학생들이 사는 월세 아파트여서 벌이가 없는 사람에겐 부담이 훨씬 덜했다. 아마존에서의 경험으로 소프트웨어 스타트업을 차리는 일이 얼마나 쉬워졌는지 알게 됐다. 데이터센터나 서버가 필수적이지 않으면 투자금을 많이 모을 필요도 없고 직원도 적게 고용해도 됐다.

따라서 내 모든 기업가적 에너지는 가장 중요한 지점, 바로 고객과 고객을 위해 어떤 문제를 해결할 것인지에 집중되었다. 머릿속에 수많은 아이디어가 둥둥 떠다녔다. 하나는 새로운 컴퓨터 백업 방식이었다. 또 하나는 P2P 네트워킹을 통해 세계 각지에서 올린 동영상을 스트리밍하는 서비스였다. 결국 나는 다음 아이템을 결정하기 위해 예상 고객과 대화해 보기로 했다.

잠재적 고객에게 신제품 아이디어를 설명하면 두 가지 반응이 돌아온다. 그들이 지인이라면 더더욱 그렇다. 아이디어가 진짜 마음에 들고 평소 가려웠던 곳을 긁어 주는 것 같으면 질문이 쏟아진다. 이것도 돼? 저것도 돼? 자신의 문제에 해결책을 연관시키려고 애를 쓴다. 이건 좋은 징조다. 하지만 아이디어가 가려운 곳을 긁어 주지 못하는 것 같으면 대화가 다르게 흘러간다. 보통은 예의를 지키기 위해 "아, 괜찮아 보이네…"라고 하면서 말끝을 흐린다. 몇 분 동안 어색한 침묵이 흐르고 대화 주제가 바뀐다. "그나저나 타이거스는 잘하고 있어?" 이건 좋은 징조가 아니다.

수많은 대화가 방향을 틀어 디트로이트 타이거스로 흘러갔다. 하지만 내가 투자한 시간은 겨우 몇 주였고 들어간 돈도 없었으므로 괜찮았다. 이게 혁신이 작동하는 방식이다. '실험은 혁신의 전제조건이다.' 더욱 빠르고 저렴하게 실험할수록 더욱 빨리 그럴싸한 결과를 얻기 마련이다. 나는 계속 아이디어를 찾아 나갔다.

그러다 한 가지 생각이 뇌리를 스쳤다. 전 직장 세 군데 모두 훌륭한 제품을 만들고 뛰어난 고객경험을 선사하기 위해 소프트웨어의 힘을 사용했다. 강의 노트 회사, 중고 티켓 시장, 스케이트 소매업, 종목은 천차만별이었으나 전부 고객을 기쁘게 하기 위해 소프트웨어를 만드는 방법을 파악해야 했다.

나에게 소프트웨어의 힘은 얼마나 빨리 아이디어를 취해서 제품을 고객 앞에 내놓을 수 있느냐 하는 것이었다. 일단 고객이 제품을 손에 넣으면 피드백도 주고 뭐가 좋고 나쁜지도 알려 준다. 그러면 다음에 어떤 작업을 해야 하는지 파악하게 되고 순환이 이루어진다. 원하면 매일 새로운 버전을 출시할 수도 있다. 이런 이터레이션이 소프트웨어를 강력하게 만든다. 우리가 어떻게 스터브허브를 6주 만에 출시했는지, 내가 매장에 앉아서 어떻게 나인스타의 판매 관리 시스템을 실시간으로 개선했는지 생각해 보라.

하지만 세 회사에는 또 다른 공통된 맥락이 있었다. 세 곳 모두 고객과의 소통을 확실히 하기 위해, 또는 더 나은 운영방식을 구축하기 위해 의사소통을 필요로 했다. 버시티의 경우 깜빡하고 노트를 업로드하지 않은 노트 필기자에게 이메일로 한두 차례 상기시킨 후 그래도 반응이 없으면 집으로 전화를 해야 했다. 스터브허브에서는 고객이 티켓을 구매한 뒤 전달받으려면 사람들이 붐비는 야외에서 상대방을 찾아 전화를 걸어야 했다. 나인스타에서는 고객들이 시도 때도 없이 매장으로 전화를 걸어 서핑보드 수리가 끝났는지 물었고, 그때마다 판매원이 컴퓨터로 검색하기 위해 매장에서 자리를 비워야 했다. 프로그램으로 만들면 간단하게 해결될 일이었다.

커뮤니케이션이 우리 제품 및 워크플로에 깊숙이 자리 잡고 있었고 언제나 사업에서 필요로 하는 뭔가로 떠올랐다. 하지만 개발자로서 나는 통신에 대해 아는 게 전혀 없었다. 수천 마일 떨어진 곳에서 전화벨이 울리게 만드는 것? 그건 마술과도 같았다.

통신 문제가 발생할 때마다 나는 시스코Cisco나 AT&T처럼 통신 작동 원리에 해박한 회사에 전화를 걸곤 했다. 영업팀에서 다시 전화를 걸어와(그들에게 우리는 티끌만한 존재였다) 해결할 수 있다고 했지만, 그러려면 통신사에서 우리 데이터센터까지 구리선을 깐 다음, 장비를 한 무더기 쌓아 올리고, 뒤이어 다수의 소프트웨어를 구매해야 했다. 그렇게 하더라도 우리가 원하는 것을 곧바로 실행하지는 못했다. 설비를 구축하기 위해선 명함에 통신 및 시스코 인증 전문 지식이 있다고 새겨 놓은 계약업체들을 잔뜩 고용해야 했다. 모두 합쳐 수백만 달러의 비용과 24개월의 시간이 걸릴 터였다. 결국 우리는 원하는 것을 만들지 못했다.

정보통신의 세계는 소프트웨어의 정신과 180도 반대였다. 정보통신 산업은 수백만 마일에 달하는 도랑을 판 뒤 선을 깔고, 우주로 위성을 쏘아 올리고, 수십억 달러를 주고 정부에서 무선 주파수를 사들이는 등 한 세기 동안 투자해 온 물리적 인프라를 기반으로 만들어졌다. 위험성이 높고 규모가 크다 보니 움직이는 속도도 느렸다.

하지만 우리가 정보통신으로부터 가치를 얻는 방식은 더 이상 물리적인 영역에 속하지 않는다. 지구를 뒤덮고 있는 모든 전선들은 당연한 것이 되었으며 이젠 그 위에 소프트웨어로 무엇을 만들지 생각할 여유도 있다. 이러한 혁신이 몇 달, 몇 년이 아니라, 며칠, 몇 주 안에 일어난다. 만들고, 시험하고, 이터레이션 하는 것. 이는 내가 이전에 다닌 세 회사에서 모두 필요로 하던 일이었다.

그 다음 나는 우리가 AWS에서 구축한 것들, 그러니까 개발자가 코드 몇 줄로 작동시킬 수 있는 API 인프라와 몇 센트 하는 사용당 비용을 떠올렸다. 소프트웨어 시대에 맞게 통신을 현대화하는 일이 거대한 문제로 보였고, 이를 해결할 방법이 있다는 생각이 들었다. 바로 통신을 소프트웨어 개발자들을 위한 API로 탈바꿈하는 것이었다.

나는 잠재 고객들, 즉 소프트웨어 개발자들과 대화를 했다. 이렇게 물었다. "앱에서 전화를 걸거나 받고, 오디오를 재생시키거나 문자 메시지를 읽거나 여러 발신자를 한 번에 연결해 주는 API가 있으면 사용하시겠어요?"

처음엔 다들 이렇게 답했다. "아, 흥미롭네요…. 그런데 타이거스는 성적이 어때요?" 하지만 1분 있다가 다시 질문으로 돌아왔다. "잠시만요. 방금 그 아이디어 말이에요. 그러면 고객에게 택배 발송 여부를 알려 줄 수도 있나요?" 나는 열과 성을 다해 이렇게 답했다. "그럼요! 되고 말고요!"

비슷한 일이 거듭해서 일어났다. 개발자들이 연이어 이 아이디어를 최근 만들고 싶었으나 통신 지식이 없어 구현하지 못했던 기능과 연결시키면서 흡사 톱니바퀴가 돌아가기 시작하는 소리가 들리는 듯했다.

2007년 후반, 나는 존 울트하위스John Wolthuis(내가 버시티에서 처음 고용한 사람으로 스터브허브에서도 함께 일했다)에게 연락해 요즘 무슨 일을 하고 있는지, 이 문제에 관심이 있는지 알아보았다. 그런 뒤 미시간대학에서 내 조교로 일했던 에번 쿡Evan Cooke에게 연락했다. 그와는 계속 연락을 취하며 때때로 사업 아이디어를 논의해 온 터였다. 우리 모두 개발자를 위한 통신 API에 흥분했고, 고객 인터뷰는 아이디어에 관심을 보이는 개발자들이 있음을 계속 증명했다. 2008년 1월 우리는 이 아이디어에 오롯이 집중하기 시작했다.

먼저 이름이 필요했다. 나는 완전히 소유할 수 있는 고유한 회사명이 필요하다고 굳게 믿는 사람이다. 우리는 말 그대로 '전화tele-phone'처럼 들리는 음절을 표현하기 위해 입으로 소리를 내기 시작했다. "텔리프." "텔레푸." "텔라피아." 죄다 괴상했다. 우리는 계속 소리 냈다. 누가 옆에서 들었다면 틀림없이 배꼽을 잡았겠지만 신경 쓰지 않았다. 20분 뒤, 내가 말했다. "트윌리. 트웰리. 트윌리오." 마지막 단어가 어감이 좋았다. 놀랍게도 트윌리오닷컴Twilio.com을 7달러에 살 수 있었고 그래서 도메인을 구입했다. 이렇게 정해졌다. 우리는 회사 이름을 지었다.

통신 시스템과 상호작용할 수 있는 소프트웨어를 만드는 일은 알고 보니 말도 안 되게 어려운 도전이었다. 전기통신은 불가사의한 기술과 전문용어로 가득한 것은 물론이고 수십 년 동안 복잡하고 정신없는 코드와 묵은 때가 켜켜이 쌓인, 거기다 장황한 규칙과 규정이 지배하는 이상하고 복잡한 세계였다. 더구나 통신회사는 느리게 움직이고 함께 일하기 힘든 곳으로 악명 높았다. 하지만 이 세계를 파고들며 정말 얼마나 힘든지 깨달으면서 우리는 훨씬 더 고무되었다. 축적된 세계가 다루기 힘들수록, 이를 단순화하고 고객경험을 개선할 기회는 더욱 커졌다.

먼저 우리는 통신 시스템이 작동하는 기본 원리를 알아낸 다음 트윌리오의 첫 번째 버전을 만들었다. 우리의 소프트웨어는 통신 업계가 백 년 동안 축적해 온 복잡성을 간추려 개발자를 위한 단순한 API로 나타냈다. API는 웹 개발자들이 통신 분야를 배우지 않아도 통신 시스템을 이용해 일할 수 있게 만들어 준다. 루비Ruby, 파이썬Python, 자바스크립트JavaScript, 자바Java처럼 그들이 이미 알고 있는 공통 언어로 코드를 작성한 뒤 전화를 걸고 받을 수 있는 앱을 만드는 데 사용하면 된다.

이 설명을 듣고 아이디어를 번뜩 떠올렸던 개발자들이 기억나는가? 우리는 트윌리오의 첫 번째 버전을 만들고선 다시 그들에게 연락해 초기 버전에 접속하는 권한을 준 뒤 피드백을 요청했다. 개발 초기 단계였지만, 개발자들이 원하던 것을 만들 수 있겠다고 흥분하는 게 뚜렷이 보였다.

하지만 벤처 투자자들에게 프로토타입(시제품)을 보였을 때는 반응이 시원찮았다. 스무 번이나 거절당했다. 비용이 너무 빠듯해 에리카와 내가 결혼한 2008년에는 결혼 선물을 판 돈을 은행에 넣었다. 투자자들은 트윌리오를 믿지 않았을지 모르지만 나와 공동 설립자들은 믿었다. 우리는 포기를 몰랐다. 거대한 시장에서 고객들이 좋아할 무언가를 찾아냈다고 확신했다.

초반에 수십 명의 개발자들이 보인 반응은 전 세계 수백만 개발자를 대표하는 것으로 밝혀졌다. 개발자와 그들을 고용한 회사는 새로운 디지털 경험을 만들어 나가면서 실제로 고객과 관계 맺을 수 있는 더 나은 방법을 찾고 있는 중이었다. 이러한 요구는 우리가 지속적으로 서비스를 확장하는 데 순풍처럼 작용했다. 시작은 미국을 대상으로 한 음성 통화 서비스였지만 지금은 전 세계를 상대로 수십 개 이상의 제품을 제공하고 있다. 12년이 지난 지금 나는 우리와 우리 고객들이 만든 제품이 너무나도 자랑스럽다.

해결책이 아닌 문제 공유하기

지금 와서 돌이켜 보면 내가 겪은 특별한 경험들 그리고 함께 일한 사람들 덕분에 비즈니스와 소프트웨어, 기업가와 개발자 사이의 상호작용을 목격할 수 있었다. 먼저 네 개의 스타트업을 세우면서 나는 소프트웨어를 만들기는 쉽지만 제대로 된 소프트웨어를 만들기는 어렵다는 것을 깨달았다. 따라서 신속한 이터레이션, 실험, 고객과의 긴밀한 접촉은 혁신의 전제 조건이다. 두 번째, 아마존과 같은 대기업뿐 아니라 스타브허브와 같은 작은 스타트업을 경험하면서 혁신을 열어젖히는 핵심 요소는 단연 문화이며 문화는 꼭대기에서부터 시작된다는 것을 알았다. 세 번째이자 가장 중요한 깨달음은 제대로 이해되고 있지 않지만 개발자와 기업가의 관계가 기술로 사업 문제를 해결하는 핵심이라는 점이다. 이 마지막 부분이 이번 장에서 가장 중요한 요점이다.

나는 2004년에 훌륭한 기업가와 개발자의 관계가 지닌 독특한 힘을 처음으로 깨달았다. 버시티와 스타브허브에서 함께 일한 동료 매트 레벤슨과 로스앤젤레스에 익스트림 스포츠 매장 나인스타를 차렸을 때였다. 버시티에서 매트는 캠퍼스 운영 책임자였다. 그는 수십 개에서 수백 개가 된 캠퍼스를 아우르며 거대한 현장 운영을 관리했다.

매트는 캠퍼스 매니저를 고용한 뒤 그들이 노트 필기자 및 현장 마케팅 팀을 채용하게 만들었다. 사업이 잘됐을 때는 총 인원이 1만 5천 명에 이르렀는데 전부 대학생들로, 부리기도 굉장히 어려운 데다가 매 학기 강좌가 바뀔 때마다 인력이 완전히 물갈이 됐다. 이 정도 규모의 운영 작업은 분명 소프트웨어로 할 일이었다. 하지만 매트는 기술에 완전히 무지했다. 버시티에 합류했을 때 그에게 노트북과 이메일 주소를 건넸더니 그가 필요 없다고 했다.

"매트, 미국 전역을 아울러 수천 명을 관리하게 될 거예요. 이메일 없이 어떻게 하려고요?"라고 묻자 그는 "그냥, 뭐, 전화로 하죠."라고 말했다(어쨌든 그래서 이 당황스런 대화를 기억하는 거다).

노트북과 이메일을 거부하는 사람이 어떻게 테크 회사에서 일할 수 있었을까? 글쎄다. 매트는 해냈다. 이후 내가 '개발자에게 묻기' 방법론이라 이름 붙인, 우리가 함께 일하며 개발한 독특한 방식을 통해서 말이다.

매트는 해결해야 하는 사업적 문제를 가지고 내게 오곤 했다. 버시티에서 그는 캠퍼스 매니저를 훌륭한 매니저로 탈바꿈시키려고 노력했는데, 그들은 보통 추가로 몇 달러 더 벌기 위해 운영을 담당하는 대학원생이었다. 관리해야 하는 노트 필기자가 만 명이고 매 학기마다 수십만 개의 강의 노트가 들어오는 상황에서 이는 쉽지 않은 문제였다. 하지만 그는 어떤 필기자가 일을 잘하고 못하는지 파악하는 것부터 일을 시작했다.

당시 나는 CTO였는데 하루는 매트가 내게 와서 이렇게 물었다. "이용자들이 어떤 노트가 좋다고 생각하는지 어떻게 알 수 있을까요?" 이 단순한 질문을 염두에 둔 채 우리는 이베이에서 구매자와 판매자를 평가하는 것과 비슷한 시스템을 함께 브레인스토밍했다(요즘엔 인터넷상에서 제품을 평가하는 일이 흔하지만 당시엔 새로운 개념이었다). 며칠이 채 안 되어 우리는 노트별로 위젯widget을 달아 이용자가 별 다섯 개로 노트를 평가할 수 있게 만들었다. 사용자가 노트를 평가하면 등급이 데이터베이스에 저장되고 어떤 노트가 훌륭하고 형편없는지 실시간으로 보고됐다.

매트가 물었다. "각 노트의 등급을 토대로 캠퍼스 매니저에게 노트 필기자 관리 차원의 어떤 행동을 매일 제안할 수도 있을까요?" 우리는 노트 등급과 기타 신호를 참고해 50여 명의 노트 필기자에게 보낼 모든 주요 지표가 포함된 데일리 스크린과 '아무것도 하지 않기', '칭찬 이메일 보내기', '피드백 이메일 보내기', '해고하기' 등의 '권장 조치'를 만들었다. 권장 조치는 사전에 선택되었고, 캠퍼스 매니저가 이를 살펴본 뒤 승인하면 시스템이 그들을 대신해 조치를 실행했다.

물론 노트 필기자를 해고하는 경우는 예외였다. 해고와 관련해서 시스템은 전화를 걸어 개인적으로 나쁜 소식을 전할 사람들의 목록을 관리했다(우린 괴물이 아니었다!). 심지어 약 12개의 견본 이메일을 시스템에 저장해 놓아서 노트 필기자들이 똑같은 '칭찬' 또는 '피드백' 이메일을 두 번 받는 일도 없었다. 우리는 이를 '로보매니저'라고 불렀는데 덕분에 캠퍼스 매니저가 팀을 관리하는 데 하루 약 5분이 걸렸다.

나인스타에서도 이렇게 주거니 받거니 하며 일했다. 하루는 매트가 물었다. "있잖아요. 매장 방문객을 얼마나 많이 구매자로 전환시키는지에 따라 매니저에게 인센티브를 주려고 하거든요. 적외선 인원수 카운터기를 사용해 매장에 사람이 얼마나 들어오는지 측정할 방법이 있을까요? 그런 뒤에 판매지수와 연결시켜 실제 매장 전환율을 파악하고 싶은데요."

"가능할 것 같아요." 내가 말했다. "정확히 어떻게 해야 할진 모르겠지만 아주 흥미롭네요. 방법을 생각해 보죠."

그래서 나는 매장 입구 광센서에 부착하는 인원수 카운팅 시스템 장치에 대해 배웠다. 그 시스템에 API가 있다는 것을 알게 됐는데 이는 센서와 대화하고 거기서 데이터를 추출하는 애플리케이션을 만들 수 있다는 뜻이었다. 나는 POS 시스템에서 데이터를 추출하는 또 다른 프로그램을 만든 뒤 두 개의 프로그램을 연결했다. 짜잔! 이렇게 매장에서 전환율을 계산할 수 있는 기본 시스템이 탄생했다. 그런 다음 직원들이 매장 인트라넷에서 전환율 데이터에 접근할 수 있는 프로그램을 만들었다. 덕분에 성과 측정에 사용 가능한 새로운 통계 자료를 얻었다.

우리는 계속 이렇게 일했다. 매트는 공급업체에 어떤 상품을 반품해야 하는지 알고 싶어 했다. 나는 제품에 카테고리를 부여하는 시스템을 만들었다. 이를테면 반바지, 물방울무늬, 파란색, 대형 사이즈 같은 식이었다. 구매 담당자가 새 상품에 카테고리 정보를 태그할 수 있는 인터페이스를 코딩하고 매달 어떤 상품이 팔리지 않는지 확인한 뒤 반품했다.

이런 역동성은 우리가 사업적 문제를 함께 해결할 수 있음을 의미했다. 매트는 신기술에 무지하고, 나는 뼛속까지 기술을 사랑하고 신봉하는 컴퓨터 과학 전공자였음에도 불구하고 말이다. 이런 작업 방식은 단순하지만 실은 심오하고 대단히 희귀한 진리를 드러낸다. 바로 사업가와 개발자가 제대로 협업하게 만드는 열쇠는 사업가가 해결책이 아닌 문제를 공유하는 것이라는 사실이다.

매트는 내게 어떤 코드를 작성하라고 말하지 않았다. 자신이 어떤 종류의 앱을 원하는지도 몰랐다. 장황한 설명서를 쓰지도 않았다. 그저 'X를 하면 멋지지 않을까요?' 아니면 'Y를 할 수 있는 방법이 있을까요?'라고 말했다. 그는 소프트웨어에 까막눈이었고, 이게 결국 신의 한 수였다. 그가 문제를 해결해 달라고 부탁하는 바람에 내가 더욱 몰두하게 됐기 때문이다.

안타깝게도 대부분의 회사는 개발자를 이런 식으로 대하지 않는다. 소프트웨어를 어떻게 만드는지, 실제로 어떤 것을 만들어 내는지와 관련된 문제에서 핵심은 누구에게 물어보는가, 그들에게 무엇을 물어보는가이다. '개발자에게 묻기' 사고방식과 마찬가지로 이 책은 사실상 소프트웨어에 대한 내용이 아니다. 그보다는 사람에 대한 것이다. 고객의 니즈를 듣고 대답하기 위해 함께 일해야 하는 소프트웨어 개발자와 기업가에 관한 것이다.

4장
코드는 창의적이다

> 배를 만들고 싶으면 사람들을 불러서
> 목재를 모으고 하나하나 지시하면서 일감을 나누기보다는
> 무한한 대양을 동경하게 만들라.
>
> **앙투안 드 생텍쥐페리**

당신이 경영진이라면 아마 영업팀과 많은 시간을 보내며 그들이 어떻게 일하는지, 그들에게 동기를 부여하는 게 무엇인지 파악하고 있을 것이다. 영업사원들은 성과를 내고 싶어 하고, 영업 프로세스와 실적을 보상하는 방식이 경쟁 분위기 조성에 도움이 된다는 걸 아마도 알고 있을 것이다. '돈벼락'을 맞게 해주는 영업사원은 영웅처럼 칭송받고 경영진도 이름만 대면 알아본다. 하지만 소프트웨어 개발자의 불만 사항을 이와 똑같이 이해하는 경영진은 거의 없다. 대부분의 사람들과 마찬가지로 개발자 역시 성과를 내고 싶어 하지만 여긴 경기 방식이 다르다.

왜 훌륭한 개발자(페이스북Facebook, 아마존, 구글이 고용하는 부류)를 채용하고 확보하기 힘든지 궁금하다면, 무엇이 개발자에게

동기를 부여하는지 파악하는 것부터 시작하라. 웹사이트나 모바일 앱에 '간단한' 변화만 주는 데 왜 그토록 오래 걸리는지 궁금하다면, 개발자와 매니저의 상호작용을 이해하는 것부터 시작하라. 개발자의 가려운 곳을 긁어 주는 환경을 만들면 깜짝 놀랄 만한 성과를 가져올 것이다. 하지만 그러려면 개발자가 불평하게끔 만드는 게 무엇인지 이해하는 것부터 시작해야 한다. 일반적인 믿음과 반대로 이는 미적분보다는 창의성과 관련 있다. 코드는 창의적이기 때문이다.

30년 전에는 음악을 만들고 싶으면 음반 회사에 의해 '발굴'되어야 했다. 음반 회사와 계약을 해야 비싼 스튜디오를 대여하고, CD를 제작하고, 라디오 전파를 탈 수 있었다. 해마다 아주 소수의 인원만이 발견되었고, 놀라운 재능이 있어도 뮤지션으로 잘 풀릴 확률이 낮았다. 대부분이 본업을 유지했다. 영화계도 마찬가지였다. 야심 찬 감독 지망생들도 대박이 터지길 기대하며 할리우드로 가선 몇 년씩 서빙이나 하곤 했다. 할리우드에서 제작되는 장편 영화가 1년에 약 1백 편밖에 안 되다 보니 영화 제작에서 창의적인 역할을 따내기 위한 경쟁이 치열했다. 이런 체계에서는 아주 재능이 뛰어난 영화감독들조차 거절당하곤 했으며 다수가 '할리우드 입성'이라는 꿈을 이루지 못하고 고향으로 돌아갔다.

하지만 지난 몇 십 년 동안 개인용 컴퓨터, 저렴한 소프트웨어, 인터넷의 발달이 이러한 분야의 장벽을 무너뜨리면서 누구나 음원 또는 영화를 제작하고 배포하는 게 가능해졌다. 저렴한 전문 툴과 비용이 낮거나 무료인 유통 채널이 등장해서 진입 장벽을 낮추었고, 각각의 예술가들에게 힘을 실어 주었으며, 과거에 접근을 가로막던 문지기를 없애 버렸다.

299달러만 내면 어떤 영화감독 지망생이든 할리우드 영화에 쓰이는 것과 동일한 소프트웨어인 파이널 컷 프로Final Cut Pro를 구매해서 유튜브로 10억 명의 사람들과 만날 수 있다. 199달러만 내면 비욘세Beyoncé가 앨범을 녹음할 때 쓰는 것과 동일한 소프트웨어인 로직 프로 XLogic Pro X를 구매해서 사운드클라우드SoundCloud를 통해 무료로 자신의 음원을 배포할 수 있다.

이런 일이 쉴 새 없이 일어나고 있다. 스물한 살 청년인 몬테로 라마 힐Montero Lamar Hill, 일명 릴 나스 엑스Lil Nas X는 30달러로 온라인에서 비트를 산 뒤 가사를 쓰고 랩을 얹어 2018년 12월 사운드클라우드에서 '올드 타운 로드Old Town Road'라는 음원을 발매했다. 노래는 폭발적인 반응을 얻었으며 10억 회 이상 스트리밍되었다. 이뿐만 아니라 빌보드Billboard 차트에서 역대 최장 기간 1위를 차지하는 신기록을 세웠으며, MTV 비디오 뮤직 어워드에서 올해의 노래로 선정되었다. 또 다른 사례로는 코미디언 조 로건Joe Rogan이 있는데, 그는 2009년에 무료 팟캐스트를 시작해 2020년에 스포티파이와 1억 달러 계약을 체결했다. 여덟 살짜리 꼬마 라이언 카지Ryan Kaji는 '라이언 토이스리뷰Ryan ToysReview'라는 제목으로 유튜브 채널에 장난감 리뷰를 올려서 포브스지에 따르면 연간 2천6백만 달러를 벌어들인다.

동일한 현상이 다른 창조적 예술가들, 즉 소프트웨어 개발자들에게도 벌어지고 있다. 과거에는 소프트웨어 인프라가 굉장히 비쌌지만 지금은 일을 벌이기 부담 없을 만큼 저렴하거나 심지어 무료다. 더 이상 거대한 서버를 구매하거나 데이터센터에 공간을 대여할 필요가 없다. 선반에서 툴키트를 꺼내 앱을 만드는 데 사용하면 그만이다. 서버와 스토리지는 아마존이나 마이크로소프트에서, 지도는 구글에서, 커뮤니케이션은 트윌리오에서, 지불결제는 스트라이프에서 구매하는 식이다. 어떤 어린아이도 세계에서 가장 큰 기업들이 사용하는 것과 동일한 핵심 구성요소에 접근할 수 있다.

유통도 마찬가지다. 개발자들은 더 이상 소프트웨어 업체들과 협상하거나 콤프유에스에이에 매대를 얻거나 휴대전화 화면의 탐나는 위치를 선점할 필요가 없다. 누구나 유튜브에 영상을 올릴 수 있듯 누구나 앱스토어에 자신의 앱을 업로드할 수 있다. 웹 개발자는 신용카드로 클릭 한 번에 몇 페니 정도의 저렴한 비용을 내고 구글에 광고를 실을 수도 있다.

소프트웨어 개발자들에게 이보다 좋은 시절은 없었다. 유일한 제약은 우리의 상상력이다. 그런데 소프트웨어와 음악 및 영화 산업의 수많은 공통점 중 자주 간과되는 부분이 있다. 바로 코드가 창의적이라는 점이다.

대중문화에서는 개발자들을 과학과 수학밖에 모르는 괴짜로 묘사한다. 〈패밀리 매터스Family Matters〉에 등장하는 스티브 어켈, 〈빅뱅이론〉의 셸던 쿠퍼, 〈쥬라기 공원〉의 데니스 네드리와 같은 캐릭터는 모두 사회 부적응자, 어른아이, 대화보다 계산자slide rule가 더 편한 인물들로 그려진다. 미디어는 이런 정형화된 이미지를 좋아하지만 이는 놀라우리만치 실제를 오해하게 한다.

소프트웨어를 만드는 것은 수학이나 과학을 하는 것보다는 음악을 만들거나 책을 쓰는 것과 더 유사하다. 유튜브와 사운드클라우드가 새로운 부류의 창의적인 사람들에게 성공을 안겨 준 것처럼 개발자들도 창조적 힘을 사용하며 인상적인 프로덕트와 회사를 만들기 위해 때로는 음악, 영화, 팟캐스트의 슈퍼스타들처럼 거대한 대중에게 다가간다.

두 명의 엔지니어가 인스타그램Instagram을 설립해서 페이스북에 10억 달러에 팔았을 때 직원 수는 겨우 13명에 불과했다. 두 명의 개발자가 왓츠앱을 만들어 직원이 겨우 15명일 때 페이스북에 회사를 팔았다. 인수가는 190억 달러였다. 몇 년 전에 개발자 두 명이 단체 문자 보내는 앱을 코드화할 수 있는 아이디어를 가지고 뉴욕의 한 해커톤에 참여했다. 그들은 18시간에 걸친 단일 스프린트에서 트윌리오를 사용해 첫 번째 버전을 만들었다. 앱에 그룹미GroupMe라는 이름을 붙였고, 15개월 뒤 마이크로소프트에 8천만 달러를 받고 팔았다.

이런 이야기는 개발자들에게 영감을 불어넣어 준다. 단지 믿기 어려울 정도의 거액 때문만이 아니라, 소수의 엔지니어들이 족쇄에서 풀려나 실제 고객의 문제를 창의적으로 생각하고 해결할 때 얼마나 놀라운 일을 할 수 있는지 보여 주기 때문이다.

많은 개발자들이 다음 말을 신념으로 여긴다. "엔지니어링은 세상에서 가장 창의적인 직업 중 하나라고 생각합니다." 아마존의 최고기술책임자 버너 보겔스의 이야기다. "매일 새로운 무언가를 만들어 내잖아요. 엔지니어링은 굉장히 창의적인 직업이에요. 모든 엔지니어가 창의성을 발휘하도록 훈련받는 건 아니지만 시간을 두고 가르칠 수 있습니다."

하지만 대부분의 기업이 이 점을 이해하지 못하고, 개발자가 이런 창의적 근육을 활용할 수 있는 환경을 조성하지 않는다. 그러면 모두에게 손해다. 개발자들은 최상의 결과물을 내지 못해 회사를 그만 두고 창업할 생각을 하게 된다. 회사는 최고의 인재를 충분히 활용하지 못하니 손해다. 고객은 열정 없는 소프트웨어 공장에서 나온 애석한 결과물을 받아 들게 되니 손해다. 이런 난제를 해결하려면 기업이 먼저 코드가 창의적이라는 것을, 많은 개발자가 실은 창의적인 문제해결사라는 것을, 그러니 그렇게 대접받아야 한다는 것을 이해하는 것부터 시작해야 한다.

중요한 건 탁구대가 아니야

실리콘밸리 바깥의 수많은 기업이 테크 회사의 운영 방식을 연구하는 데 시간을 투자한다. 그들은 팀에게 '실리콘밸리 사파리' 투어를 시켜 주면서 스타트업은 물론, 구글이나 페이스북과 같은 빅테크 기업을 방문하고 돌아와 혁신적인 랩을 만들라고 한다. 견학 나온 한 무리의 경영진을 만나 본 적이 있는데, 내가 강조하고 싶은 건 한 가지다. 바로 개발자가 앞장서서 일할 수 있도록 자유를 허락하라는 것이다. 하지만 경영진이 엉뚱한 교훈을 얻어 실리콘밸리를 떠나는 경우를 너무 자주 목격했다.

테크 회사의 사무실을 돌아다니다 보면 무료로 제공되는 음식, 티셔츠나 후드티와 같은 자유로운 복장, 반려견과 출근하는 문화처럼 눈에 보이는 피상적인 것에 혹하기 쉽다. 실리콘밸리의 사무 공간을 충분히 둘러보고 난 뒤에는, 탁구대와 화려한 세발자전거를 사무실 여기저기 놓아 두면 대단한 소프트웨어가 어떻게든 탄생할 거라고 쉽사리 짐작하게 된다. 물론 개발자들이 원하면 티셔츠와 후드티를 입게 해줘야 하지만, 이건 핵심이 아니다.

겉핥기로 혁신을 관찰하는 사람들은 가장 중요한 지점을 간과한다. 바로 개발자에게 책임과 자유를 주어야 한다는 점이다. 근무 시간이나 복장만이 아니라, 창의적인 관점에서의 자유 말이다. 소프트웨어 개발자를 생각할 때, 스티브 어켈, 셸던 쿠퍼, 데니스 네드리가 아니라, 패트릭 매켄지Patrick McKenzie, 라이언 레슬리Ryan Leslie, 레아 컬버Leah Culver, 채드 에츨Chad Etzel을 떠올리기 바란다.

스트라이프에서 일하는 패트릭 매켄지는 해커 뉴스Hacker News(개발자들이 관련 분야를 토론하는 가장 유명한 웹사이트)에서 사용하는 대화명 '파티오11Patio11'로 온라인상에서 훨씬 유명하다. 그는 해커 뉴스에서 오랫동안 상위 랭커로 활동해 왔는데, 여기엔 그만한 이유가 있다. 그는 자신의 웹사이트 Kalzumeus.com에 소프트웨어 프로그래머가 된다는 것에 대해 매우 통찰력 있으면서 재미있는 에세이를 몇 편 올렸다.

패트릭은 일본에 살고 있는데, 한때 기업 소속 프로그래머로 일하다가 회사를 나와서 두 건의 소규모 온라인 비즈니스(교사들을 위한 빙고카드 생성 앱과 약속 알림 앱)를 벌여 경제적으로 독립했다. 그는 전형적인 박학다식한 사람이다. 스페인어와 일본어를 구사하고, 미국 세법의 난해한 측면과 관련된 열띤 토론을 벌이기도

4장 코드는 창의적이다

하며, 2011년에 지진이 일어났을 당시 일본의 비상대응 시스템이 얼마나 잘 작동하는지 다음과 같은 열정 넘치는 글을 기고한 적도 있다. "이런 시스템 작동은 조금의 과장도 보태지 않고 인간 문명의 승리라고 봐야 한다. 이 나라의 모든 기술자들은 조금 더 자부심을 가질 필요가 있다."

라이언 레슬리는 그래미상 후보에 오른 래퍼이자 제작자이고 기업가이자 소프트웨어 개발자이다. 그는 14세에 SAT에서 1600점 만점을 받았다. 고등학교를 조기 졸업하고 하버드대학에 입학해서 정치학과 거시경제를 공부한 뒤 19세에 졸업했다. 이 과정에서 음반 제작을 독학으로 공부했으며, 졸업 후에 유니버설 모타운Universal Motown과 녹음 계약을 했다. 2009년에 발매한 '트랜지션Transition'은 미국 R&B 차트 4위에 올랐다.

헌데 그가 회사에 팬들의 목록을 달라고 하자 담당자가 어깨를 으쓱하는 게 아닌가. 없다는 뜻이었다. 어떤 회사가 고객과 아무 관계도 맺지 않을 수 있단 말인가? 분명 디지털 경제에서 살아남고 싶은 회사라면 그러지 않을 텐데 말이다. 이건 혁신의 시기가 무르익은 사업이란 뜻이었고, 라이언은 자신이 그 일을 해야겠다고 생각했다. 그는 코드를 작성하는 법을 배운 뒤 아티스트가 관객과 직접 소통할 수 있는 슈퍼폰SuperPhone이라는 소프트웨어 프로덕트를 만들었다.

라이언은 슈퍼폰으로 콘서트에서 그리고 웹사이트와 소셜미디어에 자신의 전화번호를 공개한다. 사람들이 전화를 걸거나 문자를 보내면 그 번호를 수백만 명의 팬 목록에 추가한다. 슈퍼폰은 기본적으로 문자 메시지를 토대로 한 고객관계관리Customer Relationship Management, CRM 앱이다. 라이언은 새로운 싱글 앨범을 내거나 콘서트 일정을 발표할 때 팬들에게 직접 문자를 보낼 수 있다. 이 소프트웨어 덕분에 앨범과 굿즈 판매로 수백만 달러의 수익을 거두고 있다.

이보다 좋은 소식은 슈퍼폰이 실리콘밸리 최고의 벤처 투자자들에게 자금을 지원받고 12명의 직원을 고용해 그 자체로 성공적인 사업이 되었다는 것이다. 슈퍼폰은 마일리 사일러스Miley Cyrus나 피프티센트50 Cent와 같은 연예인부터 거대 전자제품 유통업체 및 명품시계 브랜드까지, 약 2천 명의 고객을 거느리고 있다. 이들 모두 슈퍼폰을 이용해 고객과 일대일의 친밀한 관계를 구축한다. 라이언은 단지 래퍼일 뿐 아니라 개발자이자 벤처 투자를 받는 기업가이자 문제를 해결하기 위해 코드의 힘을 사용하는 소프트웨어 피플이다. "험난한 여정이었어요." 그는 말한다. "인생을 바꾼 사건이었죠. 우리는 슈퍼폰이 제공할 수 있다고 여기는 가치에 정말 온 열정을 쏟고 있습니다."

레아 컬버는 2006년에 미네소타대학에서 컴퓨터공학 과정을 마친 뒤 실리콘밸리로 이주했다. 지금까지 그녀는 세 개의 회사를 설립하거나 공동 설립했다. 첫 두 회사는 인수되었고 현재는 팟캐스트 소프트웨어를 판매하는, 직원 7명으로 이루어진 브레이커Breaker를 운영 중이다. 스타트업을 차리는 도중에 미디엄Medium과 드롭박스Dropbox에서 개발자로 일하기도 했다.

그녀는 기업가로서 두뇌를 풀가동하고 있다. 제품을 개발하고,

직원을 관리하고, 사업을 운영하는 것과 같은 새로운 기술을 배우고 있는 중이다. "스타트업이 좋은 건 힘들기 때문이에요. 평범한 소프트웨어 업무는 대개 너무 쉬워요. 도전 정신이 느껴지지 않아요. 사람들이 엔지니어링에 발을 담그는 건 힘들면서 재밌기 때문이에요. 전 매일 다른 일거리가 생기는 게 좋아요. 어떻게 해야 할지 몰라서 배우고 익히고, 이러는 게 도전이죠." 배움을 지속해 지평선을 넓혀 간다는 말은 내가 훌륭한 개발자들에게 쉴 새 없이 듣는 소리다.

채드 에츨은 이제껏 만난 가장 창의적인 개발자 중 하나다. 그는 고객의 소리에 귀 기울이고 이를 흥미로운 소프트웨어로 바꾸는 데 아주 탁월하다. 지난 5년 동안 애플에서 iOS 엔지니어로 일했는데, 애플은 그가 대학을 나온 뒤 처음 9년 동안 (트윌리오를 포함해) 7명의 고용주를 거치면서 처음으로 편안함을 느낀 회사다. 그는 자유분방하게 수염을 기르고, 멋진 모자를 자주 걸치고, 어릴 적 AOL에서 사용하던 '재지 채드Jazzy Chad'라는 닉네임을 사용한다(색스폰 연주도 일품이어서 샌프란시스코의 재즈 클럽에서 즉흥 연주도 하는데, 가끔 사무실에 악기를 가져온다).

패트릭처럼 채드 역시 날카로운 유머 감각을 지녔고, 자기 주장이 강하며, 장소에 상관없이 어떤 헛소리도 참지 않는다. 그가 가장 좋아했던 일은 회사를 차려서 혼자 사업을 했던 것이다. "제게 온전한 권한이 있었죠." 그는 설명한다. "저는 무에서 유를 창조하는 데서 가장 큰 열정과 에너지를 얻습니다. 누군가 제게 이래라저래라 지시하거나, '여러분이 할 일은 이 세 가지뿐이에요. 큰 그림에 대해선 신경 쓰지 마세요.'라고 말하는 순간 동기가 확 꺾여 버려요." 채드는 애플에 정착하기까지 그토록 많은 일자리를 전전했던 이유를 "자신을 온전히 바칠 수 있을 만큼 자율권이나 자유를 허락하는 회사를 찾는 게" 너무 어려웠기 때문이라고 말한다.

패트릭, 라이언, 레아, 채드와 같은 개발자들은 놀랄 만큼 창의적이다. 그들은 고객에게 봉사하고 문제를 해결하기 위해 소프트웨어 기술을 적용하는 것은 물론이고, 사업을 벌이는 것에도 능숙하다. 하지만 대부분의 기업에서는 경영진이나 프로덕트 매니저가, 고객과 마주하고 제품을 설계하고 개발자가 서비스를 구축하는 데 필요한 명세서 만드는 일을 책임진다.

2020년 봄, 트윌리오는 전 세계 약 1천 명의 개발자들(과 그들의 매니저들)을 대상으로 회사에서 자신의 역할에 대해 어떻게 생각하는지 물었다. 결과는 인상적이었다. 66퍼센트 넘는 개발자들이 자신에게 평균 이상의 창의력이 있다고 생각했지만 일할 때 평균 이상의 창의력이 필요하다고 답한 사람은 겨우 50퍼센트였다. 그렇다면 개발자들은 그 평균 이상의 창의성을 어디에 사용하는 걸까? 많은 사람이 직장 바깥에서 배출구를 찾았다. 48퍼센트가 디자인이 주가 되는 취미 활동(건축, 가구 제작, 웹 구축 등)으로, 32퍼센트가 순수예술 활동(그림, 조각, 도자기)으로 여가 시간에 창의력을 배출한다고 답했다(아, 고정관념을 뒤집는 또 다른 결과도 있었는데, 개발자들이 운동을 즐긴다는 사실이다! 36퍼센트가 달리기를, 33퍼센트가 사이클을, 28퍼센트가 농구를, 25퍼센트가 하이킹을 했다!).

이런 개발자들에게 무엇을 개발할지 자세히 적어 놓은 '제품 요구사항 정의서Product Requirements Document'를 건네는 건 그들의 잠재력을 대부분 낭비하는 행위다. 그래서 나는 실리콘밸리를 방문하러 온 전 세계의 경영진에게 다음과 같이 강력하게 조언한다. 개발자들과 함께 문제를 공유하라. 해결책이 아니라.

그런 뒤 어떤 일이 벌어지는지 감탄하며 지켜보라. 소프트웨어의 품질이 향상되고, 개선 주기가 급속도로 짧아지고, 사용자들이 더 행복해지고, 개발자들이 회사를 더 오래 다닐 것이다. 나는 이를 원하지 않는 경영진을 단 한 명도 만나본 적이 없다.

애슈턴 쿠처와 해커톤의 힘

개발자가 창의력을 발휘하도록 하면 어떤 일이 벌어질까? 애슈턴 쿠처와 데미 무어Demi Moore는 바로 이렇게 함으로써 기술 기반의 비영리기업 쏜Thorn을 설립했다.

2012년 애슈턴과 데미는 아동 성착취를 다룬 다큐멘터리를 본 뒤 경악을 금치 못하고 행동에 나섰다. 그들은 쏜을 공동 설립해 아동을 성착취에서 보호할 수 있는 기술을 구축했다. 쏜의 소프트웨어 툴은 전 세계 법집행 기관에서 아동 성매매 피해자를 더욱 빨리 찾아내고 아동 포르노, 일명 CSAMChild Sexual Abuse Material을 온라인에서 삭제하는 데 사용된다. 오늘날까지 쏜의 소프트웨어는 1만 4천 명이 넘는 아동 성매매 피해자를 찾은 것은 물론, 아동 2천여 명의 학대 영상이 CSAM으로 유통되지 않게끔 하는 데 일조했다.

몇 년 전 애슈턴이 트윌리오로 연락해서, 해커톤을 열어 쏜 소프트웨어의 커뮤니케이션 기능을 개선할 수 있는지 문의했다. 우리는 중요한 임무에 참여하고 기여한다는 데 자부심을 느꼈다.

애슈턴은 엔지니어들이 어떻게 일하는지, 어떻게 해야 그들에게 동기를 부여할 수 있는지 대부분의 벤처 투자자들보다(당연히 대부분의 배우보다) 깊이 이해하고 있다. 이것이 그가 2010년에 공동 설립한 벤처펀드 에이그레이드 인베스트먼츠A-Grade Investments가 포브스지에 따르면 3천만 달러에서 2억 5천만 달러로 성장하며 쿠처에게 탁월한 벤처 투자자라는 명성을 안긴 이유기도 하다. 그는 날카로운 안목으로 와비파커Warby Parker, 스포티파이, 스카이프Skype, 에어비앤비와 같은 성공 신화에 투자해 왔다. 그의 가장 성공적인 투자 중 하나는 2011년에 우버에 투자한 50만 달러다.

쿠처가 한때 아이오와대학에서 생화학 엔지니어링을 공부했다는 사실을 알면 이해가 될 것이다. 그는 내게 말했다. "공대 재학 시절, 한 교수님이 이렇게 말씀하시곤 했어요. '과학자는 문제를 찾고, 엔지니어는 문제를 고친다.' 그 말씀이 소프트웨어 엔지니어를 바라보는 제 세계관이 되었어요. 그들은 문제를 해결하는 사람들이에요. 가만히 앉아서 문제를 들여다보고 그것을 해결할 가장 효율적인 방법을 찾아 내죠."

처음에 쏜은 샌프란시스코 만안 지역의 다른 기술 기업들에 도움을 요청했다. "우리가 모르는 게 뭔지 알았습니다. 어떻게 문제를 해결해야 할지 모르는 거였어요. 하지만 똑똑한 개발자들에게 가서 이렇게 말했죠. '아동 성매매라는 범죄가 온라인으로 이동한 것 같습니다. 온라인 범죄 사업을 근절할 방법을 꼭 알아내야 합니다. 그러려면 툴을 만들어야 해요. 하지만 어떤 툴을 만들지 결정하자면 먼저 영감이 필요합니다.'"

이렇게 현재의 해커톤이 생겨나게 되었다. 쏜은 정기적으로 다양한 도시에서 해커톤을 개최하고 개발자들을 초대해 1주일 동안 문제를 풀게 한다. 개발자들은 아동 성매매 관련 지식이 거의 전무하지만 이것이 꼭 해결해야 할 문제라는 건 안다. 애슈턴과 쏜의 여러 리더는 개발자들에게 어떻게 기술이 아동 성매매 문제를 악화시키는지 교육한 뒤, 이를 근절하려면 기술을 어떻게 사용하는 게 좋을지 묻는다. 어떤 툴과 데이터를 사용할 수 있는지 정보를 얻은 뒤, 개발자가 아이디어를 구현할 수 있도록 한다. 애슈턴과 쏜의 리더들이 할 수 있는 건 브레인스토밍을 돕고, 특정 분야 지식을 제공하고, 개발자들의 질문에 대답하는 것이다.

이 아이디어는 필요에 의해 탄생했다. 대부분의 비영리단체들처럼 쏜도 주머니 사정이 넉넉지 않았다. 해커톤은 쏜의 R&D 연구소의 일부가 되었다. "우리는 그저 네다섯 가지 문제를 제시하면서 이렇게 말합니다. '좋습니다. 이제 바로잡아 보세요. 문제를 해결하세요.'" 쿠처의 말이다. 쏜은 해커톤을 이용해 계속 업무를 확장하고 있으며, 온라인 아동 성학대 종식을 위한 앞선 툴을 개발하는 데 백퍼센트 전념하는 자체 전담 엔지니어링 및 데이터 과학팀도 만들었다.

내 관점에서 훨씬 흥미로운 점은 이러한 일이 개발자라는 존재에 대해 말해 주는 바다. 이런 해커톤에 참여하는 개발자들은 자신을 '코드 몽키'로 취급하는 회사에 다니는 경우가 많다. 쏜은 그들을 초대해 일주일 동안 중요하고도 어려운 기술적 문제, 즉 아동 성매매를 근절하는 문제를 해결하도록 한다. 그리고 완전한 자유를 준다. 어떤 일이 벌어질까? 그들이 빛을 발한다. 칸막이 사무실에 처박혀 사는 이 온순한 사람들이 슈퍼 히어로로 변신하는 것이다. 이들이 얼마나 대단한 일을 해낼 수 있는지 이 사람들을 고용한 회사가 알게 된다면 어떤 일이 벌어질까 상상해 보라.

한번 생각해 보기 바란다. 여러분은 주말에, 무료로, 열정을 주체하지 못해 자발적으로 본업에 매달리는가? 대부분의 회계사들이 주말마다 취미로 회계 일을 할까? 일부는 그럴 수도 있지만 대개는 그렇지 않을 것이다. 치과의사들이 업무 외적으로 창의적인 치과 진료 아이디어를 내면서 놀까? (제발 아니길 바란다!) 개발자들에게 코드는 그저 일이 아니다. 창의력의 배출구다. 개발자들은 직장에서 창의력을 발휘할 수 없을 때 이를 표출할 수 있는 다른 영역을 찾는다. 많은 사람들이 부업으로 외부 프로젝트는 물론 심지어 스타트업까지 창업하고 있다.

쿠처는 엔지니어링 전공이라는 배경 덕분에 개발자들을 신뢰하고 그들이 사업적 문제를 해결하는 데 탁월하다는 사실을 쉽게 깨우칠 수 있었다. 하지만 본인이 엔지니어가 아니라면 어떻게 해야 할까? 이런 접근법은 당신이 미국의 대통령이라 하더라도 효과가 있다.

오바마 대통령과 개발자들

내 친구이자 트윌리오의 공동 창업자인 에번 쿡은 2014년에 트윌리오를 떠난 뒤, 사임을 앞둔 백악관 CTO 토드 박Todd Park에게 전화를 받았다. 토드는 에번에게 자세한 사항은 알려 주지 않은 채 미팅을 할 수 있는지 물었다. 에번은 토드의 이메일 주소(@whitehouse.gov)에 강한 흥미를 느꼈고, 신원조회를 위해 (안전하지 않은 구식 이메일 시스템으로) 개인정보를 제출했다. 약속한 날 에번은 자신이 가진 옷 중 정장과 가장 비슷한 황갈색 바지와 싸구려 블레이저를 걸치고서 샌프란시스코 페어몬트 호텔에 나타났다.

그와 몇몇 사람들(나중에 알고 보니 아마존, 애플, 페이스북의 고위급 엔지니어들이었다)은 샌프란시스코 만이 내려다보이는 압도적인 전경의 펜트하우스 스위트룸으로 안내받았다. 그들은 토드와 전직 구글 부사장이자 토드의 후임으로 백악관 CTO 자리에 막 앉은 메건 스미스Megan Smith와 인사를 나누었다. 토드와 메건은 자신들이 미국디지털서비스United States Digital Service라는 새로운 조직을 구축하고 있다고 설명했다. 그들은 실리콘밸리의 최고 기술자들을 소수 채용해서, 그러니까 일종의 기술 특공대를 만들어서 워싱턴 D.C.로 데려간 뒤, 정부 디지털 인프라 구조의 핵심 부분을 점검할 계획이었다.

그때 베이 브리지 너머 저물어 가는 태양을 배경으로 미대통령 전용 헬리콥터와 미군의 다목적 수직이착륙기V22 Osprey가 도시로 접근하더니 크리시필드에 착륙하는 광경이 보였다.

2015년 2월 당시 백악관은 지난 18개월 동안 몹시 괴로운 시간을 보내고 있었다. 2013년에 정부가 대대적인 홍보와 함께 의료보험 웹사이트(HealthCare.gov)를 개시했는데 시스템이 무너지고 만 것이다. 이는 정부, 특히 의료개혁을 임기 내 대표 이슈로 삼았던 버락 오바마 대통령에게 커다란 불명예였다. 토드와 그의 동료들은 복구 작업을 지원하기 위해 실리콘밸리 엔지니어들을 여럿 고용했고 사이트를 안정화시키는 데 성공했다.

이 경험 덕분에 모든 사람이 정부의 구식 기술 인프라가 긴급한 주요 행정 업무를 처리하는 데 얼마나 큰 걸림돌이 되는지 인식했다. 펜타곤, 중소기업청, 교육부, 보건복지부, 연방총무청, 국토안보부 등 문제가 없는 곳이 없었다. 시스템은 수천 개였고, 코드는 수십 억 줄이었으며, 헤어볼[1], 패치, 차선책 등이 뒤범벅돼 있는 데다, 대개 너무 오래 돼서 어디서 생겼는지, 누가 만들었는지 아무도 기억하지 못했다.

정부는 기업과 동일한 문제에 직면해 있었다. 즉 정부가 처리하는 업무 가운데 소프트웨어에 의존하는 부분이 점점 증가하고 있었으며, 스포티파이, 우버, 페이스북과 같은 회사들 덕분에 일반 시민들의 사용자 경험에 대한 기대 수준이 전반적으로 높아진 상태였다. 게다가 새로운 소프트웨어를 구매해 실행해도 효율성과 품질이 낮다는 엄청난 문제도 있었다. 심지어 기술 산업에서는 이미 고품질 소프트웨어를 빠르고 저렴하게 전달하는 방법을 알아 낸 지 한참 지났음에도 불구하고, 수년 동안 작업한 끝에 약속과 다른 프로젝트를 전달하기 일쑤인 요주의 기업들에 정기적으로 수십 억 달러의 계약 건이 돌아갔다. 새로운 '천 달러짜리 뚫어뻥'은 십억 달러짜리 웹사이트였다. 그래도 최소한 막힌 데가 뚫리긴 했다!

---

1 (옮긴이) 데이터와 프로세스 등이 복잡하게 엉킨 덩어리를 의미한다.

그래서 에번과 나머지 엔지니어들이 이 회의에 불려 온 것이었다. 토드와 메건은 개발자들을 설득해야 했지만 별로 유리한 입장이 아니었다. 이들은 원하는 곳이면 어디에서든 일할 수 있었다. 정부가 실리콘밸리에서 받는 연봉만큼 챙겨 줄 수도 없을 테니 돈으로 설득할 수도 없을 터였다.

그래서 메건은 다른 접근법을 취했다. 그녀는 창가로 가서 만 건너편의 리치먼드 조선소Richmond Shipyards를 가리켰다. 그리고 말했다. 바로 저곳이 미국이 독일 잠수함을 능가하는 경이로운 기술을 이용해 빅토리호급 화물선들을 건조한 곳이라고. 그러면서 에번을 비롯해 회의에 참석한 나머지 사람들이 빅토리호를 설계해 제2차 세계대전에서 이 나라를 승리로 이끈 기술자들과 다름 없다고 이야기했다.

그때 호텔 스위트룸 문이 열리며 오바마 대통령이 걸어 들어오더니 간단하고 강력한 메시지를 건넸다. "미합중국이 여러분을 원하고 있습니다." 그가 탁자를 빙 돌면서 모두에게 말을 걸었다. "워싱턴으로 와서 미국을 위해 봉사하기 힘든 그럴듯한 이유를 하나만 대보세요." 그가 말했다. "직장 때문인가요? 누구한테 전화하면 될까요? 누구든 제가 전화하겠습니다." 다섯 사람 중 그 누구도 오바마 대통령에게 전화를 해달라고 부탁하지 않았다. 어느 누구도 그 일을 맡을 수 없는 그럴싸한 이유를 대지 못했다. 잠시 후 그들은 빠르게 단체 사진을 찍었고, 오바마 대통령은 수행단과 함께 문밖으로 퇴장했다.

두 달 뒤, 에번은 워싱턴 D.C.에 도착했다. 백악관에서 두 블록

떨어진 곳에 위치한 미국디지털서비스에서 근무하는 첫 날이었다. 그는 이후 3년 동안 그곳에서 일했으며, 그 일이 자신의 경력에서 최고의 경험이었다고 말한다.

이제 오바마 대통령이 한 일과 하지 않은 일에 대해 생각해 보자. 그는 에번과 나머지 개발자들에게 워싱턴으로 와서 코드를 만들어 달라고 말하지 않았다. 그저 문제를, 그것도 큰 문제를 공유했다. '미국 정부는 수리가 필요하고, 여러분이 그 일을 맡아 줬으면 좋겠다.' 이것이 바로 문제 공유다. 그는 개발자들의 창의적인 면에 직접적으로 호소했다. 어떻게 해야 그들이 정부를 위해 기술을 구축할 수 있을까? 대통령이 든든하게 지원해 준다면 어떤 문제를 해결할 수 있을까? 오바마는 자신이 원하는 게 단순히 그들의 코딩 기술만이 아니라, 사고방식과 상상력이라는 것을 알렸다. 무궁무진한 기회를 제공한 것이다. "물 반 물고기 반이라고 할 정도로요." 에번은 이렇게 말한다.

베이스캠프, 접시 위에 일거리를 놓지 말라

애슈턴의 회사 쏜은 필요에 의해 개발자들에게 도움을 요청했다. 오바마 대통령은 위기에 처하자 개발자들에게 연락했다. 하지만 위대한 기업들은 '개발자에게 묻기' 사고방식을 일상적으로 받아들여 그들이 언제나 창의적일 수 있도록 해방시켜 준다. 이를 가장 잘 보여 주는 훌륭한 사례가 직원 60여 명의 작지만 잘 나가는, 시카고의 소프트웨어 회사 베이스캠프Basecamp이다.

제이슨 프라이드Jason Fried와 공동 설립자 데이비드 하이네마이어

핸슨David Heinemeier Hansson은 베이스캠프가 마치 직원을 행복하게 하고 그들이 최선을 다해 일할 수 있는 새로운 업무 방식을 연구하는 연구소라도 되는 것처럼 운영한다. 'DHH'라는 닉네임으로 알려진 데이비드는 많은 이들이 사용하는 웹 개발 프레임워크인 루비 온 레일스Ruby on Rails를 개발해 유명해진 소프트웨어 개발자다.

데이비드와 제이슨은 일이라는 주제를 놓고도 수없이 생각하고 글을 쓴다. 두 사람은 함께 소프트웨어 개발을 다룬 책 두 권과 오늘날의 직장에 대한 세 권의 책 세 권(《리모트》, 《리워크》, 《일을 버려라!》)을 출간했다. 그들은 아이디어를 공유하는 것을 좋아한다. 베이스캠프의 다소 특이한 운영 방식을 어떻게 적용하면 좋을지 알려 주는 1일 세미나를 열기도 한다.

제이슨은 문제를 공유하는 게 자신들의 방식이라고 말한다. "우리는 그냥 팀원들에게 이렇게 말합니다. '요점은 이거예요. 우리가 가고자 하는, 만들고자 하는 곳이 얼추 여기쯤입니다. 이를 수용해서 해결 방법을 파악하는 건 여러분의 몫이에요.' 이렇게 하면 엄청난 자율성이 부여됩니다. 팀원들이 문제를 해결하는 방법을 결정합니다. 우리와 함께 엎치락뒤치락 논쟁을 벌일 수는 있겠지만 프로젝트의 주인은 그들이에요. 그러지 않고 우리가 직접 고민해서 42단계가 필요하다고 판단하고, 임의로 42가지 업무를 맡기고, '머리 쓰지 말고 그냥 하라는 대로 해'라고 지시할 수도 있겠지만 말이에요." 그들은 배경지식을 제공하면서 아이디어가 어디에서 나왔고 이게 왜 중요한지 설명한다. 자신들이 애초 무슨 생각을 했는지 화이트보드에 그려 가면서 대강의 스케치를 팀에 제공한다. 하지만 이게 전부다.

이것이 제이슨이 1999년에 37시그널즈37signals라는 이름으로 회사를 공동 설립한 이후 유지해 온 방침이다. "사람들의 접시 위에 일거리를 놓아서는 절대 안 된다고 생각합니다." 그는 말한다. "창의력을 발휘하도록 자극해야 합니다. 그러라고 직원을 고용하는 거예요. 사소한 것까지 일일이 지시하면 결국 머리를 안 쓰는 직원을 채용한 꼴이 되는 거예요. 이런 식으로 어떻게 위대한 일을 할 수 있겠어요? 저는 유능한 사람들을 고용해서 그들이 문제를 해결하게끔 유도하는 방식을 선호합니다."

제이슨과 DHH는 베이스캠프의 사업 규모를 정확한 수치로 공개한 적이 없다. 하지만 트위터 팔로어 수가 둘이 합쳐 약 50만 명인 데다, 자신들이 얼마나 적게 일하는지에 대해 책도 쓰고, DHH가 경주용 자동차 수집광으로 알려진 것으로 보건대, 실적이 꽤 괜찮을 것으로 짐작된다. 개발자에게 가장 중요한 문제를 믿고 맡기는 게 그들에게 먹혔다면, 당신도 분명 효과를 볼 것이다. 나는 그랬다.

포팅 작업 자동화하기

트윌리오 초창기에 나는 개발자들이 얼마나 창의적인지, 위에서 방해하지 않고 능력껏 일하게 하면 그들이 얼마나 빨리 일을 처리할 수 있는지 교훈을 얻었다. 이렇게 해서 아홉 달은 걸렸을 일을 프로덕트 매니저 한 명과 엔지니어 한 명이 2주 만에 해낸 적도 있다.

처음 사업을 시작했을 때 트윌리오의 프로덕트는 트윌리오 보이스Twilio Voice와 트윌리오 전화번호Twilio Phone Numbers 이렇게 두 가지였다. 개발자들은 전화벨이 울리게 해야 했고(우리 음성 제품으로), 전화를 걸고 받기 위한 전화번호가 필요했다. 그래서 트윌리오는 전화번호 구입 API를 개발했다. 처음에는 미국 전역에서 우편번호를 이용한 방식을 사용했다가 나중에는 전 세계 100개 국가에 전화번호 구입 기능을 제공했다. 당연히 일부 고객들이 기존에 사용하던 전화번호를 그대로 가져오고 싶어 했고, 그래서 우리는 기존 통신사에서 트윌리오로 자신의 번호를 포팅porting(복사)하는 것을 허락했다. 이동통신사를 바꿔 봤다면 기존 전화번호를 '포팅한' 적이 있을 것이다.

그렇지만 미국에서는 실제로 한 통신사에서 다른 통신사로 전화번호를 포팅하는 처리 과정이 엄청나게 복잡하다. 이 시스템은 1996년 전기통신법에 따라 1997년에 급하게 만들어졌는데 이후로 크게 개선되지 않았다. 일반적으로 통신회사 직원들이 왔다 갔다 하면서 수작업으로 포팅을 한다. 전화번호가 이전되면 통신사로서는 손해를 보기 때문에 웬만하면 포팅을 어렵게 만들어서 고객의 발목을 잡는다.

초창기에 고객의 번호를 포팅하는 운영 집약적 업무가 첫 영업부 신입사원 리사 와이트캄프Lisa Weitekamp의 손에 떨어졌다. 리사는 무엇이든지 할 수 있는 사람이었다. 나는 그녀를 웰스파고 은행 외환 데스크에서 데려왔는데, 당시 그녀는 외환거래 조정 업무를 맡고 있었다. 내가 어떤 문제를 던지든 그녀는 챔피언처럼 능숙하게 파악했다. 사업 초기에는 그런 문제가 산더미처럼 쌓이기 마련인

데, 우리에겐 포팅 업무가 그중 하나였다.

결국 리사는 포팅을 전담할 젊은 직원(톰이라 부르자)을 하나 고용했다. 그녀는 톰에게 업무 내용을 알려 준 뒤 포트 관련 상황을 추적할 수 있도록 스프레드시트를 주었다. 우리는 다른 곳에 온통 정신이 팔려서 톰을 믿고 일을 맡겼다. 한동안은 실제로 일 처리를 잘했다.

2012년 봄, 포팅에 백만 년이 걸린다는 고객 불만이 들어오기 시작했다. 처음에는 회사 이메일로 한두 개가 날아오더니 트위터에 멘션이 달리기 시작했고, 뒤이어 내 개인 이메일로, 심지어 이사진의 이메일로도 도착했다. 처음에는 하나였지만, 얼마 안 있어 두 개, 그러더니 연속으로 쇄도했다. 문의가 최고조에 이른 어느 날, 우리는 고객 불만의 90퍼센트가 포팅 관련이라는 사실을 불현듯 깨달았다. 그래서 조사를 시작했다.

알고 보니 트윌리오로 전화번호를 포팅해 달라는 요구사항이 빗발치고 있었다. 사업이 번창하면서 포팅해야 할 전화번호도 늘어난 것이다. 톰이 최선을 다하고 있었지만 그가 감당하기엔 업무가 너무 많았다. 스프레드시트에 번호를 계속 추가했는 데 그가 처리하기 힘들 정도로 빠르게 번호가 늘어났다. 톰은 나이도 어린 데다 말단 직원이라 이 상황을 차마 누구에게도 말하지 못했고, 그래서 포팅 요청이 그냥 쌓여만 갔던 것이다.

마치 예전 인기 드라마 〈왈가닥 루시 I Love Lucy〉에서 루시가 초콜릿 공장에서 일하는 에피소드를 보는 것 같았다. 컨베이어 벨트의 속도가 점점 빨라지자 루시는 초콜릿 봉봉을 입에 넣다가 결국 서츠 속에 쑤셔 넣기 시작한다. 루실 볼Lucille Ball이 그렇게 할 때는 배꼽을 잡았는데, 비슷한 일이 우리 회사에서 일어나니 그렇게 우습지만은 않았다. 포팅 작업을 더 이상 스프레드시트에 손으로 입력하는 식이 아니라 소프트웨어로 최대한 자동화해야 한다는 사실이 분명해졌다. 진즉에 이루어졌어야 할 작업이었다.

리사는 작업이 어떻게 진행되는지 알았고, 덕분에 자동화에 필요한 지식도 갖고 있었다. 크리스 코코란Chris Corcoran은 팀에 새로 투입된 엔지니어로, 문제를 완벽히 해결하는 놀라운 능력의 소유자였다. 매사추세츠 로웰대학에서 컴퓨터공학을 전공하고 겨우 2년 전에 졸업했지만, 나사NASA에서 인턴십을 거쳤고, 구글에서 학생 개발자로 일했으며, 고등학교와 대학교 시절 내내 전문적으로 컴퓨터를 다뤘다. 사람들은 그의 이니셜이 CFC프레온가스이고, CFC는 지구의 오존층을 파괴하는 주범이라는 이유로 그를 오존이라고 부르기 시작했다.

나는 회사의 몇 안 되는 귀중한 회의실 중 하나를 2주 동안 예약하고 오존과 리사를 붙잡았다. 회의실에서 우리 포팅 작업 흐름에 어떤 문제가 있는지 털어놓은 뒤, 2주 안에 이를 자동화할 수 있는 소프트웨어를 개발하라고 했다. 리사는 포팅에 대해 모르는 게 없었고, 오존은 우리 코드베이스를 속속들이 알았다. 리사는 자신이 아는 것을 오존과 전부 공유하고 그로 하여금 소프트웨어를 어떻게 만들어야 하는지 파악하도록 했다. 그런 다음 나는 회의실을 나왔다.

처음에는 둘 다 어찌할 바를 몰랐다. 하지만 업무는 시작되었다.

리사는 오존과 함께 이런저런 것들을 찬찬히 작동시키며 포팅 작업을 수차례 보여 주었다. 그러고선 그에게 키보드를 건네고 스스로 십여 번 포팅을 해보도록 했다. 고객의 입장이 되어 보는 과정이었다. 그가 직접 문제를 경험하도록 만든 후 그녀가 그에게 물었다. "그럼, 이 문제를 소프트웨어로 어떻게 해결할 수 있을까요?"

오존은 리사에게 "이게 맞는 것 같아요?"라고 물으면서 데이터 구조를 모델링하기 시작했다. 첫날이 끝날 무렵, 데이터 모형의 기본이 갖춰졌다. 이 부분이 해결되자 고객들이 정보를 제출할 때 사용하는 양식을 만드는 게 가능해졌다. 이때 그들은 고객들이 잘못된 정보를 제출하는 경우가 많으며, 그로 인해 수없이 왔다 갔다 하는 수고를 겪는다는 것을 알아차렸다. 이 문제는 소프트웨어로 쉽게 해결되었다. 둘째 날이 끝날 무렵엔 필요한 정보를 제대로 수집하기 위한 작업 양식을 완성했다.

뒤이어 리사는 작업자가 여러 단계에서 일괄로 포팅 처리를 할 수 있으면 작업 속도가 상당히 빨라질 거라는 사실을 깨달았다. 오존의 말에 따르면 일반적인 소프트웨어 개발 과정에서는 이 기능을 추가하는 데 몇 달이 걸린다. 하지만 이 경우엔 한 시간 만에 구현할 수 있었다.

물론 처음부터 이런 실수가 일어나도록 만들지 않았더라면 더 좋았을 것이다. 그렇지만 규모가 급속도로 확장되는 스타트업에서는 이런 일이 비일비재하다. 분명히 말하지만 나는 개발자와 프로덕트 매니저를 2주 동안 회의실에 가둬 놓고 문 아래로 피자를 밀어 넣으면서 소프트웨어를 개발하게끔 하는 방식을 지지하지 않는다. 이는 좋은 경영 관행이 아니다. 개발자들에게 동기를 부여하면 어떤 일을 해내는지 보여 주기 위해 이 이야기를 꺼냈을 뿐이다. 리사와 오존에게 미안하고 또 고맙다.

포팅 프로젝트는 올바르고 효율적인 해결책을 찾기 위해 문제를 공유한 훌륭한 사례다. 개발자가 사용자가 필요로 하는 것을 깊이 이해하고 그 니즈를 해결하도록 만드는 것이 문제 공유의 핵심이다. 리사는 크리스가 작성하는 코드를 사람들이 왜 필요로 하는지, 그의 코드가 사람들을 어떻게 도울 수 있는지 그가 이해하게끔 도왔다. 공감대를 형성하고 나자 그에게 이런 간단한 워크플로 애플리케이션을 만드는 행위는 큰일이 아니었다.

개발자와 사용자 연결하기

사실 대부분의 소프트웨어는 아주 단순하다. 개발자들이 CRUD라고 부르는 것, 즉 생성하고Create, 읽고Read, 갱신하고Update, 삭제하는Delete 게 일이다. 대부분의 온라인상의 앱은 사용자에게 데이터를 입력하고, 데이터를 수정하고, 데이터에 답하고, 데이터를 지우도록 하는 형태를 띠고 있다. 우리가 사용하는 거의 모든 웹사이트 또는 모바일 앱의 95퍼센트가 CRUD 기능으로 운영된다. 엄청 거창한 게 아니다.

이는 문제해결에 얼마나 걸리는지, 또 문제를 얼마나 잘 해결하는지 진정한 차이를 만드는 것은 오존이 그랬듯 개발자가 문제를 이해하는 것에서 비롯됨을 의미한다. 개발자가 일에 정말로 주의를 기울일 때 내적 동기가 발동하고 새롭고 훨씬 창의적인 아이디어가

샘솟는다. 개발자가 명세서만 단순히 읽으면 해당 소프트웨어를 사용하는 사람들에게서 고립된다. 사람들이 제품을 어떻게 사용할지 모르기 때문에 코드가 투박해지고 오류가 발생하기도 쉽다. 이뿐이 아니다. 개발자가 열정을 못 느끼고 어떻게 완성할 것인지 직관이 없기 때문에 코드를 작성하는 데 오랜 시간이 걸린다.

개발자와 함께 일해 봤거나 사내에 소프트웨어 개발팀이 있으면 알겠지만, 이게 바로 소프트웨어를 빨리 개발하지 못하는 어려움을 겪는 이유다. 개발은 언제나 사측이 원하는 것보다 오래 걸리는 것처럼 보인다. 채드 에츨(일명 재지 채드)은 이런 일이 매니저가 개발 초반에 문제를 정의할 때 개발자를 배제하고 어떤 솔루션을 구축해야 할지 지시만 하는 잘못된 프로세스에서 비롯한 자연스러운 결과로 본다.

"매니저들은 경영진이나 회계팀에서 압박을 받습니다. 그래서 직접 아이디어도 내고 마감일에 목을 매지요. 하지만 결과물을 내는 건 엔지니어의 몫이에요. 누군가 와서 '빨리 끝내세요, 마감이 코앞이잖아요.'라고 말하고 휙 가버리면 엔지니어링 팀으로서는 심적으로 힘들 수 있습니다."

그저 개발자를 상냥하게 대하거나 그들의 감정을 다치지 않게 하려는 의도로 프로젝트 초반에 개발자를 포함시키는 게 아니다. 이렇게 하면 실질적인 장점이 있다. 실제 어떤 작업을 해야 하는지도 모르는데 매니저가 어떻게 마감일을 약속할 수 있겠는가? 만약 주어진 시간 안에 구체적인 솔루션을 구축할 수 없으면 어떻게 될까? 일부 기능이 누락되거나, 일이 성급히 마무리되거나, 개발자들이

번아웃되어 일을 그만둘 것이다. 어떤 것도 좋은 결과는 아니다.

프로덕트 매니저는 미리 솔루션을 정해 엔지니어에게 제시하는 대신, 개발자와 문제를 공유하고 기존 시스템의 데이터 구조나 코드 경로가 어떻게 구축되어 있는지에 근거하여 문제를 해결하는 가장 빠른 방법을 찾아 달라고 요청할 수 있다.

"'이번 건은 급합니다.' 또는 '하루 안에 끝내야 해요.'라는 말을 들을 때마다 미칠 것 같아요." 채드는 말한다. "부분 부분이 어떻게 결합되는지, 인프라가 어떻게 구축돼 있는지 모르면, 얼마나 오래 걸릴지 알 수 없기 때문이에요. 그래서 매니저와 엔지니어링 부서 사이에 갈등이 생기는 경우도 많은 것 같습니다."

채드는 지적한다. 많은 개발자가 "프로덕트와 기능의 결합이나 실현 가능성에 대해 자세히 알고 있습니다. 프로덕트 매니저가 '우리는 X라는 기능이 필요해요.'라고 말하면 개발자가 '좋습니다. 6개월은 걸리겠군요. 인프라가 이러이러하게 구축돼 있어서 기능을 추가하는 게 쉽지 않거든요.'라고 답하는 거죠. 하지만 매니저는 왜 그게 그토록 힘든지 완전히 이해하지 못하는 경우가 많아요."

전후 사정을 따져서 기술적인 지름길을 찾는 것이 엔지니어들이 먹고살기 위해 하는 일이다. 이것이 그들이 컴퓨터공학 강의에서 훈련받은 내용이다. 실제로 다양한 접점 사이의 최단 경로를 찾아내는 데이크스트라 알고리즘_{Dijkstra's algorithm}이라는 것도 있다. 우리 모두 이 알고리즘을 배운다. 하지만 대부분의 기업은 최단 경로를 찾는 두뇌 집단을 이용하기는커녕 그런 뇌 기능을 꺼버리라고 지시한다. 이는 범죄에 가까운 일이다.

재지 채드는 이런 재능이 뛰어난 개발자인데, 그가 트윌리오에서 일하던 때 그의 창조적 상상력을 최대한 끄집어 내는 법을 파악하지 못했던 게 여전히 안타깝다. 그는 애플에 정착해서 4년 넘게 아이폰과 아이패드 운영 시스템인 iOS를 개발하고 있다.

애플은 어떻게 그의 마음을 사로잡았을까? 그에게 문제해결을 요청하고 방해하지 않았다. 애플은 그가 합류하자 AI 인재는 넘치지만 그와 같은 모바일 개발자는 없는 팀에 그를 넣었다. 그런 뒤 다음과 같은 과제를 주었다. '시리Siri가 음성제어 이상의 기능을 수행하도록 만드는 최고의 방법을 알아내라.' 채드는 아이폰에서 작동하는 모든 '시리 제안Siri Recommendations'을 책임진다. 채드는 자유를 사랑한다. 그의 매니저는 채드에게 "이 픽셀을 이리로 옮기세요."라고 말하지 않는다. 대신 이렇게 이야기한다. "어떻게 하면 시리가 아이폰 고객에게 더 많은 가치를 더할 수 있을지 알아내세요."

채드는 또 하나, 매니저야말로 개발자와 고객의 욕구를 연결하는 힘을 가지고 있으며, 개발자가 솔루션을 쉽게 찾도록 도울 수 있다고 지적한다. 훌륭한 프로덕트 매니저는 고객의 욕구와 개발자 사이를 가로막는 층이 아니다. 실은 둘 사이를 막는 층을 없애고, 미리 정해진 솔루션과 잘못된 가정을 제거하고, 의사소통을 간소화하는 역할을 한다. 훌륭한 프로덕트 매니저는 개발자가 고객의 욕구에서 관심을 돌리는 게 아니라 오히려 고객의 문제를 잘 이해할 수 있도록 돕는다. 프로덕트를 사용하는 사람과 만드는 사람 사이에 층이 많으면 많을수록 상황은 나빠진다. 그러면 프로젝트가 거대한 메시지 전달 게임처럼 변해 버리고, 메시지가 수많은 사람 사이를 거치는 탓에 개발자가 해당 소프트웨어를 사용하는 사람을 제대로 파악하지 못하게 된다.

존재해서는 안 되는 소프트웨어

'층이 너무 많아서' 문제가 생긴 가장 극단적 사례로 패트릭 매켄지(일명 파티오11)의 경우를 들 수 있다. 그는 일본 회사 중에서도 주로 교육 기관에 소프트웨어 개발 아웃소싱 서비스를 제공하는 시스템 통합업체에 몸담았다. 이러한 비즈니스 모델은 '솔루션 공유'와 관련된 모든 이슈를 천문학적인 수준으로 증폭시킨다. 패트릭은 어떤 골치 아픈 프로젝트에서 너무 많은 단계에 걸쳐 소통이 안 되는 상황을 겪은 뒤, 그 회사뿐 아니라 기업 세계를 15년 넘게 떠났다.

일본의 한 대학이 수기로 처리하던 청구서 처리 시스템을 자동화하고 싶어 했다. 수기 시스템은 담당자가 책상에 앉은 채 왼쪽에는 청구서 더미를, 오른쪽에는 거래 명세서 더미를 쌓아 놓은 뒤 청구서와 명세서를 대조하면서 지불이 확인된 청구서에 도장을 찍는 식으로 처리됐다. 그들은 당연히 이 일을 소프트웨어로 처리하고자 했다. 그래서 대학 이사장이 학내 구매처에 요구사항을 전달했고, 구매처가 해당 기업 프로젝트 매니저에게 자세한 명세서를 전달했고, 프로젝트 매니저가 또 다른 프로덕트 매니저에게, 그리고 마침내 엔지니어에게 명세서를 전달했다.

대학이 요구한 솔루션은 다음과 같았다. 스크린 왼쪽에는 가상의 청구서 더미를, 오른쪽에는 가상의 거래 명세서 더미를 쌓는 컴퓨터 프로그램을 설계해 달라. 운영자가 왼쪽 파일의 한 항목을 클릭한 다음, 오른쪽 파일에서 그에 상응하는 항목을 클릭하고, 뒤이어 엔터를 클릭하도록, 그렇게 이 작업을 끝없이 반복할 수 있게끔 만들어 달라는 것이었다. 서류를 수기로 처리하던 과정을 컴퓨터 화면에 그대로 흉내 내서 말이다.

"우리 영업사원이 '네, 만들어 드리겠습니다.'라고 답했어요. 그러고 나서 개발자들에게 요구사항이 전달됐는데, 우리가 그랬죠. '이건 솔직히 미친 짓이에요.'"

컴퓨터를 이용하면 사람이 전혀 개입하지 않아도 1천 분의 1초 만에 청구서와 거래 명세서를 자동으로 대조할 수 있다. 하지만 개발자들이 모든 중간다리를 건너서 실제 시스템을 사용할 사람에게 이 사실을 설명할 길이 없었다.

"그래서 결국 존재해선 안 되는 시스템을 만들었죠. 컴퓨터가 모든 일을 처리하는 시스템에 비해 더 만들기도 어렵고 고객에게 비용도 훨씬 부담되는 시스템을요. 실사용자가 인생의 몇 달을 투자해서 죽어라 클릭만 해야 하는 일이 벌어질 건 두말할 필요도 없었어요." 패트릭은 이렇게 회상한다. "업무의 모든 부분을 컴퓨터로 처리할 수 있었어요. 더 빠르게, 더 저렴하게, 더 능숙하게, 그러면서 영혼은 탈탈 털지 않고 말이에요."

이런 종류의 문제를 숱하게 겪은 패트릭은 참을 만큼 참았다고 판단하고 직접 회사를 차리기로 결심했다. 그는 교사라는, 수업에서 사용할 수 있는 저렴한 소프트웨어를 제대로 공급받지 못하는 시장이 있다는 것을 깨닫고, 한 달에 몇 달러만 내면 원하는 대로 (짐작했겠지만) 빙고카드를 생성해 주는 웹사이트인 빙고카드 크리에이터Bingo Card Creator를 설계했다. 들리는 바로는 빙고카드는 굉장히 인기 있는 교육 도구다. 많은 초등학교 교사들이 자신의 수업(파닉스나 사이트 워드)을 토대로 카드를 제작한다. 그런데 보통은 손수 만든다. 서른 명의 학생이 참여하는 수업이라면 전부 다른 서른 개의 빙고카드가 필요하므로 엄청난 노동력이 들어간다.

패트릭의 사이트에서는 단어, 숫자, 또는 그림을 일일이 지정할 수 있는데, 선택사항만 정하면 필요한 빙고카드를 얼마든지 다운로드할 수 있다. 그리고 전부 합쳐서 30달러다. 결국 그는 8천 명이 넘는 고객을 확보했고, 최고점을 찍었던 해 기준 8만 달러의 매출과 4만 8천 달러의 수익을 거두었다. 부자가 된 건 아니지만 프로덕트의 수명 주기와 그 시점까지 걸린 시간을 계산해 보았을 때, 그의 임금은 시간당 1천 달러가 넘었다. 대부분은 생각하지 못했을 고객의 욕구를 채워 주었다는 점에서도 나쁘지 않았다.

뒤이어 그는 다른 고객에게 눈을 돌렸다. 독립 사업체를 운영하는 전문직들이었다. 의사, 치과의사, 미용사 들이 높은 노쇼no-show 비율로 인해 매년 엄청난 금액을 손해 보고 있다. 소규모, 때론 1인 사업체에게 '시간이 돈이다'라는 옛 속담은 진리다. 패트릭은 또 다른 SaaS 사이트(appointmentreminder.com)를 만들어 저렴한 가격에 (또 짐작했겠지만) 자동으로 약속을 상기시켜 주는 모바일 앱을 개발했고 고객들이 약속을 보다 잘 기억하게 도와주었다. 이 비즈니스는 매각될 무렵 억대 중반의 매출 및 수익을 창출했다. 게다가 자신이 고객의 삶을 보다 낫게 만들고 있다는 걸 알았기에 문제를 해결하는 게 즐거웠다.

소프트웨어를 상자에 담아 팔던 과거와 달리, 인터넷이란 마법 덕분에 패트릭은 혼자서 사이트를 구축할 뿐 아니라, 구글과 페이스북 광고로 글로벌 고객에게 서비스를 마케팅하고 판매할 수 있었다. 그는 구글에 소액을 지불해 고객을 확보하고, 코드를 모두 직접 작성하고, 고객지원 서비스까지 몸소 맡으면서 1인 기업을 꾸렸다. 공과금을 내고도 남을 만큼 돈을 벌었고, 이 과정에서 자신이 배운 것을 블로그에 정기적으로 기고했다. 그는 프로덕트와 고객을 분리시키는 층을 완전히 제거해, 이렇게 하는 게 왜 그토록 중요한지 보여주었다. 하지만 더 중요한 점은 개발자가 단지 코드만 작성하는 재주꾼이 아니라는 사실을 입증했다는 것이다. 이 일로 그는 창업자들 사이에서 유명인사가 되었다. 그는 '고용주'를 엿먹이고 자력으로 두 개의 사업체를 이끌면서 자신과 늘어나는 가족을 부양했다.

트윌리오가 걸음마를 떼던 시절, 파티오11은 우리의 가장 큰 팬 중 한 사람이었다. 그가 만든 약속 알림 서비스도 전화와 문자로 약속을 상기시키기 위해 전적으로 우리 API를 기반으로 구축했다.

그러다 재밌는 일이 벌어졌다. 세계에서 가장 유명한 독립 개발자 중 하나인(최고로 유명하진 않더라도) 파티오11에게 스트라이프의 공동설립자 패트릭 콜리슨Patrick Collison이 전화를 한 것이다. 스트라이프는 트윌리오와 비슷한 API이지만 커뮤니케이션 기능 대신 지불 기능을 제공한다. 코드 몇 줄이면 개발자는 자신이 만든 소프트웨어에 결제 기능을 넣을 수 있다. 사실 파티오11은 약속 알림 앱의 결제 수단으로 스트라이프를 사용하고 있었다. 파티오11이 공적으로나 사적으로나 다시는 '고용주'를 위해 일하지 않을 거

4장 코드는 창의적이다 **127**

라고 말했음에도 불구하고, 콜리슨은 그에게 거부할 수 없는 제안을 했다.

콜리슨이 이끄는 팀은 자신의 고객들이 겪고 있는 문제, 바로 수많은 사람들이 창업을 너무 힘들어 한다는 점을 해결하기 위해 '아틀라스Atlas'라는 새로운 프로젝트를 진행하는 중이었다. 스트라이프는 이를 해결하는 데 관심이 많았다. 회사의 사명이 인터넷의 국내총생산GDP을 증가시키자는 것인 데다, 인터넷 회사가 추가로 설립될수록 온라인 거래가 더 많아질 것이기 때문이었다. 게다가 이 수많은 거래 중 일부가 스트라이프를 통하게 된다.

콜리슨은 사업을 시작하고 경영하는 데 열정을 품고 있던 파티오11에게, 아틀라스의 초반 작업을 이끈 테일러 프랜시스Taylor Francis와 함께 일해 달라고 요청했다. 목표는 법인 설립을 온라인 양식을 작성하는 것만큼 쉽게 만들어서 누구나 자기 사업을 보다 수월하게 시작하고 경영하도록 만드는 것이었다. 이렇게 스트라이프는 말하자면 인터넷상에서 가장 좋은 신랑감을 낚아채 갔다(그래 맞다. 파티오11을 채용할 방법을 생각하지 못한 게 배가 아프다).

아틀라스는 '길고 긴 서류 작업, 번거로운 은행 방문, 복잡한 법적 절차, 엄청난 수수료를 없앰으로써' 회사 설립을 단순하게 만들어 주는, 사용하기 손쉬운 애플리케이션이다. 창업가는 20분 만에 델라웨어 C 기업 양식Delaware C-Corp을 작성하고, 은행 계좌를 열고, 온라인 신용카드 결제 서비스를 설정하고, 심지어 아마존 웹 서비스나 구글 클라우드와 같은 인기 있는 스타트업 서비스를 이용할 수 있는 스타트업 크레딧도 얻는다.

파티오11과 같은 숙련된 독립 개발자가 주구장창 코드만 작성해 달라는 부탁을 받고 대기업에 합류했을까? 그럴 가능성은 낮다. 콜리슨은 거대하고 복잡한 문제를 공유하면서 해결책을 부탁하는 한편, 실리콘밸리 스타트업의 풍부한 자원과 설립자의 지원을 제공했다. 파티오11과 같은 개발자에게 이는 흥미로운 도전 과제였다.

문제 목록

폴 그레이엄Paul Graham은 가장 성공적인 실리콘밸리 인큐베이터이자 초기 단계 투자자인 와이콤비네이터Y Combinator, YC를 공동 설립했다. 2005년에 설립된 후부터 YC는 에어비앤비, 스트라이프, 도어대시, 드롭박스를 비롯해 2천 개가 넘는 스타트업에 투자했다. YC가 투자한 스타트업의 가치를 모두 합치면 2019년 10월 기준 1천5백억 달러를 넘는다. 폴은 그 자신이 개발자이자 창업가이자 컴퓨터 과학자다. 그는 시작하는 창업가들에게 요령을 가르쳐 준 뒤 마음껏 실력을 발휘하게 한다는 원칙을 가진 논리적인 사상가다.

  YC가 신생 스타트업을 발굴하거나 스타트업 설립에 도움을 주는 한 가지 방법이 해결이 필요한 문제의 목록을 게시하는 것이다. YC는 이를 RFSRequest for Startups라고 부르는데, 이렇게 설명한다. "우리가 투자한 최고의 아이디어 대다수가 우리의 예상을 빗겨 간 놀라운 것들이었습니다. 하지만 스타트업이 꼭 지원해 줬으면 하는 아이디어도 있습니다. 다음은 RFS의 업데이트 버전으로, 그런 아이디어 중 일부를 일반적인 용어로 정리해 놓은 것입니다."

  이 목록에는 문제를 푸는 방법은 구체적으로 적혀 있지 않다. 이

건 창업가들이 보통 기술적으로 해결해야 할 일이다. YC가 같은 문제를 다른 방식으로 공략하는 다양한 회사에 자금을 지원하는 건 드문 일이 아니다.

다음은 최근에 업데이트된 RFS 항목이다.

오프라인 매장 2.0

우리는 스타트업이 오프라인 매장이나 소매점을 흥미롭고 효율적으로 사용하는 것을 보고 싶다. 아마존이 쇼핑몰과 교외 대형 할인점을 업계에서 밀어내고 있다. 업체들은 아마존과의 지는 싸움에 뛰어들기보다는 자신의 강점을 살리는 방향으로 매장을 사용하는 방식을 재고해야 하다. 예를 들어, 테슬라, 와비파커, 펠로톤Peloton은 오프라인 매장을 온라인 판매 채널을 보완하는 전시장으로 사용한다. 소매점에서 물건을 팔기 위해 재고를 보관할 필요 없이 매장 공간을 좀 더 효율적으로 활용할 수 있다.

탄소 제거 기술

파리기후변화협약에서 전 세계 국가들이 이번 세기에 지구의 기온 상승을 1.5도로 제한하자는 글로벌 목표를 세웠다. 하지만 단순히 재생에너지로 전환하는 것만으로는 목표를 달성하기에 역부족이다. 이와 더불어 대기에서 탄소를 제거해야 한다.

세포 농업과 청정육

최근의 과학적 발전은 단백질 생산과 관련된 우리의 사고방식을 바꾸어 놓았다. 처음으로 세포만을 이용해 어떤 동물에게도 해를 입히지 않으면서 육류나 유제품과 같은 동물성 제품과 과학적으로 구분이 불가능한 음식을 생산할 수 있게 되었다. 세포에서 실제 동물성 고기를 직접적으로 배양하는 것은 혁명적인 과학이다. 우리는 이 과학으로 시장에 도전하는 스타트업을 더 많이 후원하고 싶다. 또한 세포 농업의 규모를 확장시키는 전문 스타트업에 투자하기를 원한다. 더욱 지속 가능하고, 더욱 저렴하고, 더욱 건강한 육류 생산으로 세상은 엄청난 혜택을 얻게 될 것이다.

가짜 동영상으로부터 보호하는 안전장치

가짜 동영상이 늘어나고 있다. 실제와 구분이 불가능할 정도로 영상을 감쪽같이 조작하는 기술이 이미 존재하며, 곧 스마트폰을 가진 사람이라면 누구나 널리 이용하게 될 것이다. 우리는 가짜 동영상과 오디오를 식별해 내는 데 필요한 도구를 대중에 제공하는 기술에 자금을 대고 싶다.

폴과 그의 팀은 투자자이며, 수많은 비즈니스 리더들과 마찬가지로 그들 역시 투자자들(유한 책임 조합원들)에게 혁신과 상업적 성공을 일구어서 수익을 창출하라는 압박을 받는다. 그들은 개발자와 창업가 들에게 의지함으로써 투자자의 요구를 충족시킨다. 훌륭한 접근법이다.

모든 비즈니스 리더들이 회사에서 이러한 전술을 사용하면 어떨지 상상해 보라. 해당 사업이 가지고 있는 가장 복잡하고 두려운 문제를 분명히 파악한 뒤 사내에서 '솔루션을 요청'해 보라. 모든 해결책이 옳거나 따라야 할 가치가 있는 건 아니지만, 거대한 문제의 틀을 제시하면 개발자에게 고용주와 동일한 문제를 고민하는 기회를 주게 된다.

좋든 싫든 우리는 모두 자신의 아이디어와 사랑에 빠진다. 오너십을 고취시키는 데, 자신만의 솔루션을 떠올려 보라고 하는 것보다 더 좋은 방법이 있을까? 그렇게 하면 사람들이 벽을 뚫고 앞으로 나가게 된다. 이것이 폴, 애슈턴, 오바마가 이용한 전략이다.

사람들은 기대치만큼 능력을 발휘한다

과거에 나사는 우주비행사들이 우주에서 사용할 수 있는 펜을 개발하려고 애를 썼다. 잉크가 거꾸로 흐르도록 만드는 게 까다로워서 개발은 거듭 실패로 돌아갔다. 우주용 펜을 만들기 위해 수백만 달러를 쏟아부었는데 어느 날 누군가 러시아인들이 이를 어떻게 해결했는지 알아냈다. 해답은 연필이었다. 안타깝게도 소문만 무성한 도시 전설이지만 소프트웨어 세계에서는 여전히 자주 회자되는 이야기다. 모든 훌륭한 우화가 그렇듯 이는 우리가 흔히 저지르는 실수, 즉 엉뚱한 문제를 풀려고 덤비는 상황을 잘 보여 준다. 나사가 해결해야 했던 문제는 "어떻게 하면 무중력 상태에서 거꾸로 쓸 수 있는 펜을 만들 수 있을까?"가 아니었다. 바로 "어떻게 하면 우주에서도 글을 쓸 수 있을까?"였다.

'개발자에게 묻기'의 한가운데는 자율성이 있다. 어떤 분야에서든 사람들은 기대치만큼 능력을 발휘한다. '개발자에게 묻기'는 개발자에게 높은 기대를 부여하는 게 핵심이다. 얼마나 많은 코드를 생산할 수 있는지 기대하지 말고, 세상의 거대한 문제를 해결하기 위해 기발함과 독창성을 얼마나 잘 발휘할 수 있는지 기대하라. 개발자들이 이렇게 할 수 있으려면 자율성이 주어지고 발 뻗을 자리가 충분히 넓게 마련되어야만 한다. 가장 중요한 것은 **개발자에게 해결책이 아니라 문제를 던지는 것이다**.

탁구대와 세발자전거도 좋지만, 나는 세계적인 수준의 엔지니어링 문화를 다지는 핵심 열쇠는 개발자에게 해결이 필요한 거대한 문제를 가져가서 그들의 두뇌를 온전히 활용하게끔 만드는 것이라고 확신한다. 이런 일이 우리 회사에서 일어나고 있는지 알아내는 건 그리 어렵지 않다. 개발자를 만나면 현재 무슨 일을 하고 있는지, 그 일이 고객의 어떤 문제를 해결하기 위한 것인지 물어보라. 개발자가 이를 알고 있는가? 개발자에게 마지막으로 고객과 상호작용한 게 언제인지, 그때 기분이 어땠는지 물어보라. 개발자가 그로 인해 동기를 부여받았는가? 어떤 놀라운 것을 깨달았는지 물어보라. 따라오는 대답으로 개발자가 진심으로 고객 문제를 파악했는지, 아니면 그저 지시받은 솔루션을 구현하는 건지 알 수 있을 것이다.

5장

실험은
혁신의 전제조건

무언가 발명하고 있는 중이라면
자신이 무슨 일을 하는지 모를 수밖에 없다

카테리나 페이크, 플리커 공동설립자

많은 사람들이 우주비행이나 아이폰의 등장과 같은 인간의 위대한 독창적 업적에 경외심을 갖는다. 경영진이라면 이를 성취할 수 있는 팀을 이끌기를 꿈꾼다. 자신의 팀이 회사를, 산업을, 어쩌면 세상을 변화시킬 수도 있는 거대하고 대담한 아이디어를 생각해 내기를 당연히 원할 것이다. 본인이 그런 아이디어를 제시했는데 팀원들이 온갖 현실적 이유를 들면서 반발할 수도 있다. 만약 이런 좌절을 경험한 적이 있다면, 하나의 근본적 원인에서 비롯한 것이다. 바로 사람들은 실패를 두려워한다는 사실이다. 성공하기를 원하고 실패와 관련된 부정적인 오명은 피하고자 하는 건 자연스럽고 매우 인간적인 감정이다.

하지만 (개인적으로, 그리고 조직적으로) 실패를 견디는 것이야말로 혁신을 열어젖히는 핵심 열쇠다. 똑똑하고 의도도 선한 매니저들이 이런 종류의 위험 감수를 막는 리더십을 행사하는 실수를 저지르곤 한다. 큰 목표를 달성할수록 격려하고 보상하는 조직을 만들면 혁신에 성공하는 기회가 늘어나고 불가피한 실수로 대가를 치를 일이 줄어든다. 이것이 실험의 핵심이다. 소프트웨어만 놓고 보면, 실험에 익숙한 문화를 만드는 것이 지금보다 쉬웠던 적도, 필수적이었던 적도 없다. 왜 그러한지 살펴보자.

데이비드 매컬로David McCullough는 2016년에 출간한 라이트 형제의 전기에서 오하이오 출신의 두 자전거 수리공이 20세기 가장 위대한 업적 중 하나인 동력 비행에 최초로 성공하기까지의 과정을 자세히 설명하고 있다. 라이트 형제에게는 자금이 넉넉지 않았다. 반면 새뮤얼 랭글리Samuel Langley는 육군성에서 하늘에 뜰 수 있는 비행 기계 개발에 지원금을 받았다. 하지만 그는 도시마다 언론 투어를 도는 데 지나치게 많은 시간을 허비하며 실제 제작은 소홀히 했다.

라이트 형제가 성공을 거둔 이유는 실험, 그것도 아주 많은 실험을 했기 때문이다. 그들은 목숨이 위태로워질 수 있는 데도 신나게 실패하길 주저하지 않았다. 1899년 라이트 형제는 자신들이 운영하던 오하이오의 자전거 가게에서 아이디어를 떠올리고 비행기 시제품을 제작했다. 다음 해 여름, 노스캐롤라이나 키티호크Kitty Hawk로 시제품을 가져갔다. 흡혈파리가 출몰하고 편의시설이 없는 열악한 곳이었지만 바람이 세차게 불어서였다. 라이트 형제는 비행을 시도했다. 시제품은 추락했다. 기계를 수리하고 약간 수정했다. 다시 비행을 시도했지만 또 곤두박질쳤다. 그들은 기계든 자신의 몸이든 둘 중 하나가 망가져서 계속하지 못할 때까지 이 과정을 반복했다.

그해 여름에 얻은 모든 측량 결과와 데이터를 가지고 다음 버전을 제작했다. 다시 여름이 오면 그들은 키티호크로 돌아가 더 많은 실험을 실시했고, 이 모든 끔찍한 과정을 되풀이했다. 1903년 수차례 뼈가 부러지고 죽을 뻔한 고비를 넘기고 비행기가 부서지고 망가진 끝에, 마침내 그들은 첫 번째 유인 동력 비행을 가능하게 하는 날개 모양, 안정 장치, 제어 시스템, 엔진 동력 등의 조합을 알아냈다. 이렇게 역사가 탄생했다.

이 이야기는 우리에게 영감을 불러일으킨다. 분명 라이트 형제의 체내 모든 세포들이 그 망할 놈의 기계에 그만 좀 들어가라고 말했을 것이다. 그들은 실패하면 즉사할 수도 있는 상황에서도 마침내 성공이 보일 때까지 끈질기게 노력했다. 라이트 형제가 성공할 때까지 쉼 없이 실험에 전념했다면 우리도 할 수 있다.

소프트웨어 실험도 같은 방식으로 작동한다. 하지만 다행히 비행 실험보다 훨씬 쉽고, 훨씬 빠르고, 죽을 가능성도 훨씬 적다. 휴대폰에 들어 있는 모든 앱에 대해 얼마나 아는가? 앱들은 대부분 매주 업데이트된다. 많은 웹사이트들이 매일, 심지어 매시간 업데이트된다. 하지만 수많은 앱과 웹사이트 내부에서 실험이 이루어지고 있다는 것은 아마 모를 것이다. 기업들은 새로운 기능에 대한 반응을 확인하기 위해 0.5퍼센트의 고객에게만 기능을 실험한다. 만약 반응이 좋으면 더 많은 사람에게 공개하고, 무언가 잘못됐으면(기술적 결함이든 막연한 반감이든) 이전으로 되돌린다.

이게 실험의 핵심이다. 또한 이 책의 서문을 써준 에릭 리스Eric Ries가 주창한 '린 스타트업 혁명'의 본질이기도 하다. 위험 부담도 낮아지고 고객의 욕구도 신속하게 파악할 수 있는데 시도하지 않을 이유가 뭐겠는가?

소프트웨어 개발에서 빠른 실험은 '만들거나 아니면 죽거나' 프레임의 가장 강력한 장점이다. 또한 내가 이를 다윈식 진화라고 설명한 이유기도 하다. 한 회사가 빠르게 실험하고 혁신하기 시작하면 나머지도 따르게 되어 있다. 생존 경쟁이 치열하다는 것은 전반적인 진행 속도가 빨라진다는 것을 의미한다. 실험 비용이 줄어들수록 실험 숫자는 증가한다. 캄브리아기 대폭발처럼 엄청난 혁신이 폭발하는 것이다.

오래된 농담이 하나 있다. 한 여자가 매주 교회에 가서 하나님께 복권에 당첨되게 해달라고 기도했다. 여러 주가 지나고 여러 해가 지나도록 기도는 멈추지 않았다. 이렇게 몇 십 년이 지나고 마침내 신이 응답했다. "우리 타협을 하자. 일단 복권부터 사거라!"

혁신도 이와 비슷하다. 실험은 눈부신 혁신의 기회를 얻기 위해 복권을 사는 행위다. 복권을 많이 사면 살수록 기회가 늘어난다. 하지만 나는 복권이란 비유를 좋아하지 않는다. 복권은 기술을 아무리 쌓아도 당첨 확률을 높일 수 없기 때문이다. 그렇지만 혁신은 실험과 연습을 거듭할수록 가능성이 높아진다. 이번 장은 고객의 가장 큰 문제를 해결하는 방법을 찾는 기회를 늘리기 위해 잘 실험하는 방법을 다룬다.

모든 큰 아이디어는 작게 시작한다

몇 년 전에 에릭 리스와 앞의 기도하는 여자 에피소드와 비슷한 대화를 나누었던 일이 생각난다. 에릭은 실험을 땅에 씨앗을 심는 행위라고 설명했다. 어떤 씨앗이 거대한 나무로 자라날지 정확히 알 수 없다. 하지만 한 가지는 확실히 알 수 있다. 씨앗을 심지 않으면 나무도 자라지 않는다는 것이다. 그는 가끔 린 스타트업 방법론과 관련해 기업에 조언을 하다가 "아직 눈에 띄는 성과를 거두지" 못한다는, 즉 사업에 변화를 가져올 만큼 충분한 수익(이를테면 1억 달러의 수익)을 창출하지 못한다는 이유로 작은 실험들(이 비유에서는 묘목들)을 죽이고 싶어 하는 대기업 임원을 만나곤 한다고 했다. 아직 거대한 나무가 아니라는 것이다.

에릭은 지금은 그 정도의 수익을 창출하지 못한다고 해도 어떤 새로운 실험이 차후에 1억 달러 규모의 거대한 사업이 될지 당연히 알 수 없다고 지적한다. "어떤 아이디어가 히트 칠지 안다면 물론 그 아이디어에만 매달리겠죠. 하지만 당연히 앞일은 누구도 알 수 없고, 그러므로 많은 씨앗을 심어서 자라나는 것을 지켜봐야 하는 겁니다." 싹이 트기 시작하면, 너무 작네 마네 하면서 밟아선 안 된다. 대신 물을 주고 햇볕을 쬐어야 한다. 사업적으로 말하면 더 많이 투자해야 한다.

나무와 마찬가지로 모든 거대한 아이디어는 작게 시작한다. 아이디어는 어떨 땐 최전방 팀에서 나오고, 어떨 땐 리더로부터 제시된다. 아이디어가 어디서 나오든 간에 그 이후 단계는 동일하다.

먼저 아이디어를 점검하라. 완벽할 필요는 없다. 새로운 실험을 시작할 수 있는 낮은 수준의 에너지만 있으면 된다. 실제로 우리가 알고 싶은 것은 딱 두 가지다.

1. 고객, 문제, 시장이 어떠하다고 가정하고 있는가. 어떻게 실험으로 가정이 옳았음을 혹은 틀렸음을 입증할 것인가?
2. 크게 성공하면 큰 결과물을 거두게 될까? 핵심은 큰 나무를 기르는 것이다. 그러니 자신이 심는 씨앗이 성공하면 그럴 가능성이 생길지 자문해 보라.

실험을 거절해도 되는 이유는 다음 두 가지 외엔 없다. (a) 기회 자체가 너무 작아서 성공해도 아무 의미가 없을 때, (b) 팀이 진척 상황을 측정할 방법을 모를 때.

하지만 앞에서 언급한 두 가지 질문에 훌륭히 대답할 수 있으면 소규모팀을 꾸려서 시작하라. 새로운 팀을 만들든 기존 팀에 업무를 추가하든, 다섯 명이면 일을 착수하기에 충분하다.

팀에 꼭 '훌륭한 아이디어'를 던지려고 하지는 말라. 대신 세분화된 고객과 해결이 필요한 문제를 주어라. 그들에게 무엇을 만들라고 하지 말고, 어떤 고객에게 집중해야 하는지, 그 고객을 위해 어떤 (바라건대) 중요한 문제를 해결할 수 있는지 말해 주라. 이렇게 해야 팀이 고객과 미션을 명확히 파악할 수 있다.

다음으로 어떻게 성공을 측정할 것인지 합의하라. 에릭 리스가 이 부분에 능통하니, '혁신 회계Innovation Accounting'라 부르는 심도 있는 측정법을 배우고 싶으면 그의 책 《린 스타트업》과 《스타트업처럼 혁신하라》를 읽어 보라. 대강 요약하자면, 소규모팀에는 성공적인 실험 결과를 확실히 정의할 수 있는 측정법이 필요하다. 주의할 점은 장기간에 걸친 사업 결과가 아니라 단기간의 실험 결과를 대상으로 한다는 점이다. 에릭은 이를 맹목적 가정이 타당한지 입증하는 것이라 부른다.

보통 처음에 가능성(앞의 2번 질문)을 검증할 때, 다음과 같이 수학적 설명을 더하며 5년 또는 10년을 내다보는 모델을 구축할 확률이 높다. "만약 5년 안에 1천 명의 고객이 50만 달러를 쓰면 대박이라고 봐야죠." 당신도 이런 식으로 그 실험이 투자할 가치가 있다고 동의했을 수 있다. 하지만 바로 다음 단계에서 5억 달러 규모의 사업을 구축해선 안 된다. 그보다는 이 모델에서 1천 명의 고객과 50만 달러의 매출이라는 추정이 각각 타당한지 검증해야 한다.

(a) 고객 한 명이 해당 문제를 해결하기 위해 정말 그 정도 금액을 지불할지 파악하고 (b) 향후 5년 내에 고객 1천 명을 어렵지 않게 찾을 수 있을 정도로 그 문제가 많은 이에게 적용되는지 입증하는 것을 실험 목표로 삼으면 된다.

고객을 한 명도 낚을 수 없으면 이건 문제다. 낚는다 해도 그들이 50만 달러가 아니라 1년에 1천 달러만 지불하면 이것도 문제. 기대치만큼 지불한다고 해도 이런 니즈를 가진 비즈니스 고객이 세상에 오직 열 군데 뿐이라면 이도 문제다. 이 지침은 성공을 정의하는 모델에 대한 정보가 참인지 거짓인지 최대한 빠르고 저렴하게 파악하도록 설계되어 있다. 규모를 확장하는 것은 나중 일이다. 지금 당장은 가설을 증명하려고 노력해야 한다.

또 하나의 요점은 가설은 기술적이지도 과학적이지 않다는 점이다. 이를 이해하려면 몇몇 유명한 실험을 떠올려 보라. 연구소에 처박혀 전구를 개발하던 토머스 에디슨은 필라멘트에 전기를 통과시키면 빛을 만들 수 있을 거라는 과학적 가설을 세웠다. 그는 가설을 입증하기 위해 3천 개가 넘는 재료를 시험했다. 라이트 형제 또한 날개의 모양이 비행을 가능하게 하는 요소라는 기술적 가설을 세웠다. 그들은 다양한 곡선과 그 곡선들이 공기의 흐름과 날개에 가해지는 양력에 어떤 영향을 미치는지 추측했다. 그리고 현장에서 실험을 통해 증명하려 했다.

이런 것들은 과학적 가설이다. 소프트웨어에서 **과학적 또는 기술적 가설**('컴퓨터 프로그램으로 X를 할 수 있다')에 대한 대답은 거의 언제나 '당연히 만들 수 있다'이다. 그렇지만 당신이 실제 입증해야 하는 가설은 **사업적 가설**로, '고객이 X를 하는 컴퓨터 프로그램에 돈을 지불할 것이다' 또는 좀 더 넓게 보면, 'X를 하는 컴퓨터 프로그램이 우리에게 더 많은 돈을 벌어다 줄 것이다'이다.

새로운 프로덕트나 계획에 사업적 전망을 제시하는 모든 스프레드시트는 가설이다. 말 그대로 추측으로 가득한 지어낸 숫자라는 뜻이다. 이런 가설은 비용을 최소화해서 소규모로 테스트된다. '만들거나 혹은 죽거나'의 세계에서는 사실 소프트웨어를 실험하는 것이 아니라 회사 그 자체를 실험하는 것이다. 어떻게 해야 회사가 성장할 수 있을까? 어떤 프로덕트를 만들어야 할까?

라이트 형제는 날개 모양에 관련된 기술적 가설을 세웠다. 비행기를 거대한 운송 시스템으로 바꾸기 위해 상업용 항공기를 만들거나, 항공 산업을 키우거나, 주요 도시에 공항을 건설하는 법을 놓고 사업적 가설을 세운 게 아니다. 그들은 최소한 작동 가능한 항공기, 모터를 장착해 개조한 글라이더를 제작했다(기술적 가설을 입증하고 나서 사업으로 방향을 틀어 비행기 제조회사를 설립하긴 했지만, 사업에 별 흥미도 적성도 없었다. 그들의 가장 큰 혁신은 사업이 아닌 기술과 관련된 부분이었다. 반면 헨리 포드Henry Ford는 둘 다 시도했다. 그는 가솔린 엔진을 비롯해 다양한 자동차 관련 기술을 혁신적으로 설계하고, 이후 그보다 훨씬 주목할 만한 사업적 혁신을 일구었다).

기업들이 저지르는 한 가지 흔한 실수는 실험에 앞서 가설을 세우지 않는다는 것이다. 즉, 제품에 대한 수요가 충분한지 파악하지도 않은 채 기술적 가설을 시험하고 심지어 시제품을 제작한다. 어떤 사람은 "이렇게 하면 멋있지 않을까, 뭐냐면 말이야…."라고 하면서 시작한다. 경영진이 어떤 아이디어에 푹 빠져서 설계 및 생산을 밀어붙이는 경우도 있다.

열정은 근사하다. 위대한 일들은 때로 열정에서 시작한다. 하지만 아이디어를 사업적 가설로 발전시키기도 전에 일을 진행해서는 안 된다. 이렇게 하지 않으면 실험이 무엇을 측정하는지 알 수 없다. 성공이나 실패 여부가 모호해지고, "아직 눈에 띌 만한 변화는 없는 거야?"라는 질문만 남게 된다. 이에 대한 대답은 거의 언제나 '아직이요'일 수밖에 없다.

옳고 그름을 입증하는 가설과 가정을 세우는 것도 좋지만, 진행 상황을 추적할 수 있도록 기록하는 작업도 필요하다. 트윌리오의 핵심 가치 중 하나는 '기록하라'이고, 진행 상황 추적과 기록을 연습하기엔 실험이 가장 좋다. 원래의 가설을 잊어 버리는 일이 흔하므로 가설은 물론 결과를 계속해서 기록하면 모두가 진행 과정을 순조롭게 따라갈 수 있다. 과학자와 발명가 들이 연구 노트를 상세하게 적는 이유도 이 때문이 아닐까. 실험 내용과 진행 과정을 제대로 기록하지 않으면 사람들, 특히 우리 같은 경영진은 맥락을 잊어 버린 채 "왜 발전이 없는 거야?!"라고 되묻기 쉽다. 기록하고, 사람들에게 실험의 목적을 상기시키고, 진행상황을 업데이트하는 것은 실험적 태도를 유지하고 지지하는 훌륭한 방법이다.

실험은 가능한 한 많이

실험 자체가 우리에게 가르침을 주는 다윈의 진화과정이다. 이는 자연이 유전적 돌연변이를 만들어 낼 때 하는 일이다. 대개는 실패하지만 일부는 더욱 잘 적응하고 더욱 잘 기능해서 결국 살아남는 유기체를 생산한다. 빠르게 거듭되는 실험과 반복은 모든 생명체에 꼭 필요한 기본 과정이다. 대자연은 실패한 수백만의 돌연변이를 슬퍼하거나 부끄러워하지 않는다. 그저 계속해서 만들어 낼 뿐이다.

트윌리오는 언제나 실험을 가능한 한 많이 하려고 노력한다. 우리는 새로운 버전의 프로덕트를 연간 12만 건 넘게, 즉 일간 3백 건 넘게 내놓는다. 모두가 참여해서 점진적으로 새로운 특징과 기능을 추가하고, 버그를 수정하고, 성과를 높이고, 실험을 실시한다.

2019년에 우리는 치 츄Chee Chew를 최고제품책임자Chief Product Officer, CPO로 채용해 실험 과정을 가속화할 수 있도록 도움을 보태 달라고 요청했다. 치는 MIT에서 컴퓨터공학 학사 및 석사학위를 받았다. 그는 세계에서 가장 상징적인 소프트웨어 회사 세 곳에서 굉장히 큰 개발 조직을 운영한 경험이 있는 베테랑 기술자로, 마이크로소프트에서 14년, 구글에서 8년, 아마존에서 4년을 근무했다. 나는 혁신이 가능한 소프트웨어 조직 및 문화를 구축하는 행위를 그토록 깊게 많이 생각하는 사람을 만나본 적이 없다.

치는 트윌리오에 합류하자마자 몇 가지 새로운 아이디어를 소개했다. 먼저 엔지니어들이 이듬해 예산이 결정되는 4분기에만 프로덕트를 제안할 수 있는 구식 시스템을 폐기했다. 이는 대부분의 기업에서 시행되는 아주 전통적인 방식이다. 모든 사람이 아이디어를 발표하고, 일부가 승인을 통해 경영진으로부터 인원과 예산을 배정받는다. 대부분은 실망만 안고 탈락한다.

하지만 문제가 있다. "좋은 아이디어가 꼭 계획된 주기에 맞춰서 나오는 건 아닙니다. 일 년 중 어느 때고 떠오를 수 있어요." 치의 말이다. 그는 상시 제안이라는 개념을 도입했고, 1년에 한 번 막대한 예산을 요구하는 대신, 누구나 원할 때마다 아이디어를 제안할 수 있는 자리를 마련했다. 아이디어가 통과되면 아주 소규모의 예비팀에 자금을 지원한다. 이 '팀'은 단기적으로 실험하기에 충분한 예산을 받는다.

때론 새로운 시장을 개척하거나 수익을 키우는 일과 전혀 관계없는, 돈을 절약하는 것처럼 다른 종류의 사업적 결과물을 내는 실험도 있다. 치는 최근 '효율성을 대폭 개선'하기 위한 아이디어를 수집하기 위해 시합을 열었는데, 승리한 팀에겐 아이디어를 구체화할 수 있는 2주간의 스프린트 기간과 이 스프린트에서 초기 가설을 입증한다는 가정하에 추가 지원금이 주어졌다.

"이렇게 시작해 예정된 마일스톤에 도달하면 지원을 늘립니다. 마치 스타트업이 후속 벤처 자금을 지원받으며 커가는 것처럼 말이죠. 이렇게 탐험하고, 자신감을 쌓고, 마침내 소규모팀이 첫 상업적 결과물을 내도록 후원합니다." 치의 말이다.

이 결과 우리는 한꺼번에 훨씬 많은 실험을 할 수 있으며, 다수가 성공하지 못해도 최소한 그 사실을 빨리 파악하고 다음 실험으로 옮겨 갈 수 있다.

크게 시작하는 일의 어려움

2019년 제프 이멜트가 트윌리오 이사진에 합류했다. 2001년부터 2017년까지 제너럴 일렉트릭General Electric에서 잭 웰치Jack Welch의 뒤를 이어 최고경영자로 오랜 경력을 쌓은 뒤였다. 제프의 주도하에 GE는 엄청난 규모의 디지털 혁신을 시도했다. 직원이 33만 명 이상이고 125년이 넘은 회사의 운전대를 돌리기란 엄청나게 힘든 일이었다. 그가 제시한 여러 방책 중 하나가 GE 디지털GE Digital, 즉 고객이 풍력 터빈, 제트 엔진, 기관차와 같은 GE 산업장비에 투자해서 보다 높은 효율성을 얻을 수 있도록 지원하는 소프트웨어 비즈니스를 구축하는 것이었다. 제프는 이런 기계에서 포착한 데이터로 고장을 예측한 뒤 AI를 이용해 실시간으로 장비를 튜닝하고 성능을 향상시키면, 궁극적으로 서비스와 수리의 필요성이 줄어들어서 고객들이 보다 효율적으로 장비를 운용할 수 있을 거라고 주장했다.

그렇지만 GE의 매출과 수익의 상당 부분이 부품 및 수리 부문에서 발생한 탓에 GE의 다른 비즈니스 리더들은 초반에 회의적인 반응을 보였다. 하지만 제프는 소프트웨어 비즈니스로 거듭나는 것이 사업을 보호하고 성장시키는 유일한 방법임을 알았다. 그의 직관은 옳았고, 그래서 그는 빅데이터, 사물인터넷IoT, 머신러닝 인재들로 사업을 강화하고 다양한 디지털 네이티브 기업을 제압하기 위해 GE 디지털을 출범시켰다. GE 디지털은 사업 초기 산업용 IoT 애플리케이션 플랫폼이라는 거대한 아이디어에 수억 달러를 투자했다.

이러한 투자 규모는 인상적이었는데 제프의 말처럼 자신이 진지하다는 것을 회사에 알리기 위해서 필요했다. "우리가 성공적인 제조업체가 되려면 디지털에서도 이 정도로 성공해야 합니다. 사실상 플랜 B는 없습니다." 수억 달러를 투자했음에도 5년 뒤 GE 디지털은 목표에서 한참 모자란 1천5백만 달러의 매출밖에 거두지 못했다. 제프가 떠난 뒤 GE 디지털은 상당 부분 해체되었고, 경쟁자인 허니웰Honeywell이 산업 IoT 제품을 성공적으로 개발해 그 빈자리를 차지했다.

GE는 무엇을 잘못했을까? 경영진이 "거대한 아이디어 하나로 규모가 1천억에 달하는 회사의 운전대를 돌려야 합니다."라며 나서면 압박이 심해지고 실패는 꿈도 못 꾸게 된다. "제가 진지하다는 것을 사람들에게 알려야 했어요. 그냥 잠깐 부는 바람이 아니라고 말입니다. 이 정도 규모의 회사에서 그렇게 하려면 자금으로 밀어붙여야죠."라는 제프의 말처럼 말이다. 하지만 이러한 접근법은 실험적 사고방식과 상당히 거리가 있다. 그들은 거창한 계획, 수억 달러의 자금, 실리콘밸리의 번쩍번쩍한 새 사무실, 계획을 실행할 숙련된 경영진을 갖추고 있었다. 내 논리로 보면 GE는 2억 달러가 아니라, GE의 디지털 미래를 증명하는 각기 다른 가설을 가진 5~10개의 팀에 2천만 달러씩 나눠서 투자해야 했다. 몇 달에 한 번씩 리더가 진행 상황을 평가하고, 미래의 디지털 세상에서 고객들이 GE에 원하는 것이 무엇인지 가설로 입증한 팀에 더 많은 자금을 지원하는 거다. 그러면 일부는 잘려 나가거나 새로운 가설로 방향을 틀었을 것이다.

제프는 또한 자신이 고용한 인재들이 변화에 부적절했던 것 같다고 말한다. "시스코, 에스에이피SAP, 아이비엠IBM, 오라클처럼 빅테크 혈통을 지닌 리더들을 고용했는데, 진정한 기업가들이 아니었어요. 다들 실험이 아닌 규모를 생각했거든요. 나라면 다르게 했을 거예요."

대기업 리더에게는 반직관적으로 들리겠지만 때로는 너무 일을 크게 벌이면 문제가 된다. 대대적으로 광고를 하면서 수억 달러를 쏟아 부으면, 말도 안 되는 짧은 시간 내에 큰 성과를 내야 한다는 압박이 생기기 때문이다. 적게 지출하면서 반복적으로 실험하는 접근법을 취하면 훨씬 적은 비용으로 보다 큰 성과를 거둘 수 있을 것이다. 제프는 과거를 되돌아보며 이렇게 말한다. "제가 이끌던 팀과 과정은 실험이 아니라 규모를 위한 것이었어요. 기업가 정신을 가진 팀을 소규모로 꾸려서 크게 눈에 띄지 않게 진행했으면 어뗐을까 하는 아쉬움이 남습니다. 초반에 성공을 거두고, 그 다음에 GE가 아주 잘하는 규모의 경제를 적용했으면 좋았을 거예요."

엄청난 성공과 끔찍한 실패, 그 사이의 모든 것

실험을 했을 때 일어날 수 있는 일은 세 가지다. 대성공을 거두거나, 실패하거나, 그 사이 어디쯤 애매한 곳에 위치하거나. 우리는 이 세 가지 시나리오 모두에서 실수를 저질렀다.

먼저 대성공한 경우에 대해 이야기해 보자. 초반에 세운 가정이 타당한 것으로 밝혀지고 고객들이 제품 아이디어를 사랑하는, 모두가 꿈꾸는 상황이다. 하지만 의미 있는 방식으로 후속 조치를 취하지 않으면 실험이 무위로 돌아간다. 트윌리오도 과거에 이런 실수를 한 적이 있다. 실험을 시작해서 성공까지 목격했지만 너무 오랫동안 실험을 실험으로만 간주하고 상업화로 이어질 수 있게 자금을 지원하지 않았다. 묘목에 물을 제대로 주지 않은 것이다.

이때 우리는 성공한 실험에 추진력을 실으려면 자원을 보유하고 있어야 한다는 것을 배웠다. 아마존이 이 일을 잘한다. AI 기반인 가상 비서 알렉사Alexa는 실험을 통해 탄생했다. 알렉사가 뜨기 시작하자 아마존은 이 실험이 어딘가 특별하니 더 많이 투자해야겠다고 생각했다.

소규모였던 알렉사 팀은 갑자기 규모를 확장할 필요성을 느끼고 새로운 팀원을 채용하기 시작했다. 그런데 공개 채용에 지원자가 너무 많아서 팀원들이 알렉사를 만들고 운영해야 할 시간에 직원을 채용하고 면접해야 하는 상황이 되었다. 스스로의 성공에 압도

당할 위험에 처한 것이다! 그래서 아마존은 규칙을 만들었다. 아마존의 전 부서 직원에게 원래 팀 대신 알렉사에서 일할 수 있는 선택권을 제공한 것이다. 생각해 보라. 알렉사 팀은 회사 어느 부서 사원이건 새로 채갈 수 있었다. 이는 실험에 양분을 제공하는 극단적인 사례다.

이번엔 비즈니스 가설이 틀린 것으로 밝혀졌을 때 어떤 일이 벌어지는지 살펴보자. 앞에서 가설을 세우고 실험하는 문제를 수차례 이야기했다. 실험 가설이 틀린 것으로 드러났다고 직원들을 처벌하면 오히려 기업가적 문화, 실험적 문화를 죽이게 된다(실험 가설이 틀린 것을 '실패'라고 부르지 않는 점에 주목해 달라).

상사는 이렇게 말하기 쉽다. "뭉칫돈을 줬는 데도 히트 상품을 못 만들었으니 여러분은 실패한 겁니다." 이러면 아무도 다시는 위험을 감수하며 실험하려고 하지 않을 게 자명하다. 그 대신 이렇게 말해 보라. "가설을 세웠지만 잘못된 것으로 판명 났습니다. 겨우 3개월 만에 고작 5만 달러를 투자해서 잘못을 알아낸 건 칭찬할 일입니다. 이제 다른 곳에 에너지를 집중할 수 있잖아요."

정반대의 투자 방식을 택했다면 아이디어 하나에 수백 명으로 구성된 팀을 투입하고, '완벽한' 결과물을 만들기 위해 5년을 투자하고, 슈퍼볼 광고를 찍고, 대대적인 광고 캠페인에 2천5백만 달러를 쏟아붓고 나서야, 결국 고객들이 쳐다도 안 보거나 투자를 의미 있게 만들어 줄 타깃 고객이 불충분하다는 사실을 깨달았을 것이다.

수년의 시간과 수백만 달러 대신에 몇 달과 수만 달러가 낫다고 생각하지 않는가? 어쩌다 소규모팀이 5만 달러를 허비했을까가 아니라, 2천5백만 달러를 절약했다고 생각해 보라! 환영 퍼레이드를 열면서 최대한 빨리 다음 과제를 줄 일이다.

　마지막으로 측정법이 엉망이어서 가설이 맞지도 틀리지도 않는 어중간한 상태에 놓이게 되는 가장 까다로운 상황을 살펴보자. 이런 경우가 가장 처치 곤란이다. 이는 실험을 시행한 팀에게는 사실상 실패나 마찬가지다. 가설이 옳은지 그른지 입증하는 것이 목표인데 주어진 합리적인 기한 내에 이를 입증할 수 없다면 실험은 실질적으로 실패라고 볼 수 있다. 그래서 명확한 측정법을 마련하는 게 실험을 시작할 때 그토록 중요한 것이다.

　그 다음에는 어떻게 할까? 먼저, 실험 시간을 충분히 주어라. 가끔은 인내가 미덕이다. 전술을 바꾸어라. 실험에서 답을 얻지 못하면 다른 방식을 시도해 보라. 실험이 불가능한 가설일 수도 있으니 가설을 좀 더 실험 가능한 형태로 바꾸어 보라. 어쩌면 팀이 문제일 수도 있다. 모든 시도가 그렇듯, 팀이 운영을 제대로 하지 못하는 가능성도 존재한다. 실패한 실험은 가설이 옳은지 그른지 답을 얻지 못한 채 기간만 연장된다. 신속하고 반복적으로 실험하는 단계에서는 매주, 또는 격주 단위로 팀을 확인하며 빠른 학습을 염두에 두고 실험을 이끄는 게 도움이 된다. 하지만 팀이 6개월 또는 1년 동안 배우는 것 없이 지속된다면 얼마간 변화가 필요할 것이다.

플러그를 뽑아야 할 때는 언제일까?

실험이 이도 저도 아니게 어중간해지는 문제를 극복하고 폐기처분할지 말지 알아내는 한 가지 방법은(많은 것들이 그랬지만 이번에도 역시) '개발자에게 물어보는' 것이다. 어느 누구도 리더에게 사실대로 말하는 걸 원치 않아 결정을 내리지 못하는 것일 수도 있다. 이건 인간의 본성이다. 나쁜 소식을 전달하고 싶어 하는 사람은 드물다. 하지만 패트릭 매켄지, 라이언 레슬리, 레아 컬버, 채드 에슬을 보고 얻은 교훈이 있다면, 엔지니어적 사고방식이란 (a) 의견이 확실하고, (b) 의견을 마음속에만 담아두지 않는 경향이 강하다는 것이다. 엔지니어에게는 사실이 중요하다. 나는 이렇게 바꿔 생각한다. 엔지니어들은 헛소리를 싫어한다고. 그러니 아무리 싫은 소리라도 진실을 말해 줄 사람이 필요하면 최전선에서 일하는 엔지니어를 찾아가라.

제프 이멜트가 GE의 최고경영자로 있을 때 이런 상황에 처했다. GE가 보잉 787 드림라이너Boeing 787 Dreamliner 여객기에 들어가는 신형 엔진을 개발하다 설계에 문제가 생겨 경영진과 논의할 때였다. 엔지니어들이 문제의 원인을 저압 터빈 설계에 중대한 결함이 생긴 탓이라고 좁힌 상황이었다. GE로서는 잠재적 위기였다. 이미 엔진을 개발하는 데 10억 달러가 넘는 자금을 투입했고, 엔진의 시장 가치는 5백억 달러였다.

제프가 사람들이 일을 어떻게 진행하면 좋을지 토론하는 모습을 지켜보고 있는데 극적인 상황이 일어났다. 터빈을 제작하는 최전선에서 일하는 엔지니어 한 명이 일어섰다. 매니저도 임원도 아닌 평범한 직원이었다. 엔지니어가 대부분이 듣고 싶어 하지 않을 말을 했다. "이렇게는 안 됩니다." 그가 말했다. "우리가 설계를 잘못했습니다. 계획에서 완전히 어긋났어요. 수억 달러가 들겠지만 다시 해야 합니다."

제프는 다음과 같이 회상한다. "뛰어난 기술자였고, 정치적으로 맞는 게 뭔지는 생각도 않는 사람이었어요. 그가 확신에 차서 그렇게 말하더군요. 이 결정으로 회사가 4억 달러의 수리비를 지출해야 할 거라는 것도 알고 있었죠."

제프는 엔지니어의 조언을 받아들였다. 비쌌지만 맞는 결정이었다. 이 이야기는 어째서 실험에 참여하는 엔지니어가 자신의 견해를 밝히게끔 하는 것이 이로운지 보여 준다. 세부 정보를 깊이 알고 있기 때문이다. 안타깝게도 제트 엔진 설계 실험은 소프트웨어를 개발할 때 내리는 대부분의 결정보다 훨씬 비싸다.

나도 이런 실수를 한 번 저지른 적이 있다. 트윌리오 초창기 우리는 한 주요 통신사와 계약했다. 중소기업 고객들을 위해 커뮤니케이션 앱을 구축하는 거래였다. 일을 맡게 된 개발자들이 트윌리오의 핵심 사업이 아니라며 내 결정에 의문을 제기했다. 우려 섞인 목소리가 들렸지만 나는 통신사와 더 폭넓은 관계를 형성할 수 있을지도 모른다며 여하튼 만들라고 요청했다. 그러면서 개발자들에게 말했다. "전략 방향이 그래요." 거의 1년 동안 그들은 지속적으로 의문을 제기하며 충실히 앱을 제작했다. 말 그대로 출시 바로 전날, 통신사 고위 간부가 변심해 사업을 중단시켰다. 우리 개발자들의 작업은 결국 빛을 보지 못했다. 아무도 입 밖으로 내지 않았지만, 개발자들은 틀림없이 '거봐, 내가 뭐랬어'라고 생각했을 것이다.

이 경험에서 나는 두 가지를 배웠다. 하나, 이것은 실험이 아니었다. 계약 때문에 어떤 고객 검증도 하지 않고 무작정 개발에 들어

갔다. 제작을 담당하는 개발자들은 이 사실을 알았지만 말이다. 둘, 그 앱이 쓸모도 없고 사업적 판단도 부적절하다고 생각한 일선 엔지니어들의 말을 들었어야 했다. 우리는 이 불운한 사건에 백만 달러가 넘는 귀중한 스타트업 자금을 낭비했다. 개발자들의 말에 귀를 기울였으면 피할 수 있는 일이었다.

비즈니스 세계에서 **실패**보다 양극화가 심한 단어는 없다. 실리콘밸리에서는 이상하리만치 실패에 집착한다. 사람들은 대놓고 실패를 축하한다. 투자자들은 실패한 창업자가 다음 회사를 설립할 때 자금을 지원해 실패를 보상한다고 말하곤 한다. 실리콘밸리의 DNA에 실패를 향한 광신적 태도가 어찌나 깊숙이 박혀 있는지, 성공 가도를 달리는 기업가들이 부루퉁해져서는 종국엔 실패하고 말리라는 꿈을 안고 살아가는 상상을 하게 될 정도다. 하지만 사람들이 축하하는 것은 실패가 아니라 임무를 완수하는 데 도움이 되는 깊이 있는 배움이다. 실패는 그저 배움의 자연스러운 결과물이다. 실패를 받아들이라고 하는 건 실은 발견의 여정을 체득하라는 의미다.

앞서 실험에 대해 이야기한 것은 성공이나 실패가 아니라 학습 속도를 높여야 함을 강조하기 위한 것이었다. 가설이 틀렸음을 입증할 때 흔히들 실패라고 부르는 귀중한 배움을 얻게 된다. 하지만 나는 이를 성공이라 부른다. 막다른 골목에 빠르고 저렴하게 도달하면 사업에 매우 유익하기 때문이다. 이것이 바로 과정을 궁극적 혁신을 향한 실험으로 간주하는 사고방식의 핵심이다. 혁신은 그냥 결심한다고 생겨나는 게 아니다. 힘겹고 지난한 시간을 거쳐야 한다. 그 여정을 축하하지 않고 실수에서 가치를 얻지 못한다면 대부분 중도에 하차할 것이다. 그래서 실리콘밸리가 실패를 정면으로 다루는 데 지나치게 열중하는 것이다.

하지만 솔직해지자. 누구도 실패를 좋아하지 않는다. 진짜 실패는 유쾌하지도 않고 모든 평범한 사람은 실패를 혐오한다. 실패 그 자체로는 사실 찬양받지도 못할뿐더러, 실패한 회사를 이끈 기업가는 신화에서 포장하듯 별로 행복하지도, 칭찬받지도 못한다. 실패에 집착하면 수습이 안 되는 위험을 감수하게 되는데, 실패의 오명이야말로 혁신가들이 어떻게든 피해가려고 하는 것이다.

실패하면서도 고객을 실망시키지 않는 법

사람들이 실험할 때 가장 염려하는 부분이 어떻게 하면 실험을 하면서도 고객에게 피해를 주지 않을 수 있을까 하는 점이다. 개발을 하다가 훌륭한 프로덕트를 정말 발견하게 될 때까지 제품을 판매할 고객이 여전히 남아 있어야 하기 때문이다. 개발 도중에 모든 관계를 소진해 버리는 건 좋은 징조가 아니다. 다행히 처음부터 제대로 구성하면 실험을 하면서 고객도 유지할 수 있다.

페이스북, 아마존, 구글 같은 기술 대기업들은 일부 고객에게만 새 기능을 활성화시키는 정교한 단계별 배치 시스템을 갖추고 있다. 전체 사용자 중 무작위로 선정된 1퍼센트만 고객 반응 테스트를 본다. 특정 국가나 인구통계학에 따라 사용자들을 선정하는 식으로 대상을 조금 구체화한 접근 방식이다. 극히 일부를 대상으로 하기 때문에 고객 기반에 큰 부담을 주지 않고 학습할 수 있어서 좋다.

1퍼센트만 참여하는 실험은 중단하기 쉽고 또 저렴하다. 수많은 이용자가 참여한 실험은 중단하기도 훨씬 어렵고 (비용과 평판 측면에서 손해를 따졌을 때) 희생도 크다. 물론 사용자가 수억 또는 수십억 명일 때 1퍼센트만 참여해도 제대로 된 결과가 나오므로 모든 유형의 회사에 적용되지는 않는다. 다행히도 덜 정교한데 비슷한 효과를 내는 실험 방법이 많다.

가장 쉬운 방법은 고객에게 그냥 물어보는 것이다. "OO한 제품을 구매할 의향이 있습니까?" 이게 반응을 미리 살피는 가장 쉬운 방식이다. 트윌리오 초기 사례를 기억할지 모르겠지만, 나 역시 많은 개발자에게 앱에 커뮤니케이션 기능을 설치하는 서비스를 사용할 의향이 있느냐고 물었다. 매우 저렴하고 위험 부담도 낮은 방법이었다. 실은 동시에 다른 아이디어에도 같은 프로세스를 적용했는데, 하나는 드롭박스와 비슷한 분산 데이터 백업 시스템이었고, 또 하나는 인터넷과 비트토렌트BitTorrent를 이용해 값싸게 또는 무료로 케이블 TV를 이용할 수 있게 하는 아이디어였다. 내가 한 일이라곤 잠재 고객들과 인터뷰를 하고 아이디어가 그들의 일상적 문제를 해결할 수 있을지 확인하는 게 전부였다. 어떤 약속을 하는 게 아니므로 고객을 실망시킬 가능성이 아주 적다. 대개 사람들은 누군가 자신이 어떤 불편을 겪고 있는지 물어보고 고민한다는 것에 그저 만족한다.

온라인으로 아이디어를 시험하는 또 다른 방법으로 '가짜 문painted door'[1] 테스트도 있다. 세상이 어떤 기술 제품을 필요로 한다는 가

---

[1] (옮긴이) 사용자가 특정 제품을 사용할 의향이 있는지 판단하기 위한 초기 테스트다. '가짜 문'은 문처럼 보이지만 실제 문으로 기능하지 못하기 때문에 붙은 이름이다.

설을 세웠다면, 재빨리 웹사이트를 구축하고 구글에서 광고를 산 뒤 사람들이 미끼를 무는지 확인함으로써 가설이 맞는지 쉽게 시험할 수 있다. 실제로 제품을 만들 필요는 없고 그저 가치 제안이 반향을 불러일으키는지 확인할 수 있는 마케팅 사이트만 만들면 된다.

온라인 광고가 효과적이라면, 예상 구매자들을 잘 겨냥해서 그들이 웹사이트에서 '구매 버튼'을 누르는지 안 누르는지 실험할 수 있다. 사람들을 실망시킬 수도 있는 부분이 이 지점이다. 제품을 만들지 않았다면 구매 버튼이 실제로 작동하지 않기 때문이다. 보통 버튼은 다음과 같은 페이지로 연결된다. "관심에 감사드립니다. 제품이 아직 준비되지 않았습니다. 의견을 제공해 주셔서 감사합니다." 특정 브랜드에 해를 입히는 위험을 감수하기 싫으면 실험에는 언제나 허구의 회사명을 사용하라.

2007년 트윌리오를 시작하기 전에 아이디어 브레인스토밍 단계에서 이 방식을 사용했다. 나인스타를 만들던 중에 POS 시스템 이메일을 고객의 받은 편지함으로 성공적으로 보내는 데 문제가 생겼다. 이메일이 간헐적으로 스팸 폴더로 들어가는 것 같았다. 다른 개발자들도 같은 문제를 겪고 있을 것이라고 가정하고 재빨리 '가짜 문' 시험을 실시했다. 도메인 이름(*MailSpade.com*)을 산 뒤, 잠재적 고객에게 가치 제안을 설명하는 간단한 웹사이트를 1시간가량 만들었다. 그 다음 해당 사이트로 트래픽을 유도하기 위해 대략 50달러를 주고 구글 광고를 구매했다.

테스트 사이트에 '지금 시작하세요'라고 쓰인 버튼이 있었지만 클릭하면 '곧 시작됩니다'라는 문구만 나왔다. 그저 잠재고객들이 제품을 구매하고 싶을 만큼 가치 제안이 강력한지 시험하는 게 목적이었기 때문이다. 이 초기 윈도 쇼퍼들의 패턴을 관찰하면서 많은 것을 배웠다. 총 5시간 정도의 노동과 50달러를 들여서 말이다. 나쁘지 않은 투자였다. 결국 나는 트윌리오의 아이디어를 밀고 나가기로 결정했다. 그런데 2009년에 아이작 살다나Isaac Saldana, 호세 로페즈Jose Lopez, 팀 젱킨스Tim Jenkins라는 세 명의 개발자가 이메일 문제를 해결하기 위해 샌드그리드SendGrid를 차렸다. 10년 뒤 트윌리오는 20억 달러가 넘는 금액에 샌드그리드를 인수하면서 그들의 선택이 훌륭했음을 다시 한 번 입증했다!

사실 고객에게 해를 입히지 않고 실험하는 건 매우 쉬운 일이다. 하지만 꼭 피해야 하는 실수가 있으니, 바로 실험을 실험이 아닌 것처럼 대하는 것이다. 세상이 내 아이디어를 필요로 하는지 확신이 들지 않으면, 이번 장의 주제처럼 실험답게 시험해 보라. 하지만 대규모 투자와 화려한 론칭 행사에 곧장 뛰어들지는 말라. 회사의 명성에 타격을 입힐 가능성이 크다. 대대적으로 광고를 하며 일을 크게 벌이면 브랜드를 홍보하는 셈이 된다(뉴 코크New Coke가 떠오르지 않는가?2). 거창하게 시작하면 고객을 얼만간 확보할 것이다. 하지만 그 숫자가 거액의 투자금을 충족시키지 못할 경우 프로젝트를 멈추고 싶을 것이다. 그러다 보면 고객을 실망하게 만든다. 그래서 나는 이렇게 믿는다. 실험은 고객과의 관계를 해치지 않는

---

2 (옮긴이) 1985년에 코카콜라는 뉴 코크라는 신제품을 출시하며 대대적인 홍보를 실시했으나 고객들의 거센 반발에 막혀 결국 신제품 출시를 철회했다.

다. 오히려 지속적으로 해를 끼치는 건 실험의 부족이다.

계속 방망이를 휘둘러라

성공적인 혁신가들은 성공으로 가는 길에 실패한 시도들이 늘어서 있다는 사실을 안다. 토머스 에디슨은 "나는 실패한 적이 없다. 그저 효과가 없는 1만 가지 방법을 찾은 것뿐이다"라고 말했다. 윈스턴 처칠은 "성공은 열정을 잃지 않고 실패를 거듭하는 능력이다"라고 이야기했다. 하지만 실험에 대한 말 가운데 내가 가장 좋아하는 건 제프 베이조스가 한 말이다. 2015년 아마존 주주들에게 보낸 서한에서 제프는 투자자들에게 아마존의 가장 성공적인 결과물(마켓플레이스Marketplace, 프라임Prime, 아마존 웹 서비스)이 실험에서 시작됐으며, 그 누구도 계획 단계에서는 이 서비스들이 성공할지 알지 못했다는 사실을 상기시켰다. 어쨌든 아마존의 실험 대부분은 실패로 돌아가니 말이다.

제프는 개발자들에게 최대한 많이 실험하라고 밀어붙이는 이유를 야구에 빗대어 설명했다. "홈런 같은 큰 한 방을 노리면 삼진을 당할 수도 있지만 홈런을 칠 수도 있습니다." 그러면서 야구에서 방망이를 휘둘렀을 때 나올 수 있는 가장 좋은 결과는 4점을 내는 그랜드슬램이라고 말을 이었다. 하지만 "사업에서는 이따금 본루에 들어서기만 해도 1000점을 얻을 수 있습니다."

그러니 방망이를 최대한 여러 번 휘두르는 게 어떻겠는가? 특히 실험 비용이 저렴하다면 말이다. 3~5명 정도로 시작하면 잠재적 결과가 어마어마하다! 인터넷 특유의 엄청난 규모 덕분에 실험으로 수억 명의 사용자가 있는 앱이 탄생할 수도 있다. 위험에 비해 보상의 크기가 믿을 수 없을 정도로 훌륭하니 계속 방망이를 휘둘러야 한다!

야구에서 3할 타율은 굉장한 성적이고 4할 타율은 신의 경지다. 이는 대부분의 야구 선수가 타석에서 아무것도 얻지 못함을 의미한다. 만약 사업에서 타석에 섰을 때의 잠재적 결과가 250배 더 크다면, 0.0012 타율도 비즈니스의 메이저리그에서는 충분히 훌륭하다! 임의로 만들어 제시했지만 요점은 이해했을 것이다. 사업을 할 때는 성공률이 100퍼센트일 거라고 기대하는 경우가 많다. 그 안에는 실험에 대한 두려움이 녹아 있다. 두려움을 극복하는 것이야말로 성공적인 혁신의 핵심이다.

다음에 새로운 아이디어를 시도하는 데 저항이 생기면 팀의 리더에게 어떤 최악의 사태가 벌어질 것 같은지 물어보라. "시간이 오래 걸리겠죠."라는 대답이 돌아오면 어떻게 해야 시간을 단축할 수 있을지 질문하라. '가짜 문' 실험이나 고객 인터뷰를 이용해 하루 이틀 사이에 뭔가를 얻을 수 있을까? 만약 "힘들 것 같아요."라는 대답이 돌아오면 답변에 적극 동의하고, 그럼에도 시도하면 안 되는 이유가 있는지 다시 한 번 물어보라!

"고객을 실망시키고 브랜드에 해를 입힐 것 같아서요."라고 대답하면 실험 규모를 축소해서 소규모 고객에게 아이디어를 시험하라. 팀 리더에게 실패하면 경력에 문제가 생길까 봐 두려운지 (일대일로) 물어보라. 그렇다고 하면 결과만이 아닌 실험 과정을 특별하게 여길 수 있는 방법을 생각해 보라.

개발자들에게 1억 달러의 사업을 구축하기에 앞서 도중에 진행 상황을 어떻게 측정할지, 올바른 방향으로 가고 있는지 어떻게 확인할 것인지 물어보라. 또한 실험으로 어떤 가설을 증명하려 하는지 묻고, 필요하면 합리적인 투자 금액으로 실험할 수 있도록 가설을 미세하게 조정하는 데 도움을 주라. 이런 질문들이 실험 과정을 인정하고 축하하는 것은 물론 궁극적으로 혁신의 문화를 구축할 수 있게 도울 것이다.

6장
코드 몽키가 되고 싶은 개발자는 없다

> 똑똑한 사람들을 고용해서
> 이래라저래라 하는 건 말도 안 된다.
> 우리가 똑똑한 사람들을 고용하는 건
> 그들에게 무얼 해야 하는지 듣기 위해서다.
> **스티브 잡스**

앞서 지난 몇 장에서 기업이 소프트웨어를 직접 만드는 것이 왜 그토록 중요하고 전보다 쉬운지 이야기했다. 그러려면 인재가 필요하다. 앞으로 10년 동안 최고의 소프트웨어를 구축하는 기업, 즉 최고의 소프트웨어 개발자를 보유한 기업이 승자가 될 것이다. 우수한 기술 인재를 고용하고 보유하기 위해 분투해 왔다면 이번 장을 통해 개발자가 가장 중시하는 부분에 호소함으로써 개발자를 끌어들이고 고용을 유지하는 법을 배우게 될 것이다. 만약 사내에 기술 인력이 늘 부족하다면 홍보 문구를 바꿔서 개발자들이 실력을 최고로 발휘할 수 있는 회사라는 점을 알려라.

만약 애플, 구글, 페이스북과 같은 회사에 인재를 빼앗겼다면 자사를 택하는 게 탁월한 선택이라는 주장을 설득력 있게 펼치기 그리 어렵지 않다. 트윌리오는 그런 기업 출신 기술 인재를 채용하거나, 빅테크 대신 우리를 선택하도록 지원자들을 설득한 경험이 있다. 이번 장에서는 우수한 기술 인재를 채용하고 유지하고 동기를 부여하고 보상하는 방법과 관련해 개발자로서, 고용하는 사람으로서, 수년 동안 관찰한 내용을 공유하려 한다.

세계적으로 개발자가 부족하다. 2019년에는 컴퓨터공학부를 갓 졸업한 학생 수보다 소프트웨어 일자리가 네 배 많았다. 그래서 인재를 찾기 위한 시장 경쟁이 치열하다. 하지만 좋은 소식은 여기서 이기기 위해 세발자전거, 무료 미용 서비스, 50가지 종류의 IPA 맥주 등 말도 안 되는 혜택을 제공할 필요가 없다는 것이다.

대부분은 소프트웨어 개발자를 보통 사람으로 대하기만 해도 된다. 서버가 보관된 밀실에 숨어 지내는 성질 고약한 괴짜 공돌이나, 불면 꺼질까 쥐면 터질까 조심스레 다뤄야 하는 희귀한 꽃이 아니라 말이다. 개발자들은 그저 배우고 성장하려는 열망과 최고의 성과를 내고자 하는 동기 그리고 원하는 다양한 기술을 사용해 보고픈 사람일 뿐이다. 이런 점을 이해하고 존중하는 회사라면, 개발자가 회의에 참석할 수 있는 회사라면, 그들도 적극적으로 함께 일하려 할 것이다.

초반의 채용이 특히 중요하다. 처음에 적절한 리더를 데려오는 게 성공의 핵심일 수 있다. 그가 훌륭한 매니저와 개별 직원을 차례로 영입할 수 있는 중간 관리자를 끌어들일 것이기 때문이다. 하지만 인재 채용은 첫 단계에 불과하다. 그들을 계속 붙들어 놓는 게 훨씬 더 힘들다. 조직이 제대로 작동하지 않으면 개발자들은 상황이 호전되길 바라며 앉아만 있지 않는다. 아마 자리를 박차고 일어날 것이다. 안타깝게도 나는 경험을 통해 이를 배웠다. 이어지는 이야기는 11장에서 설명하겠다.

훌륭한 리더를 채용하면 따라오는 것들

2010년 패트릭 도일Patrick Doyle이 도미노의 최고경영자로 부임했을 때 그의 첫 번째 목표는 도미노의 제품을 개선하는 것, 간단히 말해 더 나은 피자를 만드는 것이었다. 그 다음 목표는 회사의 기술 능력 확장이었다. 식품을 판매하는 기업이 기술에 막대한 투자를 한다니 반직관적으로 보일 수도 있다. 패트릭이 보기에 제품을 기반으로 도미노를 차별화하는 방법에는 한계가 있었다. 피자는 결국 피자니까. 패트릭은 기술을 이용해 고객경험을 개선하면 도미노를 경쟁업체와 차별화하는 훨씬 더 큰 기회가 생기리라 예상했다.

　회사의 기존 IT 부서를 내부를 상대하는 팀에서 고객이 경험하는 소프트웨어를 구축하는 팀으로 전환해야 했다. 당시의 수많은 IT 부서들과 마찬가지로 도미노의 기술팀은 주로 하드웨어 설치, 업데이트 및 패치 설치, 서버 실행과 유지 등의 작업에 집중했다. 하지만 이제 새로운 앱을 제작하고 사용자 경험을 창조할 수 있는 창의적인 소프트웨어 조직을 구축해야 했다. 이와 같은 조직을 만들기 위해 패트릭은 적절한 리더를 찾는 것부터 시작했다. 2012년 그는 처음엔 피자 회사에서 일하는 데 별 관심이 없었던 베테랑 기술자 케빈 바스코니Kevin Vasconi를 스카우트했다.

2012년 케빈은 도미노에 합류하면서 완전히 새로운 기술 조직을 만들라는 미션을 받았다. 당시 도미노에는 전 세계적으로 150명의 IT 직원이 있었다. 8년 뒤에 인원이 650명까지 늘어났는데, 그중 50명만이 케빈이 이어받은 조직의 일원이었다. 그는 자신의 전문 네트워크에 의지해 강력한 핵심 팀을 고용하기 시작했다. 이는 단지 리더급을 채용하는 게 아니었다. 우수한 기술 리더십 팀은 수석 설계자, 수석 엔지니어 및 라인 매니저로 구성된다. 중요한 것은 초반에 채용한 사원들이 뛰어난 기술적 능력을 갖추도록 하는 것이다. 보통 초반 채용이 가장 힘들다. 하지만 시간이 지날수록 쉬워진다. 케빈은 서두르지 말고 안주하지 말라고 충고한다.

지난 8년 동안 도미노는 세계적인 수준의 소프트웨어 조직을 구축하고 개발자들에게 혁신적이고 심지어 일반적이지 않은 소프트웨어 경험을 마음껏 누리게끔 함으로써, 피자 사업을 근본적으로 바꾸었다. 여기에는 음성 인식이나 이모티콘을 사용한 주문 방식도 포함된다. 어떤 아이디어는 거의 즉흥적으로 시작된다. 어느 날 패트릭이 개발자들에게 물었다. "어떻게 해야 신호 대기 중에 피자를 주문할 수 있을까요?" 이게 전부였다. 최고경영자가 집에 가다 관찰한 경험에서 나온 질문이었다. '신호 대기 중에 피자 주문하기'는 살짝 이상한 요구처럼 보일 수도 있지만 저녁을 하기 싫은 바쁜 맞벌이 부부가 퇴근길에 피자를 주문하는 때를 생각해 보면 충분히 가능한 일이다. 하지만 이 간단한 질문이 수년간 혁신을 일으키며, 피자를 주문하고 배달을 추적하는 과정을 훨씬 쉽고 빠르게 만들었다. 고객을 상대하고 실행할 준비가 되어 있는 팀이 없었다면 이는 불가능했을 것이다.

일을 하는 내적 동기

다니엘 핑크Daniel Pink는 자신의 저서 《Drive 드라이브》에서 보상이 꼭 동기를 부여하는 건 아니라고 주장한다. 설사 보상이 동기를 부여한다고 해도 어느 정도까지만 가능하다. 기업은 직원들에게 공평한 대접을 받고 있다고 느끼는 수준까지만 보상해야 한다(이번 장 말미에서 관련 내용을 좀 더 다룰 것이다). 공평함의 기준을 충족시키고 나면 직원들은 자율성, 숙련도, 목적처럼 일을 하는 진짜 이유에 집중한다. 나는 이것이 특히 개발자에게 해당되는 내용이라고 생각한다.

   자율성은 독립적으로 일하고, 이래라저래라 명령을 받지 않는 것을 의미한다. 숙련도는 시간이 지남에 따라 기술이 향상되는 능력을 뜻한다. 목적은 자신이 하는 일이 정말 중요하다는 느낌을 말한다. 개발자의 렌즈로 이 세 가지 항목을 좀 더 자세히 살펴보자.

자율성

모든 인간은 권한을 갖고 싶어 한다. 이는 개발자도 다르지 않다. 개발자는 전문가로서 회사에 중요한 기술 지식을 제공하는 데 그들의 역할은 간과되곤 한다. 자율성의 본질은 내린 결정을 신뢰받는 것이다. 만약 누군가가 자신의 결정에 거부권을 행사할 수 있으면 별로 자율적이지 않다는 뜻이다. 물론 여러분이 회사에서 지위를 이용해 명령할 수 있는 위치에 있다면 언제든지 결정을 내릴 수 있다. 그렇지만 팀원이 신뢰받고 있다고 느끼기를 바라는 현명한 리더는 팀원의 결정을 뒤집으려는 유혹에 저항하면서, 오히려 지나치다 싶을 정도로 자율성을 강조한다고 나는 생각한다.

하지만 팀이 서로 의존하는 세계에서는 모든 것을 자율에 맡기면 역효과가 생길 수도 있고 수천 명을 따로따로 관리하기도 힘들다. 개발자들에게 자율성을 부여함으로써 업무를 잘 해내리라 믿고, 도구를 제공하는 동시에 약간의 테두리와 규칙을 설정하는 게 좋다. 이렇게 하면 규모가 큰 조직에서는 자율성을 완전히 보장하는 것보다 훨씬 효율적이다. 특히 우발적 사고를 줄이거나, 보안, 안정성 등을 중시하는 연구개발 전문조직이 필요할 땐 더더욱 그렇다.

자율성은 사실 개발자가 이리 뛰고 저리 뛰면서 내키는 대로 하도록 손 놓고 있는 게 아니라 규칙을 기반으로 한다. 테두리가 없으면 팀원은 어떻게 결정을 해야 할지 알 수 없고, 리더는 계속 사후에 비판하게 된다. 규칙을 정하면 역설적으로 경계 안에서 사람들이 자유롭게 움직일 수 있다.

이를 보여 주는 가장 훌륭한 사례 중 하나가 내 고등학교 시절 경험이다. 나는 교내 라디오 방송국 WBFH(편하게 '더 비프The Biff'라고 불렀다)의 국원이었다. 360와트 출력의 WBFH는 대도시 디트로이트에서 가장 잘 나가는 고등학교 라디오 방송국이었다. 이곳의 국원이 된다는 건 실제 방송국 직원처럼 직업을 가진다는 것을 의미했으며, 각자 매주 2시간씩 방송을 진행했다. 고등학교 3학년 때 나는 음악 감독을 맡으며 '7시간 감옥 실험Seven Hour Prison Experiment'이라는 주간 방송을 책임졌다.

WBFH를 담당하던, 금발 머리에 삐쩍 마른 팔다리를 흐느적거리는 톰 패티Tom Petty와 닮은 피트 바워스Pete Bowers 선생님은 우리에게 딱 세 가지 규칙을 제시했다. 우리가 하는 모든 일이 "위험하지 않고, 재미있고, 합법적"이어야 한다는 것이었다. 그 외에는 우리 마음대로 운영해도 되었다! 일례로 스매싱 펌킨스Smashing Pumpkins의 새 앨범을 홍보하기 위해 교정 밖 인도에서 호박 깨부수기 대회를 열어 중계할 거라는 계획을 듣고 바워스 선생님은 이렇게 반응했다. "그래, 재미있고 합법적인 것 같구나. 안전에만 주의해 다오." WBFH 활동은 학창 시절 최고의 추억일 뿐 아니라, 훌륭한 학습 환경이었다. 선생님은 우리가 실수하게 내버려 두고(안전하고 재미있고 합법적인 테두리를 유지하는 선에서) 거기서 배우도록 했다. 나는 바워스 선생님을 영감의 원천으로 삼아, 기본 규칙을 공유하면서도 어떻게 하면 모두가 마음껏 앞으로 질주할 수 있는 환경을 창조할 수 있을지 생각을 정리해 왔다.

하지만 이는 또한 규칙을 효과적인 시스템에 필요한 최솟값으로 제한시켜야 함을 암시한다. 리더는 팀이 성공적으로 협력하고 인재가 성과를 내고 고객이 회사를 신뢰할 수 있는 시스템을 만들어야 한다. 여기서 설명한 많은 것들(소규모팀, 플랫폼, 마이크로서비스 등)이 이런 시스템의 일부다.

자율성의 또 다른 특징은 영향력이다. 개발자에게 핵심 결정을 맡기는 것은 그들을 신뢰하고 그들의 조언을 귀중하게 여긴다는 것을 보여 주는 행위다. 경영진은 이래야 한다고 생각한다!

내 친구(이자 트윌리오의 공동설립자) 에번 쿡이 미국디지털서비스에서 일할 때 개발자들이 주장한 가장 큰 요구사항이 자율성이었다. 누구도 코딩만 하는 원숭이처럼 명령이나 받으면서 뒷방에 밀려나 있을 생각이 없었다. 그들은 프로덕트 매니저, 관리 컨설턴트 또는 기타 다양한 비기술 부서에 간섭받지 않고 시스템을 구축할 수 있기를 원했고, 또 그렇게 하도록 보장받았다.

또한 큰 결정을 내리는 권한을 달라고 강하게 주장했다. 백악관 기술자들은 IQ나 EQ 개념과 유사한 기술 지수Technical Quotient, TQ라는 개념을 고안해 국방부, 백악관, 중소기업청, 교육부, 보건사회국, 조달청, 국토안보국 등 부서와 기관 전반에 걸쳐 관리직에게 '토론장에 TQ가 높은 사람을 앉히는 것'이 중요하다고 설명했다. "우리는 거의 모든 중요한 의사결정 과정에 기술자를 참여시켜야 하는 역사의 한 지점에 와 있습니다." 에번은 이렇게 말한다.

에번과 다른 소프트웨어 엔지니어들은 각료, 장관, 제복을 빼입은 4성 장군과 나란히 회의에 참석했다. 처음에는 어색했지만 다들 적응했다. 에번이 지적하는 것처럼 결국 "공공 정책을 전달하는 전 메커니즘은 기술에 의해 매개되거나 구동"된다. 기술자의 개입 없이 공공 정책을 만드는 것은 "변호사의 동석 없이 법적 문제를 해결하려는 것"과 같다.

규칙 체계를 만든다는 것은 필요 없는 규칙은 제거한다는 것을 의미하기도 한다. 여러분은 개발자에게 자율적으로 행동해도 된다는 사실을 어떻게 전달하는가? 전달 방식은 여러 가지인데, 일부는 작거나 사소해 보일 수도 있지만 그럼에도 중요하다. 최근 트윌리오에서 있었던 일화가 떠오른다. 트윌리오에는 디지털 혁신을 꾀하는 대기업에서 가끔 해커톤을 여는 개발자 교육팀이 있다.

한번은 교육팀이 이틀짜리 행사를 위해 한 기업에 도착했는데, 해커톤 개최 장소의 휴식 공간에 설치된 TV 뒷면에 직원들에게 채널을 바꾸지 말라고 경고하는 메시지가 붙어 있는 것을 발견했다. 그것은 직원들에게 이 회사에는 자율성이 없다고 고하는 하나의 방식이었다. 어떤 사람은 이렇게 생각할지도 모른다. "그게 무슨 상관이라고? 별것도 아니잖아." 해커톤에서 돌아와 우리 팀 전부 그 메시지에 대해 떠들었다는 사실만 이야기하겠다. 팀원들에게 그 메시지는 큰 문제였다. 그들 모두 같은 사실을 눈치 챘다. "TV 채널도 못 바꾸게 하면서 어떻게 개발자들에게 소프트웨어를 자유롭게 만들 권한을 주겠어요?" 한 팀원은 이렇게 말했다.

대수롭지 않게 생각할 수도 있지만 사실 개발자들을 크게 괴롭히는 문제가 또 있다. 바로 옷, 복장 규정이다. 사람들에게 '비즈니스 복장' 등을 강요하는 것 말이다. TV에 붙은 메시지처럼 이는 다음과 같은 작지만 큰 (그리고 잘못된) 메시지를 보낼 수 있다. '당신의 바지 선택 센스조차 못 믿겠습니다.'

백악관이 미국디지털서비스를 조직할 때 복장 규제가 큰 문제가 된 사례는 유명하다. 백악관에 초청받은 에번과 나머지 사람들은 백악관에 출입할 때 여자는 바지 정장을, 남자는 정장과 넥타이를 착용해야 한다는 지시를 받았다. 실리콘밸리에서 이건 말 그대로 정신 나간 복장이다. 아무도 정장을 입거나 넥타이를 매지 않는다. 단 한 명도.

개발자들은 이를 설명하려고 애썼지만 백악관은 실리콘밸리가 아니라는 답변만 돌아왔다. 대부분이 마지못해 규정을 따랐다. 하지만 한 중요 인사가 물의를 일으켰다. 의료보험 웹사이트 HealthCare.gov의 구세주로 채용된 구글 출신의 뛰어난 엔지니어 마이키 디커슨 Mikey Dickerson 이었다.

하필 마이키는 괴팍한 데다 패션 테러리스트였다. 그는 워싱턴으로 가서 웹사이트는 고치겠지만 정장과 넥타이는 걸칠 수 없으니 알아서 하라고 백악관에 통보했다. 백악관이 한동안 입장을 고수했지만 마이키는 꿈쩍도 하지 않았다. 결국 그들은 타협했다. 마이키는 정장까진 아니어도 단추와 옷깃이 있는 셔츠(주름이 졌더라도)를 입는 데 동의했다.

마이키가 옹졸하거나 거만하다고 생각할 수도 있지만 그는 사실 중요한 일을 했다. 이는 해당 환경에서 자신이 개발자들을 성공시킬 수 있을지 없을지를 평가하는 그의 방식이었다. 복장에 대한 권한이 없다는 것은 다른 훨씬 큰 중요한 결정에도 힘을 행사할 수 없을 거라는 불길한 징조이다. 그의 태도는 사실 옷에 대한 게 아니었다. 그보다는 자율성이라는 영역을 시험하는 것에 가까웠다.

진정한 자율성을 제공하지 않으면 어떤 일이 벌어질까? 개발자들이 최선을 다하지 않는 것은 물론이고, 훌륭한 인재를 잃을 가능성도 높아진다. "누군가 '다른 건 신경 쓰지 말고 이 세 가지만 지키면 됩니다. 큰 그림은 쳐다보지 마세요.'라고 말하는 순간, 정말로 사기가 꺾이고 좌절스럽습니다." '재지' 채드 에슬의 말이다.

채드는 개발자로 일하면서 본인의 회사를 설립했을 때 제일 좋았다고 이야기한다. 단지 자율성이 있었다는 이유에서다. "제품, 방향, 구축에 필요한 요소를 온전히 자율적으로 통제할 수 있었어요. 그걸 전부 할 수 있었다고요." 고객에게 말을 걸고, 고객이 그에게 어떤 기능을 원하는지 말해 주면, 곧바로 제작에 돌입했다. "그렇게 무에서 유를 창조할 수 있는 데서 제일 큰 열정과 에너지를 얻습니다."라고 그는 말한다.

그는 일반 직장에서는 자율성을 찾지 못했다. 2009년부터 2015년까지 6년 동안, 채드는 여섯 개의 회사를 거쳤다. "여러 회사에서 일했어요. 저와 딱 맞고 제가 온전히 몰입할 수 있는 자율성과 자유를 실제로 허락하는 회사를 찾는 게 너무 힘들었어요."

2015년부터 채드는 애플에서 일하고 있다. 애플은 그에게 자신의 회사를 운영한다고 느낄 만큼의 자율성과 자유를 제공한다. 애플은 제품 설명서만 덜렁 전달하는 프로덕트 매니저가 없는 것으로 유명하다. 개발자들은 문제를 전달받은 뒤 자신이 생각하는 최고의 방식으로 해결한다. 이게 '개발자에게 묻기' 방법론의 핵심이다. 개발자를 신뢰한 결과 애플은 아름다운 소프트웨어를 생산하고 이는 결국 시장에서의 놀라운 성공으로 이어진다.

숙련도

2016년 다트머스대학에서 컴퓨터공학을 전공한 카야 토머스Kaya Thomas가 진심 어린 에세이로 실리콘밸리를 흔들어 놓았다. 흑인 라틴계 컴퓨터공학 전공생으로써 기술 업계에 취업하는 일이 얼마나 좌절스러운지에 대한 글이었다. 자신을 비롯한 많은 취업 준비생들을 정떨어지게 하는, 일부 기술 회사의 문화에 대한 언급도 있었다.

"저는 탁구나 맥주, 갓 졸업한 학생들을 끌어들이려고 사용하는 그 어떤 장치에도 관심이 없습니다. 제가 이런 것들을 싫어한다고 해서 '문화에 적합하지' 않다고 여겨져서는 안 됩니다. 저는 빈둥거리기 위해 기술 회사에서 일하고 싶은 게 아닙니다. *제가 원하는 건 놀라운 것을 창조하고, 똑똑한 동료에게 배우는 것입니다. 이것이 여러분이 적합한지 살펴봐야 할 문화입니다.*"라고 카야는 썼다(이탤릭체는 내가 표시했다).

이탤릭체로 표기한 문장은 (이제껏 내가 읽었던) 젊은 개발자들이 고용주에게 바라는 게 무엇인지 다룬 글 가운데 가장 정수를 담고 있다. 이 두 가지 요소(놀라운 것을 창조하고 똑똑한 동료에게 배우는 것)는 기본적으로 우리 모두가 일에서 찾는 바다. 카야가 찾는 건 실력을 높이 끌어올리는 것이었다. 나이가 많든 적든, 최고의 개발자들은 항상 독려받고, 배우고, 성장하기를 희망한다. 그들은 자신이 하는 일을 더 잘하고, 자신이 발전하도록 도와주는 멘토를 찾고 싶어 한다.

카야는 졸업 후에 수많은 곳에서 입사 제안을 받았다. 결국 슬랙에서 일하기로 결정했는데, 그곳에선 배울 수 있을 거라고 믿었기 때문이다. "멘토링을 받았어요. 온갖 배경을 가진 놀라울 정도로 똑똑한 사람들, 수많은 회사에서 일해 본 사람들과 함께 일했죠. 덕분에 많이 배우고 성장할 수 있었어요." 카야의 말이다.

컴퓨터공학 전공자들은 대학을 졸업하며 학위를 받지만 상업용 프로덕트 수준의 코드를 작성하는 방법에 대해선 여전히 배울 게 많다. "동료 엔지니어들이 어떻게 모바일 시스템과 프레임워크를 구축하는지 알려 줬어요. 훨씬 큰 아키텍처 설계법과 소프트웨어 개발 원칙을 가르쳐 주는 사람들도 있었죠. 엄청난 경험이었어요." 카야는 이야기한다.

이에 못지않게 중요한 게 커뮤니케이션, 글쓰기, 프레젠테이션처럼 프로그래밍과 관련 없는 기술이다. 이를 '소프트' 스킬이라 생각할 수도 있겠지만, 카야는 사실상 엔지니어 업무에서 이것이 큰 부분을 차지하며 엔지니어가 조직 내부에서 성공하는 데 많은 영향을 미친다는 것을 깨달았다.

"엔지니어로 취업하면 코드만 작성할 거라고 흔히들 오해하죠." 그녀는 이렇게 설명한다. "하지만 의사소통은 엔지니어링 업무에서 큰 부분을 차지해요. 굉장히 기술적인 아이디어를 엔지니어가 아닌 사람들에게 이해시키려면 어떻게 해야 할까요? 코드 리뷰에 대해, 그러니까 코드를 검토하고 검토받고 그 가운데 배우는 법을 배워야 합니다. 기술 문서를 작성하려면 글쓰기 기술이 있어야 하고요. 컨퍼런스에서 연설하거나 그저 자리에서 일어나 다른 팀에 정보를 전달하더라도 발표 능력이 있어야 합니다."

모든 사람이 직급이나 연봉뿐 아니라 직업적 숙련도에서 발전하고 있다는 기분을 느끼고 싶어 한다. 최고의 직원들이 가끔 연봉이나 특전과 같은 다른 요소를 버려 두고 직업적으로 성장할 수 있는 환경을 선택하는 이유다. 리더로서 우리는 배움이 있는 환경을 만들기 위해 공식적으로 비공식적으로 열심히 애써야 한다. 7장에서 이러한 환경을 조성하는 법을 다룰 것이다.

목적

누구나 그렇듯 개발자도 자신의 일이 중요하기를 바란다. 수익을 창출하거나, 회사 예산을 절약하거나, 고객을 만족시키는 새로운 경험을 제공하는 시스템을 개발하고 싶어 한다. 새로운 사업 라인을 만들고자 한다. 그러니 개발자가 수백만 명에게 영향을 미치는 문제를 해결하는, 회사의 미래를 위한 핵심 요소로 간주된다는 사실을 그들에게 보여 주라.

암스테르담에 본사를 둔 모바일 은행 벙크의 최고경영자 알리 니크남은 개발자 품귀 현상에도 네덜란드 현지에서 훌륭한 인재를 채용하고 있다고 말한다. 게다가 우버, 구글, 마이크로소프트와 같은 빅테크 기업에서 개발자들을 데려오기도 한다. 이런 거대 기업보다 연봉을 적게 지불하는 데도 말이다. "그들 모두 급여가 삭감되었습니다." 알리의 말이다. 어떻게 이게 가능할까? 한 가지 이유는 사명감이다. "벙크가 금융업의 방향을 바꾸고 있습니다. 이곳에서 일하면 업계 전체를 변화시키는 130명 중 하나가 될 수 있어요." 알리는 이렇게 말한다.

컴퓨터공학자 톰 빌스케Tom Bilske는 고향 호주를 떠나 암스테르담으로 이주한 뒤 벙크에 합류하는 기회를 잡았다. 그는 "멋진 사람들이 자신이 정말 좋아하는 프로덕트를 만들고 사람들을 위해 문제를 해결한다는 사실"에 매료되었다. 게다가 그는 도전을 원했다. "이곳에 처음 와서 엄청난 속도에 깜짝 놀랐어요. 말도 안 될 정도예요. 우리는 매주 코드를 릴리스합니다. 잠시도 지체하지 않고 기능을 개발하죠. 엔지니어링 조직도 매우 인상적이었어요. 이곳 개발자들은 정말 뛰어나요. 다른 회사에서도 일해 봤고, 그 사람들도 매우 훌륭했지만, 여긴 밤낮없이 이런 일이 벌어지죠." 빌스케는 사명감은 물론이고 회사가 미션을 완수하도록 자신이 힘을 행사할 수 있다는 믿음이 있기 때문에 목적의식으로 가득하다.

회사의 더 큰 미션을 사내 기술팀 업무와 연결시키는 것이 리더로서 우리가 할 일이다. 모든 사람이 자신이 하는 일에서 좋아하는 부분이 있고 싫어하는 부분이 있다. 개발자도 이와 다르지 않다. 개발자가 기존 코드의 오류를 수정하거나 테스트를 작성하거나 호출기 소리에 눈을 떠야 하는 힘들고 고된 업무를 하고 있을 때, 그 순간을 견디고 심지어 흥미롭게 느끼도록 만드는 게 바로 목적이다. 고객과 동료가 자신에게 의존한다는 것을, 자신이 회사와 주변 조직의 방향을 바꾸고 있다는 것을 알면 강력한 동기부여가 된다.

사실 자신의 일에 감동받는 사람이 많으면 많을수록 목적은 더욱 커진다. 소프트웨어는 규모라는 놀라운 힘을 가지고 있다. 수백만 또는 수십억 명이 사용하는 코드를 작성한다는 건 엄청난 일이다. 규모나 영향력 면에서 이와 동일한 감각을 공유하는 직업은 거의 없다. 개발자들이 특히 목적에 의해 동기를 부여받는 이유다.

4장에서 버락 오바마 대통령이 미국디지털서비스에 투입할 초기 개발자들을 채용하기 위해 대통령 전용 헬기를 타고 몸소 샌프란시스코로 날아간 이야기를 기억하는가? 이는 내가 이제껏 들어 본 것 중 가장 놀라운 입사 권유였다. 오직 목적에 대한 언급밖에 없었다. 개발자들에겐 위험 부담도 많고 영향력도 큰 임무가 주어졌다. 그들은 세계에서 가장 뛰어난 기술자들도 어려워할 만한 문제를 해결하라는 요청을 받았다.

오바마가 직접 나타난 것은 신의 한 수였다. 오바마는 왜 그곳에 왔을까? 고작 10분 동안 얼굴을 비치기 위해 반도 아래쪽에서 샌프란시스코까지 그 먼 길을 날아오는 수고를 한 이유가 뭘까? 오바마는 자신의 존재가 개발자들에게 조직의 맨 꼭대기로부터 지원받게 될 것임을, 디지털 전환이 최우선 과제 중 하나라는 사실이 전달될 거라는 걸 알았다. 그래서 일부러 그런 노력을 들인 것이다.

당신이 오바마는 아닐지라도

'괜찮은 방법이긴 하네.' 여러분이 이렇게 말하는 모습이 눈에 선하다. 미국디지털서비스에서 일하는 직원을 채용하는 것도 아니고, 마무리 투수로 버락 오바마를 투입할 수도 없으면 어떻게 할까? 아마존에서 세상을 바꾸는 새 일급 기밀 부서를 만들기 위해 컴퓨터공학자를 채용하는 게 아니라면 어떻게 할까? 어떻게 해야 우리 회사가 매력적이게 보이도록 만들 수 있을까? 어떻게 해야 컴퓨터공학과 졸업생이 구글이나 멋진 스타트업 회사 대신 우리 회사를 택하도록 설득할 수 있을까?

먼저 오바마는 없어도 최고경영자와 다른 경영진(여러분이 그중 하나일 수도 있다)은 있을 테니, 최고의 기술 인재를 채용할 땐 그들을 출동시켜야 한다. 이상적인 경우라면 최고경영자가 이미 왜 기술이 회사에 중요한지 알고, 최고 기술자들과 가까이서 일하고 싶어 할 것이므로, 채용 과정에 참여하려고 벌써 계획하고 있을 것이다. 만약 고위 간부들이 나타나지 않으면 똑똑한 기술자들은 자신이 하는 일이 회사에서 중요하지 않다는 사실을 깨닫고 등을 돌릴 것이다. 경영진이 "우리는 디지털 전환을 향한 길 위에 서 있습니다."라고 외치기는 쉽다. 하지만 정말 이 여정에 동참하려면 전환 과정에 리더십이, 전환을 현실로 만들 사람이(이게 더 중요하다) 투입되어야 한다.

제프 이멜트는 33만 명의 직원을 보유한 GE를 혁신하겠다고 나서면서 기술 전문가들에게 끝없이 질문을 던졌다. 기술자들이 알고 있는 것을 진심으로 이해하고 싶었기 때문이다. 그는 겁먹지 않고 자신이 모른다는 사실을 인정했고 기술자들을 회의 자리에 앉혔다. 최고층이 이렇게 전념하는 모습은 디지털 전환이 단순한 캐치프레이즈가 아님을 보여 준다.

많은 엔지니어들이 근사한 작업이 될 수도 있는 중요하고 도전적이고 어려운 기술 문제가 비기술 기업에 산적해 있다는 점을 잘 모른다. "모든 대기업에 매우 흥미로운 과제들이 널려 있다는 걸 깨닫고 있습니다." 버너 보겔스의 말이다. 버너는 대개 세계를 여행하고 아마존 웹 서비스를 사용하는 기업들을 만나며 시간을 보낸다. 여기에는 전 세계 수많은 멋진 스타트업뿐 아니라 비기술 산업에 속한 수천 개의 대기업도 포함된다. 전통적인 기업들은 사물 인터넷을 비롯한 신기술을 이용해 많은 일을 벌이고 있다. "이런 회사들은 운영 규모가 엄청날뿐더러 매우 흥미롭고 재미있는 문제들을 안고 있습니다."라고 보겔스는 말한다.

핵심은 엔지니어들에게 이러한 문제를 어떻게 인식하도록 하고, 해결 방법을 찾으려 신나게 뛰어들도록 하느냐다. 여기서 또다시 미션을 매력적으로 설명하는 문제로 돌아간다. 그래서 첩보 영화 초반에 히어로가 회의에 소집되어 다음 임무를 브리핑받는 장면이 등장하는 것이다. 알다시피 히어로는 다음과 같은 식으로 임무를 전달받지 않는다. "우리는 자네가 앞으로 30년 동안 매일 출근해서 책상에 앉아 별 관심도 없는 지루한 일을 하기를 바라네. 실패하더라도 나쁜 일이 벌어지진 않을 테니 신경 쓰지 말게." 그럴리가! 악당에겐 핵무기가 있다. 촌각을 다투는 상황이다. 실패하면 세계가 멸망할 것이다! 스토리텔러들은 이를 '영웅의 여정'이라고 부른다. 이 여정은 주인공이 '행동 개시 요청'을 받고 자신의 능력에 도전하고 장애물을 극복하는 모험을 떠나면서 시작된다. 영화 록키에서 주인공은 아폴로 크리드와의 시합을 제의받으면서 행동을 개시한다.

훌륭한 채용 담당자가 되려면 '영웅의 여정'을 자신만의 버전으로 제시해야 한다. 우리는 이곳에서 무슨 일을 하는가? 어떤 도전 과제에 직면해 있는가? 우리 일이 왜 중요한가? 왜 이 일에 신경 써야 하는가? 무엇이 문제인가? 무엇 때문에 매일 신나는 마음으로 출근하는가?

"지원자에게 팀이 어떻게 작동하는지 얘기해 줘야 합니다." 미니애폴리스의 타깃에서 음성 엔지니어링 담당 이사로 오랫동안 일하다 현재 리버티 뮤추얼Liberty Mutual에서 네트워크 엔지니어링 담당 이사로 근무 중인 조시 호이엄Josh Hoium은 이렇게 말한다. "지금 특히 기술 분야에서 일어나는 일들을 생각해 보면 채용을 담당하는 상사에 대한 신뢰가 중요합니다. 따라서 채용하는 사람이 회사에 입사하면 어떤 일을 하게 되고 회사의 비전이 무엇인지 말하는 게 직원을 채용하는 핵심 열쇠입니다. 설득력을 발휘해야 해요. 수많은 사람이 타깃을 기술 기업이라 생각하지 않았어요. 하지만 전 지난 12개월 동안 세 명을 고용했고, 그중 몇 명은 다른 곳에 가려다 이리로 걸음을 돌렸어요. 회사를 어떻게 바꾸고 싶은지, 그들이 엔지니어링 주도 조직의 일원으로 어떻게 업무의 중심이 되어 줬으면 좋겠는지 자세히 설명한 게 통했죠."

물론 조시의 말에 따르면 몇 명은 놓쳤다. 타깃에서 인턴십을 했던 개발자 세 명은 졸업 후 페이스북, 구글, 징가Zynga로 갔다. 하지만 그는 선망받는 기술 업체에서 입사를 제안받은 지원자들조차 설득할 수 있다고 말한다. 자신과 비슷한 인재 수천 명이 있는 기술 대기업에 가는 것보다 작은 연못에서 대어가 되는 게 더 매력적일 수 있기 때문이다. "이렇게 말하는 거죠. '타깃은 당신이 배우고 성장하고 기술적 결정을 내릴 수 있기를 바랍니다. 그 결정이 무엇이 될지는 지시하지 않을 겁니다. 당신이 선택을 내리는 걸 지켜보기만 할 거예요.' 그러면 많은 젊은 엔지니어들이 크게 반응합니다." 조시의 말이다.

경력직 개발자들에게는 성장할 수 있으면서도 새로운 기술을 계발할 기회를 제공하면 된다(일부는 부적절해지고 있는 기술을 고수하거나 정체기에 빠져 있을지도 모른다). 즉, 기술을 숙련할 수 있는 기회를 주는 것이다. 기술을 확장하고, 새로운 언어를 배우고, 새로운 앱을 설계 및 제작하고 생산할 수 있다는 것을 보여 주라.

트윌리오는 구글이나 페이스북과 같은 기업에서 러브콜을 받은 수많은 개발자를 채용했다. 우리가 내건 매력 포인트는 소규모팀의 접근방식으로, 이는 개발자들이 추구하는 자율성, 숙련도, 목적이란 세 가지 측면을 모두 가능하게 한다. 더 자세한 이야기는 8장에서 다루겠다. 기계의 또 다른 톱니바퀴가 될 것인가, 작지만 중요한 팀의 핵심 구성원이 될 것인가의 갈림길에서, 많은 개발자들이 후자를 훨씬 매력적인 기회라고 생각한다.

보상과 동기부여

이번 장 도입부에서 나는 다니엘 핑크와, 사람들은 자신이 공평하게 보상받고 있다는 느낌이 드는 지점까지만 보상이 동기부여가 된다는 그의 이론을 언급했다. 하지만 많은 고용주가 상여금 구조에 집중한다. 그들은 직원들이 일을 하고자 하는 이유의 핵심을 놓치고, 결국 경영진이 직원을 돈을 찍어 내는 기계로 여긴다는 메시지를 전달하고 만다. 많은 사람들이 일단 기본 욕구가 충족된 후부터는 자율성, 숙련도, 목적과 같은 내적 동기를 원한다.

바로 트윌리오가 상여금을 지급하지 않는 이유다. 이렇게 회사를 운영한 지 6년 정도 됐는데, 이 방법이 훨씬 나은 것 같다. 심지어 기술 분야의 수많은 기업들조차 이상한 기업 목표와 상여금을 연계시켜서 지급한다. 일례로 매출이나 수익성과 같은 전사적 목표와 상여금을 연관 짓는다. 회사 전체를 하나로 묶어서 목표를 달성하게 하는 것이다. 문제는 실제로 어떤 개별 직원도 이런 목표를 이루거나 방해하는 데 그만한 힘을 행사할 수 없다는 점이다. 따라서 그들에 대한 보상은(그들은 굉장히 신경 쓰겠지만) 그들이 하는 일과 관련이 없다. 순전히 무작위다. 또 다른 문제는 누군가는 일을 훌륭히 해내도 다른 부서의 멍청이들이 제 몫을 하지 않는 바람에 모두 상여금을 못 받을 수도 있다는 것이다. 이 얼마나 억울한 일인가!

목표관리Management By Objectives, MBO는 개인 또는 팀 수준에서 설정된 목표와 상여금을 연계시켜 할당하는 또 다른 방식이다. 팀이 해야 할 일을 확실히 밝힌 다음, 이를 해냈을 때 팀원이나 개인에게 보상하기 때문에 이론적으로는 더 나은 방법처럼 보인다. 하지만 목표관리를 어떻게 할지를 놓고 엄청난 에너지를 소모하는 기업들이 널렸다! 때로는 목표관리를 설정하는 데 시간이 너무 오래 걸려서 완료될 때쯤에는 목표와 관련성이 없어지거나 헛다리를 짚게 되기도 한다.

게다가 직원들이 일을 제대로 하는 것보다 목표를 달성하는 데 초점을 맞추게 된다. 또한 아주 높은 목표 설정과 손쉬운 목표 설정 사이에서 절충해야 한다. 목표가 높으면 좋긴 하지만 직원들이 상여금을 놓치게 된다. 목표가 손쉬우면 누구나 상여금을 받게 되므로 상여금이 동기부여를 좌지우지하게 된다. 어느 쪽이든 직원들이 보상이 공평하지 않다고 생각할 수 있다. 다니엘 핑크로 돌아가 보면 가장 좋은 보상 계획은 직원들이 공평하다고 느끼면서 그들의 관심을 보상에서 일로 옮기는 것이다.

여러분도 직원들이 상여금에만 신경 쓰는 건 싫을 것이다. 고객에게 집중했으면 할 것이다. 창조적인 에너지를 원할 것이다. 다니엘 핑크는 저서에서 한 실험을 인용하는데, 여기서 사람들은 창의적 사고를 요하는 간단한 일을 부탁받는다. 피실험자들은 벽에 초를 붙이는 방법을 알아내라는 과제와 함께, 압정 한 상자를 비롯해 이상한 물건 몇 가지를 건네받는다. 피실험자들을 두 팀으로 나눈 뒤, 한 팀에는 어려운 문제를 풀라고 하는 한편, 다른 팀에는 문제를 풀면 20달러 정도의 금전적 보상을 할 거라고 전달한다.

사실 이 문제를 잘 해결하려면 약간의 창의적 사고가 요구된다. 대부분의 사람이 압정을 이용해 벽에 초를 고정시키려고 애쓰지만 잘 되지 않는다. 하지만 창의력을 살짝 발휘하면 상자 자체를 사용할 수 있고 그걸로 촛대를 만들어 초를 벽에 고정할 수 있다는 걸 알아챈다. 결과는 어땠을까? 금전적 동기가 없는 팀이 있는 팀보다 문제를 평균 3분 30초 더 빨리 해결했다.

이와 더불어 다양한 연구에 따르면 상여금과 가변적 임금 구조는 사실상 창의적 사고를 자극하기보다 억제할 수 있다. 나는 직접 목격했기 때문에 이게 무슨 말인지 이해한다. 처음 몇 년 동안 트윌리오는 경영팀에 상여금을 지급했다. 창업 초기에 흔히 그렇듯 상황이 모호하면 목표를 세우기가 어렵다. 매년 초 우리는 목표 수립을 두고 큰 논쟁을 도돌이표처럼 반복했다. 달성하기 너무 어려운가? 아니면 너무 쉬운가? 그리고 매년 말 애초에 목표를 잘 세웠는지, 상여금이 합당한지 아닌지를 두고 토론했다. 몇 년은 목표를 훌쩍 넘겨 이사회가 경영진이 자신들을 속여 먹는 게 아닐까 우려했고, 또 몇 년은 목표를 이루지 못해 팀원들이 애초부터 목표가 불공평했다고 불만을 표했다. 이때나 저때나 우리는 결국 돈을 지불했다. 그때 상여금은 그만큼의 가치가 없다는 판단이 들었다.

우리는 대부분의 동종 업계 기업들보다 더 높은 기본임금을 지불한다. 이는 직원에게 약속한 것으로 어떤 일시적 경영 흐름이나 잘못 설정된 목표에 영향받지 않는다. 그리고 상여금이 없다는 사실을 상쇄하기 위해 주식을 좀 더 많이 준다. 이렇게 하면 직원들이 단기적 목표보다 장기적 목표에 집중하게 되는 부수적인 효과가 있다. 내 신념은 이렇다. 보상이 커야 동기가 커진다는 믿음으로 상황을 흐리지 말고 그 대신 직원에게 넉넉히 임금을 지불해서 공평하다는 느낌을 주자. 특히 창의적인 직군에서는 말이다(영업직은 다르다고 생각한다. 영업에서는 수수료가 게임의 일부다).

실제로 그러한지는 알 수 없지만, 벙크의 설립자이자 최고경영자인 알리 니크만은 임금을 최고 수준보다 낮게 지불하는 것이 최고의 인재를 끌어들이는 방법이라고 생각한다. "벙크 직원들은 돈 때문에 일하지 않습니다. 우리가 하려는 것을 진심으로 믿기 때문에 일하는 거지요. 우리는 모두에게 평균 수준의 연봉을 지불합니다. 높지도 않고, 낮지도 않아요. 평균이에요. 기존 은행들이 평균 이상의 연봉을 지불하는 건, 솔직히 말해 아무도 거기서 일하기 싫어하기 때문이에요." 알리의 말이다. "저나 벙크로서는 돈 때문이 아니라 다른 이유로 이곳에 있는 사람들이 중요합니다. 그들이야말로 최고의 인재들이거든요."

나는 복지 혜택에 대해서도 비슷하게 생각한다. 물론 우리는 어느 회사에도 뒤지지 않는 의료 보험, 치과 혜택, 안과 치료, 퇴직연금 및 기타 혜택을 직원들에게 제공하며, 사무실에 합리적인 수준의 간식과 음료를 비치해 놓고 있다. 하지만 세발자전거, 이발 서비스, 열 종류가 넘는 맥주와 같은 지나친 혜택은 제공하지 않는다. 잠재적 직원에게 이런 것들이 매력적일 수는 있겠지만, 그러면 직원들이 엉뚱한 이유로 일을 맡을 가능성을 감수해야 한다.

나는 직원들이 일을 사랑하고, 팀원들과 어울리는 것을 즐기고, 고객에게 봉사하고 싶어서 트윌리오에 합류했으면 좋겠다. 이야말로 지속적인 동기부여 요인이다. 언젠가 열두 개의 지역 맥주를 제공하는 한 실리콘밸리 기업을 방문한 적이 있다. 좋은 서비스다. 하지만 바로 옆 회사에서 열세 개를 제공하면 어떻게 될까? 이런 형태의 모든 보상은 불필요한 것을 넘어 오히려 자율성, 숙련도, 목적과 같은 본질적 동기를 방해하는 주요 요인이 될 확률이 높다.

왜 인재들이 우리 회사에 매력을 못 느끼는지 알아내는 가장 좋은 방법은 바로 '개발자에게 물어보는 것'이다. 진심이다. 사내의 인재들에게 회사에서 어떤 일을 하고 있고, 어떤 일을 하고 있지 않은지 물어보라. 주변 개발자들에게 회사의 어떤 점을 사랑하고 싫어하는지 물어보라. 그들은 새로운 일을 찾고 싶다는 생각을 얼마나 자주 하고, 그런 생각을 할 때 어떤 기분을 느끼는가? 마지막으로 채용 제의를 거절했을 때 무슨 생각을 했는가?

유망 지원자들을 인터뷰할 때, 일을 맡게 되면 무엇을 성취하고 배우고 싶은지 물어보라. 직접 회사를 차리고 싶은 야망이 있는지 물어보고, 그 꿈을 이룰 수 있도록 돕겠다고 약속하라. 회사를 떠나는 개발자들은 퇴사 면담에서 무엇 때문에 퇴직한다고 말하는가? 퇴사 면담을 단순 객관식 질문지로 실시해서 '더 나은 기회가 생겨서'처럼 모호하고 영양가 없는 답변을 받게 될 때도 많다. 더 나쁜 기회였다면 당연히 잡지도 않았을 것이다.

 퇴사자가 다른 회사가 더 나은 기회를 제공한다고 생각하는 이유가 뭔지 알아내라. 단순히 연봉 때문인가? 무능한 매니저 때문인가? 아니면 문화적인 문제 때문인가(개발자들에게 성장하고 빛날 수 있는 기회를 주지 않는 것이 여기에 해당한다)? 때로는 회사에 기여할 수 있는지, 자율성, 숙련도, 목적을 추구할 수 있는지가 이직의 진짜 원인이 되기도 한다.

Ask Your Developer

3부

개발자를
성공으로
이끄는 법

**MAKING YOUR
DEVELOPERS
SUCCESSFUL**

이제 여러분은 개발자들이 무엇 때문에 불평하는지, 그들에게 동기를 부여하려면 어떻게 일대일로 접근해야 하는지 알았을 것이다. 하지만 세계적 수준의 엔지니어링 문화를 만들려면 수많은 개발자, 프로덕트 매니저, 경영진 들이 소프트웨어 개발에 반복적으로 성공할 수 있는 시스템을 구축해야 한다. 마지막 3부에서는 대규모 개발팀이 우수한 프로덕트를 만들고, 기술을 연마하고, 고객에게 봉사하는 데 집중할 수 있는 메커니즘과 관행을 시스템으로 갖추는 법을 다룬다. 이 역시 어렵지 않다. 엔지니어링 리더가 행동으로 옮기면 되기 때문이다. 하지만 경영진과 매니저의 역할도 중요하므로 성공적인 혁신 문화를 창조하는 데 필요한 기본 사항을 알아야 한다.

7장
열린 학습 환경 만들기

> 배우기를 멈추고 경청하기를 멈추고
> 새로운 질문을 찾고 묻기를 멈춘다면
> 그건 죽을 때가 된 것이다.
>
> **릴리언 스미스**

대부분의 기업에서 '학습과 개발'은 인사팀이 담당하는 훈련을 의미하는데, 보통은 강의실에서 온라인으로 기술을 배운다. 이도 중요하지만 내가 말하는 학습은 야심 찬 직원들이 자발적으로 수행하는 과외 활동이 아니라, 기업의 구조와 문화 안에 내재돼 있는 것을 뜻한다. 엄혹한 실전에서 배우는 실습을 통한 학습을 의미한다. 목표는 언제나 진실을 찾는 것이다. 이것이 북극성이고 우리가 항해하는 목적지다.

5장에서 우리는 실험에 대해 이야기했다. 실험은 비즈니스 혁신을 향해 나아가는 하나의 방법이지만 실은 배움의 과정이다. 배우는 속도가 빠르면 빠를수록 실력은 늘어난다. 이런 사고방식은 우리가 배워야 하는 것들(고객은 무엇을 원하는가?)뿐 아니라 어떻게 배워야 하는지를 배우는 법에도 해당한다. 다들 학교에서 경험해 봤기 때문에 쉽게 이해할 것이다. 아이들은 틀린 대답을 해도 학교에서 쫓겨나지 않는다. 오히려 도움을 받는다. 학교는 정보를 배우는 곳이라기보다는 배우는 법을 배우는 곳이기 때문이다.

배우는 법을 배우는 과정을 아이들은 유치원 때부터 경험한다. 하지만 일단 학교를 졸업하고 회사에 들어가면 전부 잊히고 만다. '배우는 법을 배우는' 과정이 사라진다. 실수하는 사람을 처벌하는 엄격하고 용서할 줄 모르는 문화가 형성된다. 이런 접근법은 지난 시절에는(의심스럽긴 하지만) 통했을지도 모른다. 하지만 규칙이 계속 변하는 세상에서 기업들이 생존을 위해 다윈의 전투를 벌여야 하는 오늘날 경제에서는 절대 통하지 않는다. 이제 생존이란 기민하고, 민첩하고, 빠르고, 지속적으로 적응할 수 있는 것을 의미한다.

리더로서 솔직히 여러분은 무엇을 원하는가? 직원들이 리더가 하는 말을 그저 맹목적으로 수용하기를 바라는가, 아니면 스스로 생각해 눈앞의 문제에 대처하는 최고의 해결책을 제시하기를 바라는가? 토론이나 회의를 하다 보면 때로 상대방이 그냥 자신이 말한 대로 했으면 하는 마음이 든다. 인간은 누구나 스스로의 생각과 쉽사리 사랑에 빠지기 때문이다. 혹시 여러분이 그 방에서 연봉이 가장 높은 사람이고 그게 여러분이 정말 원하는 거라면, 다들 여러분 말대로 할 것이다.

하지만 마음 깊숙한 곳에선 성공을 위해선 목소리가 큰 사람이나 직급이 가장 높은 사람의 말이 아니라 최고의 대답이 필요하다는 것을 당신도 알고 있을 것이다. 리더는 정치가 아니라 지식과 진실이 이기기를 바란다. 리더는 팀이 지속적으로 학습하기를 바라고, 미래의 리더가 당신보다 뛰어나기를 바라고, 일선에서 고객을 상대하는 팀이 누구보다 현명하기를 바란다. 마음속 깊이 나와 이런 믿음을 공유한다면 열린 학습 환경이 그렇게 되도록 도와줄 것이다.

열린 학습 환경은 조직이 모든 답을 갖고 있지 않음을 받아들이고, 불확실성에 익숙하며, 매일 조금씩 나아지고자 노력하는 환경을 말한다. 이는 경직되기보다 융통성 있고, 사람들이 끊임없이 진실을 찾는 문화를 만드는 것을 의미한다. 기업은 의견을 가진 사람들로 가득하다. 흔히 연봉이 가장 높은 사람은 자신의 의견이 가장 중요하다고 생각한다. 때로는 그 생각이 맞다. 높은 직급의 리더에게는 팀이 배울 수 있고 배워야 하는 시각이나 지혜가 있기 마련이다. 하지만 때때로 기술 동향에 가장 가깝고 새로운 것을 다룰 줄 아는 사람, 최고의 아이디어를 가지고 있는 사람은 바로 학교를 갓 졸업한 젊은이들이다.

나는 인텔Intel의 전설적인 최고경영자 앤디 그로브Andy Grove가 《하이 아웃풋 매니지먼트》에서 했던 말을 좋아한다.

"누군가 기술 교육을 받고 대학을 졸업했다고 하자. 그때부터 이후 몇 년 동안은 당시의 최신 기술 정보에 해박할 것이다. 따라서 그 사람은 자신을 고용한 조직에서 상당한 양의 지식을 토대로 권력을 가지게 된다. 일을 잘하면 점점 더 높은 직급으로 승진할 것이고 세월이 흐름에 따라 그의 권력은 강해진다. 하지만 최신 기술과의 거리는 멀어진다. 다시 말해, 설령 오늘날의 베테랑 매니저가 한때 뛰어난 엔지니어였다고 해도 입사 당시의 그 기술 전문가는 아니라는 뜻이다. 여하튼 인텔의 매니저들도 매일 조금씩 구식이 되어 가고 있다."

기술 리더들은 경력이 늘어날수록 최신 기술 역량을 잃는 대가로 관리 역량을 얻게 된다. 귀하지만 종류가 다른 두 개의 지식이 테이블에 놓여 있다고 해보자. 경험이 많은 사람과 기술 지식이 더 많은 사람의 의견 가운데 어느 것이 옳을까?

사업상의 결정이 누군가의 의견에 관한 것이어서는 안 된다. 사람은 직감과 본능을 갖고 있다. 이론적으로는 그렇다. 하지만 이런 이론도 시험해야 한다. 바로 이 지점에서 학습, 즉 빠른 학습에 개방적 태도를 가져야 하는 것이다.

생각해 보면 내부 위계를 갖고 있는 대부분의 기업(그러니까 거의 모든 기업)은 최고위층 사람들이 모든 대답을 알 거라고(다들 그렇지 않다는 걸 알면서도) 가정하고 결정을 내리는 구조이다. 이건 개방적인 게 아니다. 공포로 가득한 것이다. 사람들은 실수할까 봐 결정을 두려워하게 된다. 그래서 바짝 얼어 버린다. 혹은 리더가 직원들이 결정을 잘못 내릴까 봐 겁이 나서 의사결정권을 넘기기를 꺼린다. 결국엔 스스로 결과를 책임질 수밖에 없다면서 자신의 운명을 타인에게 맡기려 하지 않는다. 그럴 수 있다. 하지만 그 결과 모두가 문제를 공유하기는커녕 일을 떠넘기게 된다. 그렇지만 '개발자에게 묻기' 사고방식을 받아들이면 명령과 통제보다 원하는 것(결과)을 얻기가 훨씬 쉬워진다.

열린 환경은 문제를 공유함으로써 사람들에게 자율권을 주는 곳이다. 그저 거대한 문제를 던져 놓고 사람들에게 빠져 죽든 헤엄치든 알아서 하라고 하는 게 아니다. 리더인 당신에게 여전히 결과에 대한 책임이 있으므로 물에 그냥 빠뜨리는 건 그다지 좋은 방법이 아니다. 오히려 열린 환경은 (a)테두리와 (b)지원책을 제공한다. '물에 빠지거나 수영하거나'라고 하는 대신, 사람들에게 수영 강습을 제공하고 필요하다면 구명조끼를 입히기도 한다.

직장과 초등학교에서 열린 학습 환경의 차이는 뭘까. 선생님은 답을 알고 있지만 자기 힘으로 답에 도달하려면 어떻게 해야 하는지 학생들에게 보여 주는 반면, 사업에서는 특히 최첨단 기술을 다룰 때는 다른 누군가가 이미 알고 있는 답을 찾는 게 아니라는 점이다. 회사와 직원들은 한 번도 제기된 적 없는 질문에 대한 답을 찾아야 한다. 열린 학습 환경은 이런 어려운 답을 찾는 법을 제공한다.

개방적 프로젝트 리뷰

트윌리오의 최고제품책임자 치 츄는 2019년 입사 이후로 수많은 뛰어난 아이디어를 제시해 왔다. 그가 이룬 가장 중요한 혁신 중 하나는 '개방적 프로젝트 리뷰Open Project Review, OPR'이다. 치가 팀원들과 만나서 프로젝트를 논의할 때마다 누구든 와서 지켜볼 수 있다. 이는 엔지니어가 새로운 제품 아이디어를 제안하는 첫 미팅일 수도 있고, 개발팀이 수년 동안 진행해 온 프로젝트의 진척 상황을 설명하는 자리일 수도 있다. 회의 일정은 누구나 볼 수 있는 공개 일정표에 기입된다. 회의가 열리기 이틀 전, 참가자들은 발표 내용을 문서로 정리해 공개한다. 모든 참석자는 회의 전에 문서를 읽고 와야 한다.

회의가 혼란에 빠지는 것을 막기 위해 소수의 핵심 인력에게만 발언권이 부여된다. 치는 (소프트웨어 피플이기 때문에) 이를 '읽기/쓰기' 상태라고 부른다. 나머지는 '읽기 전용' 상태로 오직 관찰만 가능하다. 가끔씩 '읽기 전용' 참석자가 질문을 하거나 아이디어를 제시하기 위해 '읽기/쓰기' 상태로 바꿔 달라고 요청할 수는 있다. 하지만 대부분 '읽기 전용' 사람들은 관찰하려고 회의에 참석한다. 모든 회의 내용이 기록되므로 추후에 사람들이 볼 수 있고, 문서는 훗날 참고할 수 있는 자료가 된다. '읽기 전용' 정책은 사내 모든 직원들이 다른 사람들에게 배울 수 있는 열린 학습 환경의 큰 부분을 차지하고 회의가 여전히 제 기능을 할 수 있게 한다.

회의의 목적은 '피자 두 판 팀' 접근법의 단점을 보완하는 것이다. 수많은 소규모팀(우리 프로덕트 부서만 해도 팀이 150개다)이 천 개의 다른 방향으로 제각기 달리면 어느 팀도 다른 사람들이 무슨 일을 하는지 알기 어렵다. 하지만 일부 사업 계획은 다양한 소규모팀에서 코드를 전달받아야 한다. 이때 각 팀은 다른 팀들에 의존한다. 따라서 그들 모두 서로를 주시해야 한다. OPR 접근방식은 다른 팀이 무슨 일을 하는지 재빨리 확인하고 자신의 작업을 최신 상태로 유지하도록 도와준다.

OPR 미팅이 일종의 강의실이 되어 부가적인 혜택을 제공하기도 한다. '읽기/쓰기' 상태인 사람들은 치가 점검할 때 압박 질문을 던질 것에 대비해 학습을 한다. 치는 소프트웨어에 대해 아는 게 정말 많기 때문에 메트릭metric을 놓친 팀이나 준비를 제대로 하지 않은 팀에는 특히 두려운 존재다. 회의가 힘들 수도 있지만 이렇게 사람들은 학습한다. 건설적 비판은 사람들을 비방하는 게 아니라 그들이 나아지도록 돕는다. 사실상 존중의 한 형태이며 사람들이 배우는 방식이다.

회사 전체에 회의 과정을 공개하면 엔지니어가 사람들 앞에서 날카롭게 비판당할 수도 있다. 회의가 불쾌한 경험이 될 수도 있지만 한편으론 많은 사람이 자신의 발표를 본다는 걸 알기 때문에 시작 전에 제대로 준비하게 되기도 한다. 또한 회의를 보는 모든 '읽기 전용' 사람들에게 자신의 차례가 됐을 때 어떻게 해야 할지 생각하도록 한다. 궁극적인 목표는 모든 사람이 더욱 빨리 배우도록 돕는 것이다. '읽기/쓰기' 사람들이 깨닫는 교훈은 지켜보는 모든 이에게 동일하게 공유된다.

또 다른 혜택은 OPR이 사람들에게 책임을 지운다는 점이다. 여기선 결정이 모든 사람 앞에서 공개적으로 이루어진다. 비밀리에 밀실 회의가 열리고, 다른 사람들이 소문을 통해 간접적으로 알게 되어, 메시지가 뒤죽박죽되는 일이 없다. 사내 모두가 그 회의에서 무엇을 전달하기로 했는지 알게 된다. 나중에 처음으로 돌아가 내용을 바꾸는 것도 불가능하다.

마지막으로 조직에 OPR을 적용하는 게 어려울 수 있음을 인정하고 싶다. 트윌리오에서야 이제 일상이 되었지만 모두를 참여시키기까지 많은 노력과 내부 의사소통이 필요했다. 이 정책을 채택할 때는 조직 최상부의 지원이 꼭 필요하다. 변화를 일구려면 매우 가시적이고 지속적으로 지원해야 한다.

소크라테스식 문답법

우리의 OPR 포맷과 전략은 아마존이 오랫동안 채택한 '주간 비즈니스 리뷰Weekly Business Review'에서 가져온 것이다. 아마존 웹 서비스를 이끄는 앤디 재시는 AWS가 막 시작되던 초창기부터 리뷰를 시작했는데, 나는 이것이 오늘날 그들이 성공한 데 큰 부분을 차지한다고 생각한다.

주간 비즈니스 리뷰는 모든 서비스의 총괄 매니저General Manager, GM들이 모이는 주간회의다. 내가 재직하던 때에는 10명 정도가 참석했는데 요즘은 백 명 정도 될 것이다. 앤디는 각 팀의 핵심 지표를 검토한다. 무언가 잘못된 걸(이를테면 지표가 잘못된 방향으로 흐르고 있다거나) 발견하면 그는 리뷰를 멈추고 리더에게 왜 그들의 측정치가 어긋난 건지, 이를 해결하기 위해 무엇을 하고 있는지 묻는다.

이 부분이 핵심이다. 때로 팀 리더가 문제에 대해, 이를 해결하기 위해 무얼 하고 있는지 훌륭히 답변하면 당연히 당사자의 기분도 좋고 수많은 리더 앞에서 모양새도 좋아진다. 하지만 이보다 중요한 건 회의실의 다른 모든 리더가 탁월한 리뷰가 무엇인지 배운다는 점이다. 핵심 지표는 전부 다를 수밖에 없지만, 선장은 무조건 그것을 완전히 장악하고 있어야 한다. 물론 반대 시나리오도 있다. 팀 리더가 왜 측정치가 경로를 이탈했는지 모르거나 설명할 수 없는 경우다. 이건 문제다. 리더라면 일을 완전히 파악하고 있어야 한다. 혹은 리더가 뭐가 잘못됐는지는 알지만 계획이 불충분해 바로잡지 못할 수도 있다. 이 역시 문제다.

앤디는 상황을 고려해 리더들이 맡은 사업을 더 잘 이끌도록 (솔직히 때로는 강제적으로) 지도하면서 시간을 보낸다. 이 주간회의는 아마존 웹 서비스에서 굉장히 유명하다. 회의를 제대로 준비하면서 정신을 바짝 차리고 일하도록 만들뿐 아니라 책임자가 되기 위한 마스터 클래스이기도 하기 때문이다. 이게 바로 혁신과 성공을 주도하는 열린 학습 환경이다.

힘든 부분은 이런 열린 환경에서 공포 분위기를 조성하지 않고 피드백을 주고받도록 균형을 맞추는 것이다. 그래서 '열린'이라고 말했다. 리더는 자신의 팀에게 최고를 기대해야 한다. 총괄 매니저가 준비가 안 됐다는 건 당사자는 물론이고 회의실 안에 있는 그 누구에게도 용납되지 않는 일임을 분명히 해야 한다. 그렇지만 그를 모욕해서는 안 된다. 쉽게들 그러는데 모두의 입만 다물게 만들고 생산적이지도 않다. 탁월함에 대해 기대치를 설정하고 총괄 매니저를 비롯한 모두에게 단호하지만 힘을 북돋음으로써 문제를 해결하는 게 훨씬 낫다.

치는 자신이 가장 좋아하는 구절을 말하며 언제나 이 긴장감에 동의한다. "우리의 매일의 목표는 어제보다 덜 형편없어지는 것입니다." 우울한 소리처럼 들리지만 표현하려는 메시지는 다음과 같다. "우리는 완벽하지 않습니다. 하지만 배우고 발전한다면 잘하고 있는 거예요."

만약 한 주 후에 같은 사람이 같은 문제와 같은 엉터리 답변을 가지고 온다면 이건 문제다. 배우는 게 없기 때문이다. 어제만큼 형편없는 것이다. 실패를 반복하는 것은 분명 문제이며 개인적 성과 평가에 반영해야 한다. 하지만 이는 사적인 부분이라 공개하지 않는다.

앤디 재시가 질문을 쏟아 내는 대규모 회의는 우리에게 훌륭한 (그리고 신속한) 교육의 장이 되어 주었다. 그의 접근법은 대학원, 특히 로스쿨 교수들이 한 세기 이상 사용해 온 방식과 유사한데, 실제 그 시작은 기원전 5세기까지 거슬러 올라간다. 바로 그리스 철학자 소크라테스의 이름을 따서 만든 '소크라테스식 문답법'이다.

이 교수법에 따르면 학생들이 (바라건대) 자료를 읽고 수업에 들어오면 교수가 몇 명을 골라서 속사포처럼 질문을 퍼부으며 문답을 주고받는다. 소크라테스식 문답법은 학생들에게 비판적으로 생각하고 스스로 변론하는 법을 가르치기 위한 것이다. 나의 법대 친구들은 이를 강의실에서 '탈탈 털리기'라 부른다. 몹시 초조한 시간이지만 많은 사람 앞에서 어려운 질문을 던지고 올바른 대답을 찾도록 지도하면 모두가 배움을 얻는다. 소크라테스식 문답법은 왜 2천5백 년 동안 사용되었을까? 〈하버드대학의 공부벌레들〉에서 위대한 배우 존 하우스먼John Houseman은 법대 교수 찰스 킹스필드로 분해 이렇게 말한다. "이곳에선 소크라테스식 문답법을 사용합니다. 제가 누구를 지정해 질문하면 그 학생이 대답합니다. 그냥 강의를 하면 될 것을 왜 이렇게 할까요? 제 질문을 통해 여러분이 자신을 가르치는 법을 배울 것이기 때문입니다."

우리가 회사에서 기대하는 바도 이와 같다. 우리는 직원들에게 스스로를 가르치는 법을 가르치고 싶다. 이게 학습적 환경의 핵심이다. 우리는 문제를 분석하고 해결하는 사고방식을 만든다. 소크라테스식 문답법은 복잡한 법적 사례들만큼이나 사업적 문제를 해결하는 데도 효과적이다.

물론 대학원의 이런 프로그램들은 때로 학생들을 울리는 것으로 (그보다 더할 때도 있다) 유명하다. 〈하버드대학의 공부벌레들〉에는 한 1학년생이 학생들 앞에서 킹스필드에게 지적 폭행을 당한 뒤 화장실로 달려가 토하는 모습이 등장한다. 분명히 밝히지만 그렇게까지 하는 것을 옹호하진 않는다. 그럼에도 복잡한 대학원 교육에서 사용하는 접근법을 비즈니스 리더를 교육할 때도 적용할 수 있다. 세미나 내내 앉아 있거나 책을 읽는 것보다 훨씬 효과적이다.

책임을 묻지 않는 사후 검토

우리는 비즈니스 계획을 세울 때 결정하는 법을 배우는 문제에 대해 자주 이야기한다. 하지만 일이 잘못되었을 때에는 어떻게 해야 할까? 여러분도 겪어 보았을 것이다. 기술 조직에서는 서버에 장애가 발생해 서비스 운영이 중단되는 경우가 이에 해당한다. 이뿐만이 아니다. 인수합병이 실패로 돌아가거나, 재정 모델이 장기적으로 맞지 않거나, 중요한 리더 자리에 사람을 잘못 앉힌 경우도 마찬가지다. 개인, 팀, 조직으로서 우리가 저지르는 실수는 셀 수 없이 많고 다양하다. 리더 또는 회사 전체가 이런 상황을 어떻게 다루는지에 따라 직원들이 실수를 대하는 자세 역시 크게 달라진다. 앞으로 회사가 더 발전할 수도, 실수를 더 잘 처리하게 될(혹은 치가 말하듯 "덜 형편없어질") 수도 있다.

일이 잘못되면 비난하는 시간이나 배우는 시간 둘 중 하나를 갖게 된다. 나는 모든 실패가 조직을 운영하고 조직의 체계를 강화하는 것에 대해 심도 있게 학습하고 조치를 취할 수 있는 기회라고 생각한다. 우리를 비롯한 많은 소프트웨어 회사들은 '사후 검토'라고 부르는 절차를 통해 이런 기회를 잡는다. 책임을 묻지 않는 사후 검토는 나쁜 결과의 심층을 파헤쳐 근본 원인을 찾아내고 조직 차원에서 원인을 처리하는 일을 목적으로 삼는다. 보통은 다음과 같이 이루어진다.

흔히 일어나는 문제 유형을 예로 들어 보자. 소프트웨어 개발자가 만든 코드에 버그가 생겼는데 버그가 실제 서버에 그대로 유입되어 웹사이트가 다운됐다고 하자. 우선 팀원들이 잘못된 코드를 식별하고 이전 버전으로 되돌려서 서비스를 복구해야 한다. 당연히 이게 가장 먼저 해야 할 일이다. 하지만 서비스를 복구하고 나면 어떤 부분이 잘못돼서 고객에게 불편을 초래했는지 알아내야 한다.

자연스러운 반응은 코드를 잘못 작성한 엔지니어를 탓하는 것이다. 이게 인지상정이다. 하지만 얻을 수 있는 건 없다. 제아무리 탁월한 엔지니어라 하더라도 인간이기에 실수할 수 있으며, 당연히 웹사이트를 다운시킨 것에 참담함을 느낄 것이다. 그러니 책임을 묻는다고 해도 그들이 인간임을 확인하고 (특히 당신 회사를 위해) 코드를 작성하기 싫어지게 만드는 것 외에는 별다른 성과를 얻지 못할 것이다.

엔지니어가 일으킨 버그가 운영을 중단시킨 명백한 원인이긴 하지만 진짜 근본 원인은 아니다. 진짜 문제는 오히려 조직 운영 방식 깊은 곳 어딘가에 자리 잡고 있다. 그러니 사람을 탓하는 대신 다음과 같은 진짜 질문을 던져라. 인간이면 실수할 수밖에 없다는 걸 알면서도 왜 '시스템'은 그런 실수가 고객에게 영향을 미치도록 허용했을까? 이에 대답할 수 있으면 진짜 근본 원인을 파악하는 게 가능하다.

이를 위해서는 끊임없이 "왜?"라고 물어야 한다. 보통은 다음과 같은 단순한 질문으로 시작한다. "왜 고객 서비스가 중단되었을까?" 눈에 보이는 대답이 나온다. "엔지니어가 버그가 있는 코드를 서비스에 유입시키는 바람에." 좋다. 그러면 다음과 같이 묻는다. "어째서 버그가 있는 코드 때문에 서비스가 중단됐을까?" 소프트웨어가 문제에 대비해 방어적으로 작성되지 않아서라는 대답이 나올 수 있다. 정말 강력한 소프트웨어라면 문제를 감지할 뿐 아니라 어떤 품질 저하도 이겨냈을 테니 말이다. 아니면 탄탄하게 개발됐다 해도 소프트웨어가 버틸 길이 없었을 수도 있다.

다음과 같은 질문이 이어진다. "왜 버그가 있는 코드가 서비스에 유입되었을까?" 이런 대답이 돌아온다. "문제의 코드를 충분히 테스트하지 않아서." 여기까지 오면 질문을 멈추고 항공모함 위로 '임무 완료' 깃발을 펼치기 쉽다. 하지만 이는 사후 검토를 도중에 갑자기 그만두는 것과 같다. 왜일까? 이 역시 은근히 소프트웨어 개발자를 탓하는 것이기 때문이다. 만약 개발자 또는 품질 보증 엔지니어가 좀 더 열심히 테스트하기만 했더라면 문제를 피할 수 있었을 거라는 논리가 아닌가. 그러니 다음과 같이 계속 물어라. "중요한 코드를 충분히 테스트하지 않은 것을 알면서도 어째서 프로덕션 단계로 넘어갔을까?"

이제 어느 정도 진척이 생겼다. 진짜 근본 원인은 기술이 아니다. 조직이다. 어떻게 해서 조직은 사람의 실수를 잡아내지 못하고 고객과 사업에 해를 끼쳤을까? 원자력 발전소의 콘솔 정중앙에 '노심 용융'이라 적힌 거대한 버튼이 있다고 상상해 보라. 기술자가 모르고 단추 위에 도시락을 내려놓아 핵연료봉이 녹아내리는 사고가 벌어진다. 여러분이라면 그 기술자를 탓하겠는가? 그보단 애당초 왜 그 버튼이 존재했는지 물을 것이다!

이 경우도 똑같다. 왜 '시스템'이 제대로 테스트도 안 된 코드를 프로덕션 단계로 넘겼을까? 어쩌면 테스트 인프라가 너무 열악해 테스트를 제대로 하기 어려워서 엔지니어가 일을 진척시키려고 확실한 테스트를 자주 생략했는지도 모른다. 만약 그렇다면 해결책은 우수한 인프라를 구축하는 것이다. 그러면 테스트를 작성하기가 쉬워지고 엔지니어가 제대로 테스트된 코드를 이용해 고객의 요구를 충족시킬 수 있다. 그게 아니라 어쩌면 조직이 괜찮은 테스트를 작성하도록 엔지니어를 훈련하는 데 투자하지 않았거나, 왜 제대로 테스트된 코드가 중요한지 가르쳐 주지 않았을 수도 있다. 이렇게 질문하면 결국 시스템상의 진짜 근원적 문제를 파악하고 해결할 수 있다.

표면에 드러나는 사고 원인만 해결하면 그 부분만 고치게 되기에, 이렇게 질문해 들어가는 건 대단히 중요하다. 어쩌면 몇몇 메커니즘만 엄격하게 지키면 특정 개발자가 다시는 멍청한 버그를 코드에 넣지 않으리라는 확신이 생길지도 모른다. 하지만 다른 엔지니어들은 아무 교훈도 얻지 못할 수 있다. 이는 '노심 용융' 버튼은 제거했지만 원자로 주변에 수백 개의 다른 버튼이 늘어져 있는 것과 비슷하다. 그러면 또 한 번 핵연료봉이 녹아내릴 수 있다. 진짜 근본 원인을 해결하면 마지막 중단 사태의 원인뿐 아니라 다음 사태의 원인도 미리 바로잡을 수 있다. 이 과정을 충분히 오래 반복하면 시스템적으로 훨씬 강력한 조직을 구축할 수 있을 것이다.

기술적 사례를 인용한 것은 책임을 묻지 않는 사후 검토가 기술 조직에서 상대적으로 많이 이뤄지기 때문이다. 하지만 나는 이 방법이 비즈니스의 모든 부분에 적용되고 또 동일한 방식으로 작동하는 것을 목격했다.

2010년 10인 체제의 신생 스타트업 우버(당시에는 우버캡Uber-Cab이었다)가 트윌리오의 고객이 되었다. 수년간 우버는 눈부신 성장을 경험했고, 2016년 트윌리오가 상장할 무렵엔 매출의 10퍼센트를 차지하면서 기업공개IPO 로드쇼에서 중요한 부분이 되었다. 2016년에는 우버의 트윌리오 서비스 연간 지출이 6천만 달러에 이를 정도로 급성장세를 이어갔는데, 이는 우버가 '무슨 수를 써서라도 성장'하기보다 비용 절감으로 눈을 돌리기로 결심한 상황에서 보면 유지하기 힘든 성장세였다.

비용 절감을 우선시하는 우버의 새로운 전략 아래에서 트윌리오는 먹음직스런 먹잇감이었다. 2017년 초반 우리는 우버에서 트윌리오에 지출하는 비용을 줄이겠다는 의사를 전달받았다. 1분기 실적발표를 하며 기업공개의 기반이 되어 준 가장 돋보이는 최대 고객이 관련 지출을 줄일 거라는 사실을 투자자에게 밝혔다. 상황이 안 좋았다. 트윌리오 주식은 하루만에 30퍼센트 이상 폭락했다. 직원들은 어쩔 줄 몰라 했다. 지금 와서 보면 분명 일시적인 상황이었다. 한 회사는 단순히 하나의 고객 그 이상의 영향을 미치기도 한다. 트윌리오가 2020년 1분기까지 4백 퍼센트 이상 매출을 증가시킨 한편, 상위 고객에 대한 집중도를 2016년 30퍼센트에서 2019년 14퍼센트로 줄인 것에서 알 수 있다. 하지만 그럼에도 앞선 상황은 새로 상장한 기업에게는 분명한 오점이었고 다시는 저지르고 싶지 않은 실수였다.

나는 당시 최고재무책임자인 리 커크패트릭Lee Kirkpatrick에게 책임을 묻지 않는 사후 검토를 실시하자고 요청했다. 재무팀이 사후 검토를 해본 적이 없어서, 우리는 11장에서 만나게 될 기술 인프라 책임자 제이슨 후닥Jason Hudak을 교차기능 프로세스를 이끄는 수장으로 임명했다. 이번에는 "왜 고객 관련 서비스에 중단 사태가 발생했을까?"라는 질문 대신 "왜 거대 투자사 관련 프로젝트에 실수가 발생했을까?"라는 질문으로 시작했다. 우버를 담당하는 영업사원을 탓하면 쉽게 끝났겠지만, 알다시피 그것은 진짜 근본 원인이 아니었다. 문제는 "우리의 최대 고객이 지출을 줄이기 시작했고, 우리가 그 사실을 투자자들에게 공개했기 때문"에 발생했다. "왜 이것이 문제가 되었을까?"

결국엔 두 가지 근본 원인으로 귀결되었다. 첫째, 사용량 기반의 가격 모델 탓에 소수 고객의 비중이 너무 커져서 위험 요인이 된 것이다. 가격을 혁신적으로 낮추는 한이 있어도 '고객 집중' 부분을 좀 더 잘 관리했어야 했다. 하지만 이보다 중요한 또 다른 원인이 있었으니, 고객을 전부 관리하기에는 영업사원이 부족하다는 사실이었다.

당시 트윌리오에는 영업사원이 15명밖에 없었는데, 그들이 3만 6천 개가 넘는 계정 및 잠재고객을 관리하고 있었다. 말도 안 되게 많은 고객을 담당하고 있었던 것이다. 거기에 연간 6천만 달러 이상을 지출하는 최대 고객도 포함됐다. 그러니 두 번째 근본 원인은 고객을 담당할 인력이 훨씬 많이 필요하다는 것이었다. 그때부터 우리는 영업사원을 15명에서 수백 명으로 늘렸고, 2016년 2억 7천 7백만 달러에서 2019년 11억 달러 이상으로 매출을 증가시켰으며, 10대 고객의 기여도를 절반으로 줄였다.

아마존이 지속적으로 성장하는 이유

열린 학습 환경은 다음 세대의 리더를 훈련시키는 장이 되기도 한다. 물론 세미나나 강의에 참여하는 것처럼 전형적인 훈련도 있다. 하지만 실전 경험으로 배우는 진짜 학습도 존재한다. 비디오를 시청하고 강의를 듣는다고 해서 수영하는 법을 배울 수는 없다. 수영을 배우려면 수영장에 들어가야 한다.

아마존에서는 총괄매니저GM가 대부분의 사업 계획을 운영한다.

아마존 소매사업 전체나 아마존 웹 서비스처럼 거대한 비즈니스(둘 다 수백억 달러를 벌어들인다)를 운영하는 GM도 있다. 이들 GM은 현명하고 경험도 많다. 하지만 아마존은 이들의 역할을 극단으로 밀어붙인다. 대부분의 회사는 아주 높은 직급의 GM을 소수만 둔다. 밑에 있는 사람들이 실질적인 업무를 할 때 GM은 손익계산에 대한 결과를 책임진다. 반면 아마존에서는 GM이 모든 단계에서 일을 맡는다. GM이 다른 GM에게 보고를 한다. 어떤 GM의 급여 등급은 7단계지만 어떤 GM은 3단계다. 이런 GM들은 각 사업 라인에 집중력과 절박함을 불어넣는 '단일 스레드 리더single-threaded leaders'가 되는 동시에 아마존의 미래 리더가 되기 위한 수천 개의 학습 기회를 경험한다.

나는 가끔 '아마존 타이어 가게'를 운영하는 (진짜일 수도 있고, 허구일 수도 있는) 아마존 직원을 상상한다(아마존은 실제로 타이어를 판매한다). 아마존 어딘가에서 젊은 인재가 GM이 되어 타이어 가게를 운영하고 있을지도 모른다고 말이다. 타이어 가게 정도의 규모면 전체 아마존 사업에서 손톱의 때 정도밖에 안 될 테니 젊은 리더에게 지휘봉을 건네기에 위험 부담이 적다. 하지만 젊은 리더에게는 일생일대의 기회일 것이다. 그들이 MBA 과정을 마치고 갓 채용되어 펩보이즈Pep Boys와 같은 회사에서 최고경영자 역할을 맡을 가능성이 얼마나 되겠는가?

하지만 아마존은 위험을 무릅쓰고 젊은 리더에게 훈련의 장을 제공한다. 혹시 타이어 가게가 단시간 휘청거린대도 뭐 괜찮다. 그 정도면 좋은 훈련이 된다. 물론 상황이 오래 지속되면 새로운 리더가 필요할 수도 있다. 하지만 미래의 리더를 양성하는 데 일부 사업을 통솔하는 권한을 줘어 주는 것보다 더 좋은 방법이 있을까? 리더십과 의사결정권을 포기해도 괜찮다는 인식만 있으면 가능한 일이다.

한동안 나는 아마존에서 메시지 대기열 서비스Simple Queueing Service, SQS GM을 맡았다. SQS는 아마존 웹 서비스가 최초로 공개한 프로덕트로, 출시 전에는 (당연히) 매출이 전무하다가 출시 후 어느 시점이 되자 한 달에 수천 달러의 매출을 거두었다. 큰 금액은 아니어도 사업을 성공시키려면 운전대를 책임지는 사람이 있어야 했다. 하지만 성공하든 실패하든 아마존에는 문제가 되지 않았다. 그렇게 큰 회사에 수천 달러가 무슨 의미가 있겠는가? 혹여 SQS의 규모가 커졌다 해도 여전히 아마존에는 큰 변수가 되지 않았을 것이다.

그러면 아마존은 왜 굳이 27세인 나를 총괄매니저에 앉히고 통솔권을 쥐어 준 것일까? 훈련의 장을 제공하기 위해서였다. 나는 위험 부담이 낮은 상황에서 GM이 되어 주인의식을 갖는 법을 배웠다. 만약 운영에 성공하고 배움을 얻었다면 좀 더 큰 곳으로 이동해 책임자가 되었을 것이다. 잘은 모르지만 현재 아마존에는 수천 명의 GM이 있을 것으로 짐작된다. 이들 대기 선수들은 아마존의 차세대 아이디어를 책임지는 GM이 되기 위해 훈련하고 있다. 나는 이것이 아마존이 지속적으로 성장하는 중요한 이유라고 생각한다. 새로운 아이디어가 떠올랐을 때 그것을 실행할 수 있는 비즈니스 리더가 한 무더기나 있지 않은가.

대부분의 조직에서는 엔지니어링, 영업, 재무처럼 특정 직무에 뛰어난 직원들이 거듭 승진하다가 어느 날 거대한 부서의 GM이 된다. 한 분야(엔지니어링, 영업, 재무 등)에서의 역량이 다른 부서로 고스란히 이전된다는 가정을 바탕으로 한 체계이다. 그래서 GM을 맡기는 것이다. 가정이 맞을 때도 있지만 그렇지 않은 경우도 많다.

심지어 이를 지칭하는 '피터의 법칙Peter Principle'도 있다. 사람들이 자신의 역량을 넘어서는 수준까지 승진하는 현실을 가리키는 용어다. 가만히 생각해 보면 분명히 알 수 있다. 책임자가 되려면 독특한 기술이 있어야 한다. 최고의 영업사원이 된다거나, 최고의 엔지니어가 되는 것과는 다르다. 훈련을 받아야만 얻을 수 있는 독특한 기술이 필요하다.

열린 학습 환경은 모호함의 안개 속에서 성공적인 프로덕트를 만드는 것은 물론이고 성공에 필요한 미래의 리더십 인재를 키우는 데에도 중요하다. 직원들에게 통솔권을 넘겨야 자신의 일에 책임지는 법을 가르칠 수 있다.

타깃, 비상 알람 앱 만들면서 학습하기

많은 기업이 점심 모임, 사외 리더십 과정, 온라인 교육과 같은 행사를 통해 직원들의 학습을 돕는다. 하지만 나는 가장 가치 있는 학습 형태는 실행을 통한 것이며, 직원들이 실행하게 하는 것은 리더에게 달려 있다고 생각한다. 큰 위험을 감수하지 않아도 되는 프로젝트가 있는지 알아보라. 훈련 중인 리더가 일부 소소한 부분을 망쳐도 회사에 크게 해를 끼치지 않고 그 과정에서 더욱 나은 리더로 성장할 수 있는 프로젝트 말이다.

　아마존 타이어 가게의 GM을 기억하는가? 훈련 과정에 있는 리더가 마법처럼 모든 것을 완벽하게 해내리라 기대하는 것은 비현실적이다. 좀 못해도 괜찮다. 여러분도 직원들이 실수했다고 외면받거나 징계받는 환경을 만들고 싶지는 않을 것이다. 그러면 이후에 일을 맡길 후임자에게 어떤 영향을 미칠지 상상해 보라. 아마 전임자가 실수했을 때 어떤 대우를 받았는지 오래도록 기억에 담아 둘 것이다.

　미션을 맡기는 건 단기간의 성과보다는 학습을 위한 것이다. 우리는 소프트웨어를 직접 만들려는 회사들과 일할 때 작게 시작하라고 독려한다. 중요하지 않은 평범한 프로젝트, 성공할 수 있고 완료까지 오래 걸리지도 않는 괜찮은 프로젝트를 고르라고 말이다. 가장 중요한 것은 팀이 실패하거나 기대에 못 미쳐도 되는, 정규 업무에 지장을 주지 않는 프로젝트를 고르는 것이다.

　좋은 사례가 타깃의 조시 호이엄이 이끄는 음성 엔지니어링 부서가 씨름했던 프로젝트다. 2018년 가을 타깃의 인사 부서에 문제가 발생했다. 남부 캘리포니아에 산사태가 일어나 몇몇 타깃 상점이 문을 닫아야 하는 상황인데, 직원들에게 연락해 집에 있으라고 전할 그럴싸한 방도가 없었다. 직원들이 위험을 무릅쓰고 출근한 후에야 상점이 문을 닫은 것을 알 수 있는 상황이었다. 인사팀은 직원들에게 알림을 보내고 싶었다. 동시에 직원들이 연락을 줄 수 있기를 바랐다. 그러면 비상사태가 지속되는 동안 직원들의 안전을 확인하고, 직원들도 필요할 경우 도움을 요청할 수 있을 테니 말이다. 즉시 의사를 전하는 것이 중요했다. 이 말인 즉, 이메일은 신뢰할 수 있는 채널이 아니라는 뜻이었다.

타깃에 비슷한 시스템이 없는 건 아니었지만 효율성이 떨어졌다. 직원들이 음성 사서함에 전화를 걸어 점포의 영업 여부를 확인한 뒤 메뉴를 눌러서 녹음된 상태 메시지를 확인하는 방식이었다. 직원들이 전화를 걸지 않는 경우가 잦다는 게 단점이었다. 이런 방식 대신 인사팀은 사전에 상황을 알리고 모든 직원의 휴대전화에 위험을 경고하는 SMS를 보내고 싶어 했다.

인사팀은 시중에 판매되는 소프트웨어 패키지를 살펴본 뒤 기성품을 구매하는 게 최선일 거라고 생각했다. 하지만 기존 소프트웨어는 비용도 많이 들었고 타깃이 원하는 일을 정확히 수행하지 못했다. 조시는 아예 자신의 팀이 비상 알람 앱을 제작하는 게 더 나을 것 같다고 인사팀에 말했다.

조시가 보기엔 엔지니어들이 학습 훈련을 할 수 있는 훌륭한 프로젝트였다. 규모도 비교적 작았고 위험성도 낮았다. 혹시 개발자들이 앱을 개발하지 못하더라도 타깃의 기존 시스템을 대안으로 사용하면 됐다. 기성품 구매라는 선택지도 있었다. 타깃의 사내 엔지니어들이 업무를 제대로 수행할 수 있을지 알아내는 데 겨우 몇 주면 되었다. 그렇다면 이 프로젝트에서 뭘 배울 수 있었을까? 담당 엔지니어 네 명 모두 애플리케이션 제작에 사용된 프로그래밍 언어 파이썬에 문외한이었다. 사실 그들은 소프트웨어 개발자가 아니었다. 다들 시스코, 어바이어 등의 회사들이 만든 상용 시스템을 관리한 전력만 있었다. 한때는 수요가 많았지만 시간이 지나면서 가치가 떨어지고 있는 기술이었다.

알람 시스템 프로젝트는 네 명의 엔지니어에게 시장에서 몸값을 높일 수 있는 새로운 언어를 배우는 기회를 제공했다. 하지만 파이썬 강의를 먼저 들은 다음 앱을 만들 시간적 여유가 없었다. 그들은 그냥 맨땅에 헤딩하듯 파이썬을 배워 가며 코드를 작성하기 시작했다. '실행을 통한 학습'의 전형적인 사례였다. 조시가 말하듯, 인사 담당자들은 사내 엔지니어들이 실제로 앱을 만든다는 데 회의적이었다. 사실 엔지니어들도 회의적이긴 마찬가지였다! "우리가 이 일을 꼭 해야 한다는 것을 납득시키기 위해 확신을 줘야만 했습니다." 조시는 이렇게 회상한다. "최소한 좋은 실험은 될 수 있었으니까요."

실험은 놀라울 만치 큰 효과를 거두었다. 파이썬을 처음 접한 이 네 명의 개발자들은 6주 만에 시제품을 제작했다. 일주일 후 이 소프트웨어는 미국 전역에 있는 1천8백 개 전 타깃 매장에 설치되었다. 이 작은 앱이 큰일을 해냈다. 2019년 가을 캘리포니아에 산불이 일어났을 때 매장 매니저들이 이 소프트웨어를 이용해 직원들의 상황을 확인하고 가게 문을 닫도록 공지해 직원들은 위험할 수도 있는 출근길에 나서지 않을 수 있었다. 구세주 역할을 한 것이다. 이뿐만 아니라 네 엔지니어의 경력에도 큰 영향을 미치면서 "그들에게 더 많은 코드를 작성할 수 있다는 자신감을 안겨" 주었다.

타깃은 훈련과 교육에 엄청난 공을 들이고 있다. 모든 IT 직원이 1년에 50일을 학습에 사용하는데 이는 엄청난 시간이다! 책을 읽고 강의와 세미나를 들으며 배우기도 하지만 대개 실행이 주를 이룬다. 조시는 현재 타깃의 몇몇 앱에서 사용 중인 두어 개의 신경망 네트워크를 직접 구축하며 AI에 대해 배우고 있다. "타깃에서 학습이 이루어지는 건 대개 위험을 감수할 수 있기 때문입니다. '저기요, 혹시 전부 걸 필요 없이 작은 규모로 시도해 보고 어떻게 되는지 확인해 볼 만한 일이 없을까요' 하고 물으면서 말이죠." 조시의 말이다.

먼 거리를 걸어온 사람들

트윌리오는 인력에 투자해야 경쟁이 치열한 기술 인재 시장에서 유리한 고지를 점한다고 생각한다. 특히 매년 코딩 부트캠프에서 잠재력 많고 재능 있는 개발자들이 쏟아져 나온다. 그렇지만 많은 기업이 그들을 채용해서 지속적으로 훈련시키는 데 투자하지 않아 풍부한 인재 공급원을 놓치고 있다. 부트캠프는 3개월에서 1년까지의 단기 프로그램으로, 직종을 바꾸려는 경력자들을 훈련시킨다. 사람들은 개발자가 유망한 직업이라고 생각해서 또는 그저 코딩이 재미있고 기술 직종이 좋아서 부트캠프에 합류한다. 4년제 대학 졸업생들과 달리, 부트캠프 졸업생들은 단기집중 코딩강좌를 들으면서 다양한 웹사이트와 앱을 제작하는 데 필요한 직업 기술을 빠르게 배운다. 또 다른 이점은 이런 부트캠프가 소수자인 사람들을 기술 산업에 끌어들인다는 점이다.

나는 부트캠프 졸업자들이 진로를 바꿔 힘들디힘든 코딩의 길을 택한 것도 모자라서 때로 재훈련 및 재교육을 받기 위해 월급이 또박또박 나오는 직장을 그만둔다는 점에서 항상 경외심을 느낀다.

기업은 이력서를 검토할 때 흔히 지원자가 어떤 수준의 경력을 거쳐 왔는지 평가한다. 일류 학교를 나왔는가, 이전에 유명한 회사에서 일했는가 등 말이다. 그렇지만 이렇게 수준만 측정할 뿐, 걸어온 거리는 측정하지 않는다. 이를테면 지원자가 (나처럼 대졸자인 부모님과 조부모님을 둔 게 아니라) 집안에서 처음으로 대학에 입학한 사람이라는 사실은 투지와 능력에 대해 많은 것을 말해 준다. 이를 '걸어온 거리'라고 하는데, 지원자가 얼마나 먼 길을 걸어 왔는지를 잠재력 척도로 삼았을 때, 부트캠프 졸업생은 내 목록에서 높은 순위를 차지한다.

많은 기업이 코딩 경력이 겨우 3개월에서 6개월, 아니면 12개월 뿐이라며 부트캠프 졸업생 채용을 주저한다. 그러면서 스물한 살 짜리 4년제 졸업생들을 무더기로 채용하는 데는 적극적이다. 어떤 회사들은 부트캠프 졸업생을 고용한 뒤 망망대해에 던져 놓고 경험 많은 엔지니어들 속에서 살아남기를 바란다. 많은 사람들이 실패하고 재빨리 포기하는 게 놀라운 일도 아니다. 이는 이중으로 손해다. 인재 덕을 보지 못하는 회사도 손해지만, 새로운 일에 대한 자신감이 곤두박질치니 직원에게는 더 큰 손해다.

그래서 우리는 해치Hatch라는 수습 프로그램을 개설하고 학습 단계에서 실행 단계로 전환하는 기간을 6개월로 설정한 뒤, 그동안 부트캠프 졸업생들에게 유급 트레이닝을 제공한다. 참가자들은 기술이 향상되도록 돕고 가르치는 전담 매니저의 지도하에 첫 3개월 동안 해치 동료들과 직접 프로덕트 제작에 참여한다. 그들은 고객을 상대로 한 프로덕트 대신 위험 부담이 낮은 다양한 내부 프로젝트와 비영리 고객을 위한 프로덕트를 만든다. 이는 많은 참가자에게 첫 번째 '실전' 코딩인데, 그들을 성공적으로 졸업시키는 것이 유일한 임무인 전담 매니저들의 도움 덕분에 엄청나게 빠른 속도로 배우게 된다.

그 뒤 수습 사원들은 트윌리오의 후원 프로덕트 팀에 파견돼 또 석 달을 보낸다. 매니저들은 그들이 팀의 정식 엔지니어지만 인턴처럼 아직 배우는 과정에 있다는 사실을 알고 있기에 그들이 발전할 수 있도록 시간을 투자한다. 팀 예산으로 수습 사원에게 6개월치 봉급을 지급하기 때문에 매니저가 그들의 성공에 힘쓸 수밖에 없다. 수습 기간이 끝나면 매니저는 수습 사원에게 정규직 일자리를 제공할 수 있다. 해치 졸업생의 90퍼센트 이상이 트윌리오의 정규직 개발자가 되었다. 나는 이러한 성공의 이유 중 하나가 그들이 해치 프로그램에 등록함으로써 스스로를 위험을 감수하고 독립적으로 사고하는 사람으로(바로 훌륭한 개발자의 자질이다) 정체화했기 때문이라고 본다.

누군가의 미래를 가늠하는 최고의 척도는 그 사람이 과거에 걸어온 길을 살피는 것이다. 우리는 배우고자 하는 사람을 원하고, 직업을 전환한 부트캠프 졸업자들은 배움의 의지를 보여 준다. 이것이 우리가 해치를 비롯한 다양한 학습 프로그램에 투자하는 이유다.

매일 덜 형편없어지기 위해서

나는 트윌리오의 목표가 자율적이고, 진실을 추구하고, 올바른 결정을 내리는 리더 집단을 만드는 것이라고 생각한다. 최전방에서 뛰는 팀들로 하여금 사내 정치와 직함은 제쳐 놓고 올바른 질문을 하고 최고의 대답을 찾게끔 할수록, 어려운 문제를 해결하고 고객에게 봉사할 수 있는 가능성이 높아진다. 이와 반대되는 상황을 생각해 보라. 정부는 역사적으로 큰 프로젝트, 큰 정치, 큰 책임의 보루였다. 작은 정부를 선호하든 큰 정부를 선호하든, 대부분의 정부가 혁신과는 어울리지 않는다는 데 모두 동의할 것이다.

왜 그럴까? 정부에서 문제가 생길 때 어떤 일이 벌어지는가. 빨리 배우고 반복하며 학습하는 기회로 삼는 대신, 관련자를 의회로 끌고 가서 전국에 중계되는 화면 앞에서 엄하게 심문한다. 월드 시리즈급으로 세간의 이목이 집중된다. 이러면 조직의 사기와 도전 정신이 어떻게 될까? 당연히 의회 앞에 끌려 나가고 싶은 사람은 없을 테고, 그 누구도 절대 위험을 무릅쓰지 않을 것이다. 관계자들은 가능한 한 가장 안전한 결정을 내리고 책임을 떠넘기게 된다.

대부분의 경영진은 미연방 정부보다는 구글, 애플, 페이스북과 같은 기업 문화를 마음속으로 그린다. 하지만 자신에게 물어보라. 직원들이 실수할 때 어떻게 하는가? 책임을 묻지 않는 사후 검토를 진행하는가, 아니면 의회(즉 경영진) 앞으로 끌고 가는가? 직원들이 실수를 감수하고서라도 빨리 배우도록 독려하는가? 직원들에게 서로서로 배울 수 있는 장소를 제공하고, 나아가 젊은 리더에게 사업의 일부를 지휘하는 권한을 주는 위험을 감수하는가?

우리도 '의회 앞으로 팀원들을 끌고 나가는' 실수를 한 적이 있다. 성공이 좌절되면 실수를 꼬치꼬치 캐묻는 것이 인간의 본성이다. 트윌리오의 몇몇 분기별 사업 리뷰는 과거에 '취조'라고 불리기까지 했다. 하지만 이는 목표가 아니라 실패로 가는 길이다. 경영진이 할 일은 우리의 리더들이 지속적이고 적당한 압박하에서 문제 영역을 계속 발 빠르게 탐구할 수 있게 지원하는 환경을 만드는 것이지 취조를 하는 게 아니다.

여러분의 회사는 어떤가? 이를 알아보는 방법이 있다. 사내 리더들에게 운영이 중단되면 어떤 일이 벌어지는지 물어보라. "서비스를 복구한다."는 대답 말고 정말 어떤 일이 벌어지는가? 사람을 탓하는가, 절차를 탓하는가? 리더들에게 GM이 될 사람에게 넘기면 좋을 사업 부문이 있는지 물어보라. 지휘권을 포기하는 것에 반발심을 보인다면 "그렇게 됐을 때 벌어질 수 있는 최악의 일이 무엇인지" 물어보라.

규모도 작고 골치 아픈 사업 부문이 있으면, 아예 없애 버리고 싶을 수 있다. 하지만 차후 헌신적인 GM에게 그 부문을 맡기고 6개월 동안 어떻게 되는지 지켜보면 어떨까? 치가 했던 것처럼 기술 리더에게 프로젝트 리뷰를 공개적인 자리에서 할 의향이 있는지 물어보라. 큰 문제가 없는 선에서 많은 팀들과 이렇게 회의 내용을 공유할 때 어떤 단점이 있을까? 추후 회사에서 대규모 설문 조사를 진행하게 되면 팀원에게 성공의 기회와 실패를 피하는 것 가운데 무엇이 더 크게 동기를 부여하는지 물어보라. 이런 질문들을 던지면 자사의 문화가 배움과 진실을 추구하는지 파악하는 데 도움이 될 것이다.

여기서 설명하는 열린 학습 환경은 트윌리오의 리더들에게 이런 기술을 훈련시키기 위해 고안된 것이다. 우리도 완벽하진 않지만 보다 개방적이고 보다 교육적인 환경을 위해 끊임없이 노력하고 있다. 혹은 치가 말하는 것처럼 매일 "덜 형편없어지기 위해서" 말이다. 이 정도면 괜찮다.

8장

소규모 팀과
단일 스레드 리더

> 탑다운Top-Down으로 많은 문제를 해결하기란 매우 어렵다.
>
> **매건 스미스, 미합중국 최고기술책임자**

1998년 내 친구 데이브 셔펠Dave Schappell(코미디언 데이브 셔펠Dave Chappelle이 아니다)은 신생 기업 아마존닷컴에 대략 백 번째 직원으로 입사했다. 그는 아마존 마켓플레이스, 아마존 어소시에이츠Amazon Associates, 아마존 옥션Amazon Auctions을 비롯해 다양한 플랫폼 출시를 도왔다. 또한 2004년에 나를 채용해 AWS에 합류시킨 장본인이기도 하다. 그 무렵 아마존은 약 5천 명 규모로 성장했고, 데이브는 티치스트릿TeachStreet이라는 스타트업을 차리기 위해 아마존을 떠났다. 8년 후인 2012년 아마존이 그의 회사를 인수하면서 데이브는 다시 아마존에 고용됐다. 그때 아마존 직원은 7만 5천 명을 넘겼다.

2012년 데이브가 다시 아마존에 합류한 직후 나는 그에게 간단한 질문을 던졌다. 세 회사(아마존의 직원 수가 백 명이었을 때, 5천 명이었을 때, 현재와 같이 7만 5천 명일 때)의 공통점과 차이점이 뭐냐고. 그는 잠시 생각하더니 이렇게 대답했다. "그게요, 같은 회사예요. 긴박감이 똑같아요. 사람들의 발걸음도 똑같이 경쾌하고요. 똑같이 지적이에요. 대단하죠." 1998년에는 직원들로 꽉 찬 한 층짜리 시애틀 사무실 한가득 스타트업의 혼잡함과 추진력이 넘쳤다. 2012년에도 풍경은 똑같았지만 아마존의 스타트업들로 가득한 이런 한 층짜리 사무실이 전 세계에 천 개 가까이 흩어져 있다는 점이 달랐다. 아마존이 어떻게 자신의 문화를 몇 차례나 확장해 왔는지 생각해 보면 정말 놀랍기 그지없다.

수많은 리더가 팀이 수행하는 작업에 중요성과 다급함을 불어넣기 위해 끊임없이 노력한다. 하지만 회사가 커지면 커질수록 속도가 느려지고, 직원들이 일과의 연결고리를 잃어 버리고, 정치가 사내를 장악하고, 긴박감이 줄어드는, 그러니까 생존을 위협받지 않게 되는 건 거의 불문율처럼 보인다. 하지만 적어도 내 친구 데이브의 말에 따르면 아마존은 그런 운명을 맞이하지 않았다. 민첩성을 되찾고자 하는 대기업이든, 경쟁력을 유지하며 성장하고자 하는 중소기업이든, 데이브가 설명한 성공적 확장에서 무엇을 배울 수 있을까? 아마존의 그 엄청난 규모의 중심에는 주도적으로 임무를 추진하는 리더와 그들이 이끄는 소규모팀이 있다. 본질적으로 아마존은 스타트업의 집합이다.

이렇게 생각해 보라. 스타트업은 빠르고 과감하게 움직인다. 필요와 설계 때문에 그럴 수밖에 없다. 규모가 작다는 것은 사람이 많지 않아 소통 경로가 명확하다는 것을 의미한다. CEO인 설립자 또는 몇몇 공동 설립자와 경영진이 빠르게 결정하고 오롯이 성과를 책임지다 보니 결과가 개인적인 것이 된다. 회사가 성공하면 그들이 성공한 것이다. 회사가 실패하면 그들이 실패한 것이다.

이는 대기업 내의 소규모팀도 마찬가진데 바로 소규모팀이 중요한 이유다. 10명 이하의 팀들로 이루어진 아마존의 구조는 회사가 규모를 확장하면서도 스타트업의 특징인 긴급함, 집중력, 경쟁력 있는 인재를 잃지 않으려면 거대한 기업을 사실상 스타트업이나 다름없는 수많은 조직으로 구성해야 한다는 것을 보여 주는 증거다. 이렇게 하면 무엇보다 회사가 커지면서 함께 빠르게 늘어나는 협업의 복잡성이 제거된다. 기업이 커갈수록 협업하기가 거의 기하급수적으로 어려워진다. 혹시 비슷한 경험을 하고 있다면 여러분만 그런 게 아니다. 이건 수학이다.

열 명으로 된 팀을 조직할 때는 사람들 간에 45건의 관계가 필요하지만, 백 명으로 구성된 팀은 약 5천 건의 관계가, 천 명으로 이루어진 회사는 약 50만 건의 관계가 필요하다. 2012년 직원 수가 7만 5천 명이던 아마존은 대략 28억 건의 관계가 필요했을 것이다. 그러면 처음 직원 수, 백 명으로 회사를 운영했을 때보다 50만 배는 더 혼란스럽고 숨 막혔을 것이다. 하지만 그렇게 되지 않았다. 아마존은 전과 똑같은 회사 같았다. 마치 소규모팀을 토대로 세워진 현대판 기적처럼 보였다.

피자 두 판의 기원

밀레니엄이 바뀔 무렵 아마존은 급성장하는 스타트업임에도 혁신 속도가 느려지기 시작했다. 아마존의 최고정보책임자(이자 현재 트윌리오의 이사회 임원인) 릭 달젤Rick Dalzell에 따르면, 코드베이스가 한 덩어리가 되어 얽혀 있었고 프로덕트 개발은 찾아보기, 검색, 실행, 장바구니처럼 몇 개의 큰 부문으로 나뉘어 있었다. 수많은 사람이 같은 코드에 손을 대고 있어서 속도는 갈수록 느려졌고 코드를 전달하기도 어려워졌다. 코드 외에도 모두의 업무가 서로 완전히 얽혀 너무 많은 결정권자가 모든 업무에 참견했다. 짐작했겠지만 아이디어를 실현하려고 고군분투하던 엔지니어와 프로덕트 매니저 들은 좌절했고, 특히 최고경영자 제프 베이조스가 낙담했다.

해마다 제프는 일주일간 온라인 접속을 끊고 사업에 대해 깊이 사색하는 시간을 보낸다. 이 '머리 식히기brain benders' 연례행사에서 그는 기본 원칙을 재고하고 생각을 종이에 끄적이는 시간을 가진 뒤, 보통 리더십 팀에 전달할 새로운 아이디어가 담긴 일련의 한 장짜리 문서들을 들고 돌아온다. 릭은 2001년에 제프가 느려진 혁신 속도를 고민하며 사색의 시간에 들어갔다고 회고한다.

그리고는 제프는 간단한 아이디어를 들고 돌아왔다. 모든 팀을 스타트업 규모로 조직하면, 그러니까 각 팀이 자신만의 로드맵과 코드를 가지고 신속하게 움직일 수 있다면, 아마존 초기에 그랬듯(제프가 기억하기로 피자 두 판이면 팀원 전체가 먹을 수 있던 때처럼) 다시 스타트업과 같이 행동할 수 있을 거라는 내용이었다. 하지만 함께 일하려면 서로 접속 가능한 API를 여러 개 만들어야 했다. 그렇게 하면 팀들 간의 관계가 기술적으로 공식화돼 독립적이게 움직일 수 있을 터였다. 이 한 장짜리 문서로 '피자 두 판 팀'이 탄생했다. 릭은 리더들에게 돌아갔고 일주일도 안 돼서 제프의 초기 아이디어는 6장짜리 실행 가능한 계획으로 바뀌었다. 아마존은 계획을 신속하게 채택했다.

베이글 열두 개 팀

트윌리오는 이미 회사를 소규모팀으로 조직하는 작업을 시작한 상황이었다. 하지만 2012년 데이브와 대화를 나누며 나는 이것이 경쟁력을 유지하면서도 회사를 확장할 수 있는 최선의 방법이라는 사실을 확신하게 됐다.

초창기 트윌리오에는 에번, 존, 나, 이렇게 개발자 겸 설립자 세 명밖에 없었다. 너무 소규모라서 사업 전체를 우리 머릿속에 다 담을 수 있었다. 언제든 새로운 아이디어를 내놓고, 코드를 작성하고, 이메일이나 전화로 고객을 지원하고, 청구서를 지불하고, 심지어 사무실 비품을 채우기 위해 코스트코로 달려갈 수 있었다. 우리 API를 기반으로 데모 앱을 계속 제작했기 때문에 고객이 어떤 경험을 하는지 알았다. 고객 지원 업무를 하면서 고객이 원하는 게 무엇인지, 우리가 부족한 부분이 뭔지, 계속 투자해야 하는 부분이 어디인지 본능적으로 이해할 수 있었다.

한번은 고객이 트위터로 버그를 보고한 걸 알고 5분도 안 돼 수정했다가 우리가 너무 소규모 회사처럼 보일까 봐 하루 동안 배포를 미뤘던 일도 있다. 단순한 버그 수정에 불과했지만 고객의 통찰을 받아들여 며칠 만에 온전한 프로덕트로 내놓던 시절이었다. 그런 프로덕트 중 하나가 '하위 계정'으로, 이를 이용하면 개발자가 트윌리오를 다양한 버킷으로 분할해 사용할 수 있다. 이는 트윌리오를 기반으로 프로덕트를 구축하고 앱을 사용하는 고객이 많은 소프트웨어 회사에 유용하다. 나는 이런 기능이 쓸모 있을 거라는 사실을 깨닫고 하룻밤 만에 제작해 이튿날 배포했다.

에번, 존, 나는 결정이 필요할 땐 보통 아주 빨리 해치웠다. 우리 모두 매일 고객과의 대화, 소프트웨어 아키텍처, 이 모든 일이 서로 맞물리는 방식에 깊이 개입했다. 우리가 내린 결정이 시간이 흐르면서 어떻게 전개될지 상상할 수 있었다. 각자 전문 분야가 있었지만(보통 에번은 인프라를, 존은 핵심 프로덕트 서비스를, 나는 API, 웹, 지불 결제 시스템을 담당했다) 셋이 하나의 뇌처럼 움직인다고 할 수 있을 정도로 모든 분야를 충분히 알았다. 머릿속에 전체적인 그림을 담고 매일 함께 일하면 놀라울 정도로 빠르게 일을 진행할 수 있다. 바로 소규모팀의 힘이다. 일을 대신 처리할 사람이 없으므로 고객 문제가 발생하면 코드를 직접 작성해 해결하는 것이다.

이것이 스타트업을 그토록 특별하고 생산적으로 만드는 마법이다. 관리해야 할 인력이 거의 없고, 협업에 들어가는 에너지도 매우 적으며, 직원이 고객 및 미션과 매우 가깝기 때문에 내적 추진력이 엄청나다. 스타트업의 성공과 실패를 좌지우지하는 수많은 요소 중에 동기와 속도가 치명적인 결함이 되는 경우는 드물다. 어느 누가 자신의 사업에 이런 에너지를 원치 않겠는가?

나는 직원들이 본질적 동기를 느끼고 성공하기 위해 달려가기를 원치 않는 비즈니스 리더를 본 적이 없다. 하지만 보통 기업의 구조는 직원들의 원초적 동기를 빼앗게끔 설계되어 있다. 조직도는 직원과 고객을 분리시키고, 의사결정 과정은 직원이 무력감을 느끼게 만들며, 성공은 고객에게 봉사하는 것이 아니라 조직에서 살아남는 것이 된다. 거의 모든 기업이 규모를 확장하면서 이런 운명에 어느 정도 굴복하고 만다.

사업 초창기에 우리 셋은 한 주를 시작하며 월요일 오전마다 회의를 했는데, 언젠가부터 나는 출근길에 가게에 들러 베이글을 사가기 시작했다. 정확히 세 개였다. 회사가 성장하면서 월요일 오전 회의도 커졌고 내 베이글 주문도 늘어났다. 베이글은 곧 여섯 개가 되었다. 그러다 12개로 늘었다. 이어서 24개가 되는가 싶더니, 36개가 되었다. 베이글 주문이 증가함에 따라 사업 전체를 머릿속에 담기가 점점 더 어려워진다는 것을 깨달았다(베이글을 가져가는 것도 점점 더 힘들어졌다). 특히 우리가 회사를 운영해 오던 방식이 더 이상 유효하지 않다는 것 역시 눈치 챘다. 직원들이 전체 그림을 볼 수 없었고, 그래서 소규모팀으로 하던 것처럼 직관적으로 계획을 세우지 못했다.

직원들은 고립되기 시작했다. 엔지니어들은 고객에게 말을 걸지 않았다. 말을 거는 건 지원팀뿐이었다. 일부 엔지니어는 첫 번째 프로덕트인 '트윌리오 보이스'를 작업했고, 일부는 두 번째 프로덕트인 '트윌리오 SMS'를 제작했으며, 또 다른 일부는 인프라 구조를 구축했다. 각자 자신이 무슨 일을 하는지는 알았지만 전체적인 상황은 파악하지 못했다. 이뿐만 아니라 나는 신입사원들이 우리가 겪은 것과 동일한 경험을 하지 않는다는 것도 알게 되었다. 많은 신입 엔지니어들이 지원 요청 업무를 처리하지 않았고, 새로운 지원팀 직원들은 트윌리오를 기반으로 앱을 만들며 프로덕트를 속속들이 이해하려고 노력하지 않았다.

팀원이 30명 정도가 되면서 나뿐만 아니라 모두가 점점 좌절했다. 사람들이 왜 에번, 존, 내가 초창기에 했던 것처럼 전체적인 그림을 보지 못하는지 알 수 없었다. 어느 날 나는 초기 투자자 중 한 명인 유니온 스퀘어 벤처스Union Square Ventures, USV의 알버트 벵거Albert Wenger가 조직한 최고경영자 회의에 참석했다. 그가 일이 잘돼 가고 있냐고 묻기에 나는 (평소 하던 대로) 솔직히 대답했다. "그게, 엉망진창이에요. 더 이상 팀이 돌아가지 않아요." USV의 공동 설립자인 프레드 윌슨Fred Wilson이 내게 조직도를 그려 보라고 했다. 사실 한 번도 해본 적 없던 일이었다.

나는 마커를 집어 들고 아래와 같이 그렸다.

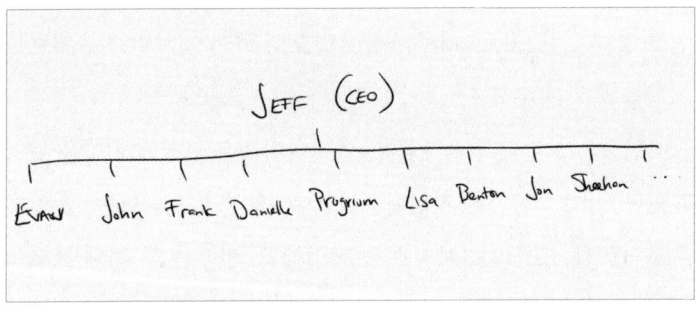

한동안 계속 그렸다. 일렬로 길게 나열된 서른 몇 명 전부 내게 보고하는 사람들이었다!

"이게 문제네요." 알버트가 정확하게 지적했다. 이전에는 조직도를 그려 본 적이 없었다. 직원을 계속 고용했고 이전 직원들이 전부 그랬듯 다들 내게 보고했다. 일단 열 명을 넘어서자 일직선의 조직도가 제 기능을 하지 못했다. 그려 보니 확실히 알 수 있었다. 문제는 한 팀이 모든 일을 소화할 수 없을 정도로 조직이 성장했다는 것이었다. 그래서 나는 회사를 좀 더 작은 팀들로 나눠야겠다는 계획을 들고 돌아왔다. 하지만 어떻게 나눠야 한단 말인가?

한 가지 분명한 해결책은 지원 인력은 지원 인력끼리, 엔지니어는 엔지니어끼리, 프로덕트 매니저는 프로덕트 매니저끼리, 이렇게 기능적으로 구분하는 것이었다. 에번, 존, 내가 고객 지원, 프로덕트 설계, 코드 작성을 전부 처리했던 나날을 회상하면서, 나는 회사가 성장하는 과정에서 어떻게 하면 팀 전체에 이러한 경험을 재현할 수 있을지 알고 싶었다.

먼저 우리는 모든 직원이 (온종일은 아니고 고객과의 관계를 유지하기에 충분할 정도로) 고객 지원 서비스를 어느 정도 처리하게 하자는 아이디어를 제시했다. 모든 신입직원이 고객, 프로덕트, 고객 서비스 접근방식을 파악할 수 있도록 처음 몇 주 동안 50장의 지원 티켓을 처리하게끔 했다. 또한 개발팀을 포함해 모든 신입직원에게 트윌리오를 기반으로 앱을 만들라고 요구했다. 우리 프로덕트를 사용하면 영업과 고객서비스 업무에 도움이 될 게 자명했다.

하지만 여기서 그치지 않고 변호사, 회계사, 분석가 등 모든 이들에게 우리가 고객을 위해 무슨 일을 하는지 알 수 있도록 트윌리오로 무언가를 만들라고 요청했다. 요점은 직원과 고객 사이의 연결고리를 더욱 돈독히 하는 것이었다. 오늘날까지 트윌리오의 모든 신입직원은 역할과 상관없이 기본 코딩을 배우고 우리 플랫폼을 기반으로 앱을 제작한다. 앱을 완성하면 빨간색 트윌리오 트랙 재킷, 즉 진정한 영예의 표식을 받는다!

가장 의미 있는 변화는 소규모 접근법을 팀 구조에 적용하기 시작한 것이었다. 우리는 서른 몇 명의 그룹을 트윌리오 보이스(기존 프로덕트), 트윌리오 SMS(출시 예정 프로덕트), 트윌리오 인프라 구조(내부 플랫폼), 이렇게 세 팀으로 나누었다. 각 팀은 베이글 열두 개면(트윌리오가 택한 음식은 베이글이다) 모두 먹고 남을 만큼 작았다.

표면적으로 보면 그 당시 회사를 이렇게 구조화한 게 당연해 보이지만, 팀들이 커가면서 우리는 이 과정을 반복하며 팀들을 끊임없이 작은 스타트업으로 다시 나누었다. 프로덕트 두 개와 인프라만 있을 때는 쉽다. 하지만 팀을 몇 년 동안 거듭해서 나누는 일은 생각보다 어렵다. 아이디어를 실행하는 방법이 수천 가지이기 때문이다. 지난 10년 동안 초기 3개의 팀을 현재 R&D 부서 내 150개 이상의 소규모팀으로 확장하면서 우리가 배운 것은 다음과 같다.

고객, 미션, 메트릭

팀 내에서 스타트업 특유의 추진력을 키우려면 목적을 명확히 설명하는 조직 원칙이 필요하다. 나는 보통 우리가 봉사하는 고객이 누구인지 정의하는 것부터 시작한다. 고객은 전통적 의미의 외부 고객일 수도 있고 내부 고객일 수도 있다. 프로덕트를 만드는 팀의 경우, 고객 세그먼트나 퍼소나를 정립하면 도움이 된다. 이 팀은 소규모 업체를 위해 프로덕트를 만들지만 저 팀은 소비자를 위해 프로덕트를 만든다는 식으로 말이다. 이 부분은 새로운 계획을 세울 때 분명해진다. 하지만 사내 부서를 상대하는 팀은 고객이 덜 명확하므로 실제로 정확히 설명하고 문서화하는 것이 더 중요하다.

이를테면 앞서 언급한 트윌리오 인프라팀은 자신의 '고객'이 트윌리오 내부 개발자들이라고 분명히 명시해 놓는다. 이러면 매일 일어나는 이유를 명확히 하는 데 도움이 된다. 방향을 정해야 할 때는 고객에게 가장 큰 문제점이 무엇인지 물어야 한다. 고객이 누군지 모르면 목청이 가장 큰 사람이나 연봉이 가장 높은 사람이 매진해야 할 곳을 결정하게 된다. 하지만 고객이 누군지 확실하면 그들이 말하는 사실을 바탕으로 팀 업무를 설정할 수 있다.

일단 고객을 분명히 하고 나면 미션이 정해진다. 미션은 회사의 사명처럼 마케팅 활동이 아니라 팀 스스로 합의하고 조정할 수 있는 핵심 목표다. 인프라팀의 경우, '전 세계에 서비스되는 고품질 프로덕트를 제작하고, 시험하고, 출시하고, 운영하도록 엔지니어의 생산성을 극대화하는 것'이 될 수 있다. 목표를 선언할 때는 접근하기 쉽고, 기억하고 표현하기 용이하며, 팀원들이 믿을 수 있도록 말뿐인 전문 용어를 없애야 한다.

마지막으로 미션 달성까지의 진행 상황을 평가하고 팀의 존재가 고객에게 이로움을 주고 있는지 알기 위해선 판단 기준이 필요하다. 많은 기업이 이를 목표관리Management By Objectives, MBO 시스템이나 목표 및 핵심 결과지표Objectives and Key Results, OKR 시스템에서 말하는 목표라고 생각할 것이다. 뭐라고 부르든 나는 이것이 분기별로 변하는 목표가 아니라 미션을 완수하기까지 진행 상황이 어떠한지 말해 주는 비교적 장기적 지표여야 한다고 생각한다.

예를 들어 보자. 트윌리오 인프라 시스템이 구성됐을 때, 코드를 패키징해서 서버에 배치하는 빌드 시스템이 심각하게 손상됐다. 소프트웨어를 빌드하고 배치하는 데 반나절이 걸리는 것으로도 모자라 빌드 시간 중 절반은 원인을 알 수 없는 이유로 빌드에 실패했다. 그렇게 개발자의 생산성을 떨어뜨리고 있었다. 인프라팀은 '코드를 체크인 하고 배치하는 데까지 걸리는 시간'을 측정했다. 단기적으로는 해결해야 할 작업이었지만, 장기적으로 보면 이는 인프라팀이 엔지니어링 생산성에 미칠 수 있는 영향을 측정하는 것이었다. 목표가 '빌드 시스템을 수리'하거나 '오류를 50퍼센트에서 5퍼센트로 줄이는 것'이 아님에 주목하라. 이런 것들은 단기 프로젝트다. 미션을 달성하기 위한 과정을 장기적으로 측정하는 것이 아니다.

고객을 상대하는 프로덕트 팀의 경우는 조금 더 쉽다. 예를 들어 트윌리오 SMS 프로덕트 팀은 자신의 고객이 다른 소프트웨어 개발자와 그들이 속한 기업이라는 것을 알고 있다. 그래서 그들의 미션은 '전 세계의 개발자와 기업이 신뢰하는 선도적인 글로벌 다채널 메시징 API'가 되는 것이며, 매출, 고객 수, API 가동시간, 순추천고객지수Net Promoter Score, NPS를 성공을 가늠하는 주요한 척도로 삼고 있다.

튼튼한 고객, 확실한 미션, 성공 지표가 있으면 팀에는 내재적 동기에 힘입어 앞으로 달려갈 일만 남는다. 이 세 가지는 회의실에서 임원진의 손에 만들어지는 것이 아니다. 팀 자체에서 탄생하는 것이다. 그래야 업무를 개인화할 수 있다.

동기가 충만한 소규모팀의 또 다른 이점은 아무도 숨을 수 없다는 점이다. 자신이 기계의 톱니바퀴나 프로젝트에 참여하는 수십, 수백 명 중 하나라면 본인의 기여가 하찮다고 느끼기 쉽다. 그러면 사기 진작에도 좋지 않고 모든 직원의 기술과 재능을 최대한 활용하기도 어려울뿐더러, 성과가 낮거나 집중력이 부족한 사람들이 일을 설렁설렁하게 된다. 하지만 5명에서 10명으로 구성된 소규모팀에서는 이러는 게 불가능하다. 모든 사람이 중요한 역할을 맡고 있어서 혼신의 힘을 다하지 않는 사람은 있을 자리가 없다(내 말을 믿어라. 시간이 지나면 훤히 보인다).

고객, 미션, 핵심 지표를 규정하는 것이야말로 소규모팀의 근간이다.

유사분열

사업이 커지면 팀도 커진다. 사업은 확장하면서 팀은 소규모로 유지하려면 어떻게 해야 할까? 완전히 새로운 계획을 세우거나 프로덕트와 팀의 비율이 1:1인 경우에는 쉽다. 소규모팀이 새로운 문제를 해결하도록 지원하면 된다. 하지만 프로덕트에 투입된 팀의 규모와 범위가 확장되는 경우엔 어떻게 해야 할까? 일례로 트윌리오 SMS 팀은 2010년에 소규모팀 하나로 시작했지만 지금은 수백 명의 엔지니어로 구성돼 있다. 우리는 이들을 어떻게 소규모팀들로 확장했을까? 답은 유사분열에 있다.

다섯 명 정도로 작게 팀을 시작했다고 하자. 팀이 커지면서 인원이 열 명대에 가까워지면 곧 팀을 어떻게 둘로 나눌지 계획하기 시작한다. 가장 중요한 문제는 대체로 팀을 어떻게 나누느냐이다. 이는 상황에 따라 달라진다. 프로덕트의 기능에 따라, 기능의 계층에 따라, 고객 부문에 따라 다르지만, 가장 중요한 것은 고객, 미션, 핵심 지표, 코드베이스를 팀과 함께 묶는 것이다. 마지막 코드베이스는 미리 계획해야 하기 때문에 가장 어려운 부분이다.

보통 시스템이 하나의 거대한 코드베이스로 구축돼 있기 때문에 팀을 나누려면 두 개의 팀이 독자적으로 관리할 수 있는 두 개의 코드베이스로 시스템을 리팩터링해야 한다. 이 작업에는 시간이 걸린다. 대개 이런 팀 분할은 최소한 6개월 전에 미리 계획한다. 하지만 한 가지 긍정적인 면은 코드베이스에 계속 투자하고 마이크로서비스로 리팩터링하는 과정에서 이전의 부채를 해결한다는 것이다. 봄철 대청소와 비슷해서 이를 통해 팀과 프로덕트가 빠르게 성장하면서 건강해진다. 또한 코드베이스를 지속적으로 팀과 결합할 수 있고 그 결과 고객의 요구와도 일치시킬 수 있다.

예를 들면 다음과 같다. 트윌리오 보이스는 하나의 팀으로 출발했다. 하지만 인원이 15명에 가까워지자 우리는 팀이 너무 커져서 나눌 때가 됐다고 판단했다. 트윌리오 보이스는 크게 두 부분으로 나뉘었다. 전 세계 전화 네트워크 접속 부분과 이를 기반으로 고객들이 텍스트를 말하고, 오디오를 재생하고, 여럿이 함께 회의하는 등 역동적으로 상호작용하게 하는 API 부문이었다. 고객들은 접속 부분에서는 범세계적인 접속 범위와 비용 효율성에, API 부분에서는 수백 명까지 확장되는 컨퍼런스 브릿지conference bridge, 또는 문자-음성 변환 시의 좀 더 실제 같은 음성 기능에 관심을 보였다.

따라서 프로덕트를 이렇게 두 팀으로 나누는 게 자연스러웠다. 우리는 이 둘을 보이스 커넥티비티Voice Connectivity와 프로그래머블 보이스Programmable Voice라고 불렀다. 그 결과 트윌리오 보이스 프로덕트에서 이 두 부분 사이의 코드를 분리해야 했고, 덕분에 신규 통신사 네트워크와 훨씬 빠르게 연결하고 테스트하는 것은 물론, 전 세계에 퍼진 우리 데이터센터를 더욱 신속하게 확장할 수 있었다. 기능 개발 속도 역시 가속화되었는데, 두 팀이 더 이상 통신의 상호 연결을 걱정할 필요가 없어졌기 때문이다. 얼마 후 한 팀이 보이스 커넥티비티에 대한 고객 요구사항에 온전히 집중하면서, 연결성 그 자체로 독립적인 프로덕트가 될 수 있음을 깨달았다.

2014년 해당 팀은 트윌리오 엘라스틱 SIP 트렁킹Twilio Elastic SIP Trunking이라는 새 프로덕트를 출시했고, 현재 이 제품은 프로그래머블 보이스와는 무관하게 6천 명 이상의 고객에게 서비스를 제공하고 있다. 결국 팀 분할은 매우 건강한 아키텍처란 무엇인지 재고하게 만들었을 뿐 아니라, 우리 팀들이 각 고객의 요구에 독립적으로 집중할 수 있게 했고, 심지어 회사에 새로운 수익원까지 창출해 주었다.

단일 스레드 리더와 의사결정 간소화

단언컨대 소규모팀을 확장하는 데 가장 중요한 마지막 부분은 당연히 리더십이다. 소규모팀의 팀원들이 임무에 집중하고, 자율적으로 힘든 결정을 내리고, 고객에게 서비스를 신속하게 제공하는 데 헌신하기를 바란다면 리더의 역할이 중요하다. 우리는 이런 리더를 '단일 스레드single-threaded' 리더라고 부른다. 아침에 일어나면서 어떻게 해야 팀의 성과를 올릴 수 있을까, 이 한 가지만 생각하기 때문이다(스레드thread는 컴퓨터 프로그램의 실행 단위로, 다중 스레드 프로그램은 한 번에 많은 것을 하지만 단일 스레드 프로그램은 오직 하나만 집중해 처리한다).

당연해 보일 수도 있지만 대부분의 기업 구조는 이렇지 못하다. 가장 일반적인 형태가 부사장과 같이 회사의 높은 자리에 있는 경영진에 모든 프로덕트 및 엔지니어링 관련 보고를 하는 것이다. 결국 경영진이 일선에서 일하는 팀에 영향을 미치는 중요 결정을 내리고, 일선 팀들이 경영진의 목표를 계획에 반영해 '위에서 아래로 밀어붙여야' 한다.

소규모팀을 운영하는 또 다른 접근법은 '두 명이 동시에' 팀을 이끄는 것이다. 보통은 프로덕트 매니저와 엔지니어링 매니저가 책임을 맡는데, 매우 흔한 방법이다. 일례로 구글이 이렇게 운영한다. 하지만 리더가 두 명인 세계에서는 책임 소재가 명확하지 않고, 일을 진척시키기 위해 한 명을 자를 수도 없다. 스타트업에서 설립자와 팀원이 여러 명일 수는 있지만, 궁극적으로 책임을 지는 사람은 최고경영자 한 사람 뿐이다.

많은 기업이 자율성을 부여하는 문제를 논의하지만, 위험 회피 성향이 너무 강해서 결국엔 리더들에게 충분한 자유를 주지 않는다. 경영진은 자신의 성공을 염려해 본인에게 보고하는 직원들에게 실제로 어떠한 진짜 권한도 허락하지 않는다. 보통은 권한을 분산하자고 이야기한 뒤에 자신의 팀을 의심한다. 아마 이렇게 자문할 것이다. 내 목숨 줄이 달려 있는데 어떻게 소규모팀에 자율권을 부여하고 일처리를 깔끔하게 할 거라고 믿을 수 있지? 우리 팀이 잘못된 결정을 했는데 어떻게 뒤집지 않고 그대로 둘 수 있겠어? 어떻게 세부사항에 관여하지 않고 뒤로 물러서서 팀이 일하게 내버려 둘 수 있단 말이야?

트윌리오에서 엔지니어링 및 프로덕트 부사장을 고용했을 때도 비슷한 문제가 있었다. 다들 지나치게 팀에 개입해서 결정을 뒤집고 그들의 권한을 아예 무시하거나, 아니면 반대로 팀에 권한이 있으니 원하는 건 뭐든 하라고 하면서 가만히 앉아 구경만 했다. 당연히 둘 다 이상적이지 않다.

내 방식은 이렇게 말하는 거다. "저는 이 회사의 최고경영자고 이 회사는 주식회사기 때문에 저는 이사회와 투자자들에 대해 책임을 져야 합니다." 분기 실적이 좋으면 소식을 공유하는데, 실적이 나쁘다고 다음처럼 말하지 않는다. "프로덕트 담당자가 결정을 잘못 내린 탓이니 그쪽에다 이야기하세요." 당연히 회사가 공지하는 결과는 내 책임이다. 따라서 나는 결과를 책임지고, 단일 스레드 리더들을 채용해 권한을 줘서 문제를 해결하는 소규모팀을 이끌게 하는 것이 내가 좋은 결과를 얻기 위해 선택한 방법이다. 우리가 할 수 있는 최선은 직원들이 고객의 말에 귀 기울이고 올바른 결정을 내리도록 훈련시키는 것이다. 그렇게 해야 목표를 달성할 수 있다고 믿는다. 하지만 물론 책임은 여전히 내게 있다.

어쩌면 최고에 못 미치는 결정이 나올 수도 있다. 하지만 결정을 폐기하는 것의 대가와 리더에 대한 신뢰를 폐기하는 것의 대가를 비교해 보라. 그 결정으로 인해 회사가 망하거나 고객에게 지속적인 피해를 입힐 것 같으면, 그렇다. 경영진이 개입하는 것이 옳다. 문제는 종종 경영진이 중요하지 않은 하찮은 결정에 개입하는 것이다. 이를 '바이크쉐딩bikeshedding'이라고 한다.

바이크쉐딩은 경영진 및 매니저가 팀에 관여해서 짜증을 유발하는 우발적 행동을 설명하는 정말 훌륭한 용어다. 배경은 다음과 같다. 원자로 건설을 담당하는 정부 위원회가 있다고 하자. 가압경수로, 비등수형 경수로, 흑연감속 비등경수로 중 어떤 종류의 원자로를 건설하면 좋을지 도움을 주기 위해 기술자들이 위원회에 찾아온다. 기술자들이 위원회에 전문가적인 조언과 추천을 한다. 그러면 원자로 설계에 문외한인 위원회는 세부사항을 깊게 살피지도 않고 기술자들의 제안을 조용히 받아들인다.

그런데 원자로 밖에 있는 자전거 창고를 어떤 색깔로 칠할지 질문이 나오는 순간, 위원들이 너나없이 목소리를 높이며 한몫을 하려는 바람에 난상토론이 벌어진다. 이처럼 바이크쉐딩은 비전문가인 책임자가 정말 중요한 결정에 필요한 맥락을 잘 몰라서 하찮은 세부사항에 엄청난 에너지를 소비하는 경향을 의미한다.

그렇지만 팀 리더가 자연스레 상부에 권한을 넘기기도 한다. 결정이 올바른지 확인하기 위한 차원이지만, 어려운 결정을 내릴 때는 상사에게 결정해 달라고 부탁하기 쉽다. 하지만 이건 책임을 회피하는 행동이며, 리더에게 자율권을 부여하는 문화를 형성하는 데 좋지 않다. 경영진으로서 나는 대답보다 질문을 더 많이 한다. 단일 스레드 리더들에게 책임을 부여하면서, 동시에 그들이 스스로의 질문에 답하도록 돕기 위해서다. 나도 완벽하진 않아서 질문을 받으면 대신 결정하는 함정에 자주 빠지지만, 내 목표는 그들 스스로 분명히 결정을 내릴 수 있도록 돕는 것이다.

결정 권한을 가진 단일 스레드 리더가 없으면 기업은 결국 효과가 좋지 않은 다른 의사결정 체계를 선택하게 된다. RAPID 의사결정 체계에 대해 들어본 적 있을 것이다. 이는 조직에서 '결정권자가 누구인지' 파악하도록 도와주는 수많은 체계 중 하나다. RAPID는 베인Bain이 의사결정의 5가지 핵심 기능(권유Recommend, 동의Agree, 실행Perform, 의견 제시Input, 결정Decide)에 역할을 부여해서 결정에 관련된 책임을 확실히 하기 위해 만든 도구다.

우리는 트윌리오의 일부 부서에서 RAPID 실험을 한 뒤, V(거부Veto)라는 무언의 역할이 있으면 결정권자가 힘을 제대로 발휘하지 못한다는 사실을 깨달았다. 이 RAPID 과정 전반에 동의하는 사람도 있겠지만, 만약 모든 결정을 거부하는 매니저가 늘 존재한다면 이론적으로 결정권을 가진 사람이 이를 행사할 수 없게 된다. 이는 단일 스레드 리더에게 권한을 부여하는 것과는 정반대의 결과다. 윗선에서 단일 스레드 리더에게 결정 권한이 있다고 말은 하지만 그의 결정을 의심하거나 거부한다면, 실제론 행동이 아니라 말로만 권한을 위임한 것이다. 이 경우 단일 스레드 리더는 결정을 내리기 두려워할 것이고 대부분의 결정을 윗선에 넘길 것이다. 나는 이러한 상황이 내재적 동기를 파괴하는 엄청난 방해꾼이라고 생각한다.

그렇다면 해결책은 무엇일까? 사람들은 의사결정권자와 얼마나 가깝느냐에 따라 자신에게 자율성이 있으며 '이를 알고 있다'고 느끼는데, 구분하자면 다음과 같다.

- 자신이 의사결정권자라면 완전한 자율성을 갖는다.
- 자신의 매니저에게 결정권이 있으면 결정이 내려지는 과정을 이해하고, 결정에 영향을 미치는 대화에 참여하고, 결정에 동의할 가능성이 높다.
- 자신과 좀처럼 교류하지 않거나 심지어 알지도 못하는 멀리 있는 누군가가 본인에게 영향을 미치는 결정을 내리면 피해자적 사고방식을 가지게 된다. 그런 결정은 자신에게 가해지는 것이지, 자신이 함께 참여하는 것이 아니다. 본인이 자율성을 가진 신뢰받는 행위자가 아니라, 반대로 과정의 수동적인 일부에 불과하다고 믿기 시작한다.

소규모팀과 단일 스레드 리더는 직원들이 자신을 제3자라고 느낄 만한 상황을, 즉 자신이 동의하지 않는 결정에 의해 무력감을 느끼고 피해를 입는 가능성을 최소화하도록 지원한다.

더 나은 협력의 오류

소규모 자율적 팀이 많아져서 곧 규모를 확장해야 할 때 생기는 한 가지 문제는 팀의 업무를 어떻게 조정할까 하는 것이다. 팀이 많을수록, 팀의 자율성이 클수록 협력하기가 어려워지는데 많은 경영진이 이를 불만스러워한다. 사실 일이 잘 풀리지 않으면 경영진이

해답이라면서 "협업을 더 잘해야 합니다."라고 소리치는 경우가 다반사다. 그럴싸한 말이다. 하지만 직원들에게 다른 직원이나 팀과 맺고 있는 수천 개의 관계를 잘 관리하라고 하는 건 비현실적인 소리다. 그러면 전체 시스템과 민첩성이 그 무게에 눌려 붕괴될 것이다. 회의가 급증하면서 대부분의 직원이 딴 데 정신을 팔게 돼도 놀랄 일이 아니다.

나는 이를 '더 나은 협력의 오류'라고 부른다. 소규모팀은 협력을 덜 필요로 한다. 스타트업과 마찬가지로 고객 및 미션과 관련된 소수의 주변 사람에게만 시간과 관심을 쏟으면 되기 때문이다. 물론 의미 있는 작업을 수행하려면 팀들이 서로 상호작용해야 한다.

그러므로 팀 간의 관계를 '서비스 계약'으로 공식화하는 것이 중요하다. 각 팀을 각기 다른 스타트업으로 가정해 보라. 다른 팀과 거래한다는 건 프로덕트가 잘 정의돼 있고 가격이 잘 합의됐다는 의미다. 다른 팀의 웹사이트에 프로덕트 설명이 올라와 있고, 누군가 프로덕트를 원할 경우에 대비해 '연락처' 또는 '시작하기' 버튼도 만들었다고 상상해 보라. 회사의 경계를 넘어 거래할 때는 이러한 공식적인 계약이 필수다. 프로덕트에 대한 정의가 있어야 하고, 가격도 합의되어야 한다. 하지만 회사 내부에서는 이 모든 게 느슨하다. 만약 모든 팀이 '이것이 우리가 하는 일이고, 이렇게 하면 우리와 함께 할 수 있다'고 공식적으로 정리해서 다른 팀에 노출하면 협업 비용이 절감된다. 이것이 팀 간 상호작용을 표준화하면서 프로세스를 이해하기 쉽고 확장 가능하도록 만드는 방식이다. 내부 회계와 리소스 계획에 도움을 줄 수 있도록 서비스에 심지어 '가격표'

를 붙일 수도 있다.

기술팀에서는 이런 인터페이스가 보통 API와 훌륭한 문서다. 프로그래머블 보이스 팀은 세계 어딘가로 전화를 걸 일이 생기면 통화를 시작하기 위해 API로 보이스 커넥티비티에 요청을 한다. 이렇게 팀들 사이에 확실하게 서비스 계약이 체결된 덕분에 안정적이고 예측 가능하고 문서화된 방식을 이용해 상호작용하고 서비스 비용을 청구할 수 있다. 이런 관행은 기술팀에만 국한되지 않는다. 조직의 다른 부분에도 유사한 원칙을 적용할 수 있다.

예를 들어 법무팀은 영업팀과 파트너 관계를 맺고 고객과 계약 건으로 협상하는 데 많은 시간을 할애한다. 하지만 법무팀에 영업팀과 일하기 위한 명확한 'API' 같은 게 있을까? 신규 계약은 어떻게 제안할까? 진행 상황은 어떻게 추적할까? 사내 변호사를 이용하는 '비용'은 얼마이며, 이는 영업비용에 포함될까? 법무팀에서 영업사원이 변호사의 도움을 받지 않고 사전 승인된 표준 문안을 기성 양식처럼 구매할 수 있는 셀프서비스 플랫폼을 제공한다고 생각해 보라. 정말 좋은 프로덕트가 될 것이다! 많은 영업사원들이 좋아할 것이며 그들의 거래주기가 단축될 것이다. 게다가 법무팀과 '협업' 해야 할 필요도 줄어들 것이다.

또 다른 창의적인 예가 있다. 몇 년 전, 우리 사무실에 키보드, 마우스, 노트북 전원 어댑터 등으로 가득 찬 자판기 하나가 불쑥 나타났다. 자판기에 현금을 넣는 대신 직원 배지를 스캔하면 필요한 장비가 튀어나왔다(회계 및 절약을 위해 이용 내역은 추적된다). 바로 우리 IT팀이 직원들과 새로운 서비스 계약을 체결한 방식이다. 매일 수많은 직원이 접속 케이블이나 키보드 때문에 도움을 받으려고 IT 서비스 데스크에 찾아가지 않도록 하기 위해 잘 정의된 인터페이스(자판기), 명확한 프로세스(배지를 스캔하면 눈앞에 마우스가 떨어진다), 가격표까지 만든 것이다. 이는 두 팀이 상호작용을 하는 새로운 방식으로 함께 일하는 데 표준적 인터페이스를 제공한다.

논리적인 결론에 따라 팀들은 내부 팀의 '프로덕트'를 고를 수도 있고, 똑같은 서비스를 더 나은 가격에 제공하거나 더 나은 기능이나 서비스를 제안하는 외부 공급업체를 선택할 수도 있다. 인터페이스가 똑같이 훌륭하면 업무에 가장 적합한 툴을 고를 수 있기 때문에 각 팀은 내부 고객에게 '선택받기' 위해 어쩔 수 없이 최선을 다한다. 물론 팀이 외부 제품을 채택하려면 보안이나 신뢰에 대한 최소한의 기준과 같은 특정 조건이 충족되어야 한다.

이렇게 되면 각 팀이 고객에게 서비스를 제공할 수 있는 자율성이 늘어난다. 그래서 인터페이스에 경제성을 포함시키는 게 중요하다. 내부 고객을 위한 가격표가 없으면 당연히 비용이 발생하는데도 '공짜'로 착각한다. 소규모팀이 스타트업처럼 움직이기를 원한다면 성공의 척도로 '수익'을 내도록 하는 게 가장 확실하다. 그렇지 않으면 더 많은 팀이 일만 더 많이 하고 발전하지 못한다.

이렇게 하면 모든 팀이 진정으로 회사 바깥 사람에게 서비스하는 것과 동일한 방식으로 내부 고객에게 서비스하도록 설계되면서 자신의 결과물을 프로덕트로 생각하게 된다. 만약 우리 팀이 이윤을 목적으로 한 법무팀이라면, 우리 제품은 회사를 보호하면서 성장하도록 돕는 법적 계약을 체결하는 것이며, 우리 고객은 사내 영업팀과 최종 구매자다. 만약 고객에게 서비스하는 방법을 설계하고 더 나은 서비스를 제공하기 위해 빠르게 반복 실험할 수 있으면, 소프트웨어적 또는 제품적 해결책으로 문제에 접근하는 것이다. 문제를 해결한다고 인력을 더 투입하는 것 대신 말이다. 사람이 많아지면 당연히 복잡성도 증가한다(사람이 추가되면 복잡성이 기하급수적으로 증가한다는 사실을 기억하라).

나는 협업을 개선하는 것이 목표가 되어선 안 된다고 생각한다. 이보단 협업을 줄이는 것이 목표가 되어야 한다. 훌륭한 기업은 "고객지원 인력을 늘려야 합니다."라고 말하기보다는 이렇게 이야기한다. "고객이 고객지원팀에 연락할 일을 만들지 말아야 합니다." 마찬가지로 훌륭한 기업은 그룹 간의 상호작용을 표준화하거나 상품화함으로써 팀과 개인이 협업해야 하는 필요를 줄인다. 이를 통해 팀은 내부 협력을 위한 회의 시간을 줄이고 혁신에 더 많은 시간을 할애할 수 있다. 핵심은 회사의 다른 부서를 협력자가 아닌 고객으로 대우하는 것이다.

아틀라스 팀에서 일하는 수잔입니다

4장에서 만났던 파티오11을 기억하는가? 그는 성공적인 소규모팀을 만드는 일을 '모든 필요한 기능으로 구성된 하나의 뇌를 만드는 것'에 빗대어 근사하게 설명했다. 이런 식으로 팀을 구성하면 그가 생각하기에 많은 기업의 핵심 문제를 바로잡는 데 도움이 된다. 보통은 개발자가 사업 과정에서 고립되는 게 다반사지만 말이다.

파티오11은 이렇게 말한다. "개발자가 고립되는 건 여러모로 조직 설계상의 문제입니다. 보통 기업은 이렇게 말하지요. '좋아. 사업부도 있고, 엔지니어링 팀도 있고, 인터페이스도 갖췄군.'" 그가 회의적으로 생각하는 '인터페이스'는 제품요구사항정의서Product Requirements Documents, PRD나 칸반Kanban 또는 사전 협의 없이 다른 부서에 일을 넘기는 여타 시스템을 지칭한다. 사실 이런 시스템에서는 소프트웨어 개발자가 일정을 짜서 업무를 진행하고 있는데 갑자기 요구사항이 변경되는 일이 밥 먹듯 벌어지는 탓에 적대적인 관계가 자주 형성된다. 그때부터 비난이 날아다니기 시작한다.

파티오11의 이야기를 들어보자. "소프트웨어 업무를 하는 사람들은 이렇게 말합니다. '당신네들이 내 작업규칙을 건드리는 바람에 이제껏 한 일이 날아가게 생겼잖아. 일정이 밀리게 됐다고. 망할 사업부 놈들은 소프트웨어가 어떻게 만들어지는지 이해를 못한다니까.' 그러면 사업부 사람들은 이렇게 말하죠. '저 빌어먹을 개발자들이 3월까지 시스템을 준비하겠다고 약속해 놓고, 이제 2월인데 시스템 완료 근처에도 못 갔어.'"

그는 상황을 요약해서 이렇게 결론짓는다. "개발자들은 화성 출신이고 요구사항을 분석하는 사람들은requirements analyst 금성 출신이어서 그 둘은 절대 만나지 못합니다." 이런 구조에서 예상되는 결과는, 프로덕트를 제작하는 사람들과 어떤 프로덕트를 만드는지 알고 있는 사람들을 분리해 별도의 부서에 별도의 보상을 제공하기로 결정한 모든 회사에 적용된다.

하지만 해결책이 없는 건 아니다. 이 부분에서 여러 부서에 걸친 소규모팀이 필요하다. 파티오11이 현재 몸담고 있는 스트라이프는 오랫동안 성공적으로 개발자와 비즈니스 담당자를 같은 팀으로 묶어 프로젝트를 제작하게끔 했다. 하지만 아틀라스(사업하는 사람들이 클릭 몇 번만으로 델라웨어에 기업을 설립할 수 있게 도와주는 제품) 개발팀을 만들면서 보다 과감하게 다양한 기능을 결합했다. 그들은 개발자와 비즈니스 담당자를 한 팀에 넣는 것에 그치지 않고, 고객 서비스, 법률, 마케팅 담당자까지 합류시켰다. 이뿐 아니라 아예 한자리에 앉아 일하도록 했다.

여러 부서 담당자를 소규모팀으로 구성하면 효율성 측면에서 엄청난 이점이 생긴다. 파티오11은 이와 같은 시도로 생긴 변화를 다음처럼 설명한다. "엔지니어링 팀 옆에 아틀라스 전담 법률팀이 앉아 있어요. 아틀라스는 법률적으로 검토할 게 많은 프로덕트예요. 누군가 오전 11시에 '이 화면에 이 문구를 넣어도 괜찮을까요?'라고 질문하고 싶으면, 그저 변호사 쪽으로 고개를 돌려서 '법률적인 것 때문에 잠깐 질문 좀 할게요. 어쩌고 저쩌고라고 쓰고 싶은데 괜찮을까요?'라고 물으면 그만이었어요. 그러면 변호사가 '글쎄요. 잠깐만 뒤로 돌아가 보세요. 거기요. 대체 이 표현은 어디서 나온 거예요? 다른 방식으로 표현할 순 없을까요?'라고 하죠." 그런 뒤 팀원들은 5분 동안 최적의 접근법을 이야기한다.

개발자가 약 12주 동안 작업한 다음에야 검토를 받는 일반적인 프로세스와 비교해 보라. 파티오11의 설명에 따르면, 해당 시점에선 이미 "화면의 숫자와 흐름을 현재와 같이 설정하게 만든 가정을 바꾸는 게 불가능"하다. "이 단계에선 빼도 박도 못 해요. 할 수 있는 거라곤 법률적 환경에 대한 이해가 부족했다는 점을 화면에 가능한 한 그럴듯하게 표시하는 것뿐이에요." 이 때문에 모든 사람을 한 팀에 모아서 그들 사이의 물리적, 조직적 거리를 없애는 방식이 그토록 강력한 도구인 것이다. 이를 통해 프로세스 초기에 잘못된 가정과 엇나간 결정을 바로잡을 수 있다.

이는 사기의 측면에서도 놀라운 효과를 발휘한다. 스트라이프의 아틀라스 팀에 속한 모든 사람은 자신을 소속 부서가 아닌 아틀라스 팀원으로 소개한다. "제 이름은 수잔입니다. 유저옵스User Ops 팀에서 일하고 있고, 아틀라스 프로젝트에 배정되었어요."라고 말하는 대신, "제 이름은 수잔입니다. 아틀라스에서 유저옵스 일을 맡게 되었습니다."(스트라이프에서는 지원 업무를 유저옵스라고 부른다)라고 하는 것이다. 간단히 말해 그녀의 소속 집단은 스트라이프도 유저옵스도 아닌 아틀라스이다.

유저옵스(지원 업무)는 기업들이 일선 에이전트와 프로덕트를 제작하는 팀 사이에 사회적 거리를 발생시키는 대표적인 예다. 이 부서는 팀원들이 스스로를 기계의 톱니바퀴라고 여기는 상황을 만든다. "사람들이 '여기서 내가 하는 일은 출근 도장 찍고, 퇴근 도장 찍는 거구나.'라고 느끼죠. 그러면 얼마 안 있어 에너지가 고갈됩니다. 그래서 이 부서의 이직률이 상당히 높은 편이에요." 파티오 11의 말이다.

아틀라스 팀은 그 반대다. 일부 직원들은 아틀라스와 유대감이 너무 끈끈해서 팀에 계속 머물기 위해 승진을 포함한 전근 기회를 거절하기도 한다. 이보다 좋은 일은 직원들이 고객에게도 동일한 유대감을 느껴서 파티오11의 말처럼 "어쩌면 이제껏 일해 본 중 최고의 팀"이라고 이야기하는 피드백 순환이 일어난다는 점이다.

촘촘한 피드백 순환과 결과물에 대한 부서를 막론한 주인의식은 아틀라스 엔지니어들이 고객이 원하는 것을 즉시 제공할 수 있음을 의미한다. 한 가지 사례를 들어 보자. 처음에 아틀라스 서비스는 스타트업의 델라웨어주 법인 설립을 돕기 위해 만들어졌다. 서비스는 좋았지만 알다시피 법인을 설립하는 초기 작업은 기업가가 회사를 차리는 동안 헤쳐 나가야 하는, 정부와의 수많은 복잡 미묘한 상호작용의 첫 걸음에 불과하다. 그러다 보니 고객들이 (기업가를 정신없게 만들기 일쑤인) 정부 관료들을 상대하느라 고충인 다른 분야에 대해서도 아틀라스에 의지하기 시작했다.

아틀라스가 출범한 지 약 1년 만인 2017년 11월, 정례 팀 회의에서 유저옵스 담당자가 갑자기 고객들로부터 '세금' 관련 질문이 쇄도하고 있는데 왜 그런 거냐고 물었다. 파티오11은 호기심이 동해 어떤 세금이냐고 물었고(당연히 회사들은 판매세, 소득세, 급여세 등을 낸다) 유저옵스 담당자는 이렇게 답했다. "프랜차이즈 세금이라나요?"

창업 경험이 많은 기업가 파티오11은 곧바로 모든 회사가 매년 겪어야 하는 델라웨어 프랜차이즈 세금 계산 및 납부의 고통을 떠올렸다. 고객들로부터 엄청난 질문이 쏟아지는 게 당연했다. 델라웨어 프랜차이즈 세무위원회Franchise Tax Board, 무시무시한 FTB가 연초를 맞아 해당 회사에 막대한 금액의 때론 계산도 잘못된 세금 지불 의무를 상기시키는 안내문을 막 보냈기 때문이었다. 사용자들은 복잡한 문제를 전부 해결해 드리겠다 약속하며 법인을 설립해 준 아틀라스에 도움을 요청했다.

아틀라스 팀은 먼저 고객들을 돕기 위해 약식으로 답변을 작성해 그들이 도와 달라는 요청을 쓸 필요가 없게 했다. "사람들이 프랜차이즈 세금을 납부할 수 있도록 메뉴창에 필요한 사항을 만들었지만, 델라웨어주 지침을 참고해 계산하는 작업은 사용자가 직접 해야 했어요. 그런데 그 지침이라는 게 사업가들이 따라 하기 쉽지 않아요."

고객의 문제를 해결한다는 데(고객들이 혼란스러운 델라웨어 웹사이트를 헤매지 않도록 세금을 납부해 주는 것) 혹하는 팀원들의 모습을 상상했나? 처음에 방 안에 있던 엔지니어들은 본능적으로 이렇게 답했다. "세금은 저희 업무 범위 밖이에요." 하지만 파티오11은 리더로서 통찰력을 발휘해 여기에 엄청난 기회가 있다는 것을 깨달았다. 백만 개의 회사가 매년 델라웨어 프랜차이즈 세금 납부 방법을 파악하느라 두 시간을 허비하고 있었다. 아틀라스 팀이 몇 주를 투자해 이를 해결하는 소프트웨어를 제작한다면, 매년 기업들이 수백만 시간을 절약하고 이를 통해 인류는 보다 효율적이 될 수 있을 터였다.

파티오11은 비슷한 세금을 수차례 신고한 경험을 가진 분야 전문가였고, 고객의 프로세스를 간소화하는 데 필요한 소프트웨어가 무엇인지 설명할 수 있었다. 하지만 문제가 있었다. 바로 고객에게 필요한 양식을 반자동으로 작성하는 부분이었다. 세금을 계산하는 방법에는 A와 B, 두 가지 방식이 있는데, 기본적으로 스타트업은 항상 B방식을 사용해야 한다. 아틀라스 개발자들은 사용자에게 단순히 B방식을 택하도록 제안해도 되는 건지 궁금했다. 팀 내 변호사는 이것이 법률적 조언과 다름없다고 생각했다. 엔지니어들이 절충안을 제안했다. 소프트웨어에 고객들이 B방식을 택하도록 기본 값을 설정해 놓되, 변호사가 A방식을 사용하도록 권고한 경우에는 델라웨어주에 직접 가서 처리해야 한다고 명시하는 것이었다. 이 절충안은 법률팀의 검열을 통과했다.

이처럼 그들은 당초 예상치 못했던 고객의 요구를 받아들여 이를 고객의 시간을 크게 절약하는 법적 솔루션으로 전환한 뒤, 법률팀의 승인을 받아 프로덕트를 만들었다. 만약 법률팀이 그 팀이나 그 방에 없었다면 다들 훨씬 단호하게 "아니요. 무슨 생각을 하는 거예요? 고객에게 법률 자문을 제공할 수는 없어요."라고 말했을지도 모른다. 그 대신 아틀라스 팀은 문제를 파악하고 해결하는 여정에 동참했다. 그리고 다가오는 세금 시즌에 대비해 충분한 시간을 들여 소프트웨어를 구축하기 시작했다.

엔지니어들은 세금 관련 기능을 신속하게 개발했고, 세금 납부 시즌에 맞춰 아틀라스 다음 버전에서 서비스했다. 이 프로그램은 고객들에게 세금을 제때 납부하라는 안내문을 보내고 고객들이 세금을 얼마나 내야 하는지 파악하는 데 도움을 준다. 두세 시간 정도 걸리던 과정이 이제는 1분도 걸리지 않는다. "좋은 경험이었어요. 방 안에 있던 유저옵스 담당자가 '세금 납부 철이 6개월이나 남았는데 사람들이 벌써 우리 계획을 물어보고 있어요.'라고 말해 주지 않았으면 이런 일은 생기지 않았을 겁니다." 파티오11의 말이다.

아틀라스 엔지니어들이 다른 직원들로부터 고립돼 있었다면 이는 불가능했을 것이다. 팀 전체가 함께 앉아, 모두 결정에 참여했기 때문에 가능한 일이었다. 스트라이프에서는 엔지니어들은 자체 엔지니어링 회의를 열지 않고, 마케팅 담당자는 자체 마케팅 회의를 열지 않고, 고객 서비스 담당자는 자체 고객 서비스 회의를 열지 않고, 법률 담당자는 자체 법률팀 회의를 열지 않는다. 모두 아틀라스 팀 회의가 있을 때만 참석한다. 따라서 모든 팀원이 고객과 가까이 있으면서 그들이 원하는 것을 줄 수 있다. 그들은 하나의 두뇌가 되어 고객에게 봉사한다.

팀은 각 팀원이 고객에게 책임감을 느끼고 고객에게 서비스하겠다는 깊은 목적의식을 가질 때 최고의 역량을 발휘한다. 소규모팀은 경영진에 의해서가 아니라 고객 및 고객 문제와 상호작용하며 내부에서 절로 생겨난 미션을 통해 이러한 연결과 목적을 실현시킨다.

우리가 원하는 것은 팀원들과 팀 전체 모두 자신이 하는 일이 중요하다고 믿는 것이다. 이러한 고유한 동기는 감동적인 연설이나 거액의 연봉에서 나오는 게 아니다. 이는 자신이 하는 일이 사람들의 삶에 진짜 영향을 미친다는 사실을 아는 것에서부터 생겨난다.

대부분의 회사에서는 조직도 위에서 아래로 명령이 내려간다. 하지만 소규모팀을 믿는 트윌리오, 스트라이프와 같은 많은 회사는 그 반대다. 사람들 때로 투자자들은 내게 왜 소규모팀에 우선권과 로드맵을 가지도록 그토록 많은 권한을 주느냐고 묻는다. 그러면 나는 대답한다. "고객에게 봉사하는 방법을 가장 잘 아는 사람이 누굴까요? 나는 지금 여기 앉아서 투자자와 대화하고 있지만, 내 팀들은 고객과 대화하기 바쁩니다. 오늘 우리가 고객을 위해 무엇을 해야 하는지 더 잘 아는 사람이 누구일 거라 생각하세요?"

나에게 다양한 분야로 구성된 소규모팀과 단일 스레드 리더의 가장 큰 목적은 팀이 고객에게 친밀감을 느끼고, 결정에 책임지며, 자신의 일이 곧 발전을 의미한다는 사실을 아는 것이다. 팀원들이 어떻게 느끼는지 알아보기 위해 의사결정이 어떻게 이루어지는지 물어볼 수도 있다. 개발자들에게 다음과 같은 질문을 던져 보라.

최근에 결정을 내린 사람은 누구인가? 본인이 그 결정 과정에 참여했는가? 본인의 동의 없이 결정이 이루어졌는데도 팀으로써 함께 애쓰고 헌신했는가? 결정에 영향을 미친 것이 조직도인지 고객의 요구인지 물어보는 것도 좋다. 팀원들이 일의 진척 상황에 책임을 느끼는지 알아보려면 평가 지표가 뭔지, 스스로 지표를 합리적으로 제어할 수 있다고 생각하는지 물어보라. 얼마나 많은 사람이 팀 외부에서 그들에게 감 놔라 배 놔라 하는지도 물어보라.

이 과정에서 얻게 되는 것은 결국 책임감과 고유한 추진력이다. 팀 리더에게 주어진 과제에 성공했는지 실패했는지, 대체로 자신에게 통제권이 있다고 느꼈는지 물어보라. 그렇지 않다고 답하면, 모든 사람이 결정과 결과물에 책임이 있다고 느끼도록 팀을 조직하는 방법을 고민하라. 그렇지 않으면 사람들이 다른 데 정신을 팔 것이다.

9장

우리는
고객 편이에요

사람들은 누군가 한 말과 행동은 잘 잊어 버린다.
하지만 어떤 기분이 들게 했는지는 절대 잊지 않는다.

마이아 앤절로

일단 회사를 고객, 미션, 성공 지표로 정의된 소규모팀으로 조직했다면, 이젠 고객을 위해 전력 질주해야 할 시간이다. 하지만 어떻게 해야 할까? 거의 모든 회사가 '고객 집중' 또는 '고객 중심'을 주장하는 데도 고객들이 '관심받고' 있거나 '중심에 있다'고 느끼지 않는 건 어째서일까? 사실 '고객 중심'은 매우 주관적이고 실행하기도 어렵다.

회사가 고객 서비스에 실패하는 건 경솔함 때문이다. 아침에 일어나서 "오늘도 고객들과 한바탕 싸우고 싶어 몸이 근질거리는군!"이라고 말하는 직원은 찾아보기 힘들다. 면접과 재능을 검증하는 과정을 통해 이런 인간 혐오론자들을 재빨리 찾아내 솎아낼 수 있기를 바란다. 대부분의 경우 고객 중심은 그렇게 되기 위한 법을 관행으로 삼고 관행을 강화하기 위한 메커니즘을 만들고 있는 리더십에서 시작된다. 말로 하는 건 쉬워도 실제 고객에게 봉사하는 것은 매우 어려우므로 구체화해야 한다.

모든 리더는 자신의 회사가 '제대로 하고 있다'고, 자신의 팀이 고객에게 부정적 영향을 미치는 골치 아픈 실수를 하지 않는다고 생각하고 싶어 한다. 하지만 회사가 커가는 동안 추상적인 시스템을 뿌리 깊이 세우는 바람에 리더로서 고객이 정말 어떤 경험을 하는지 알 수 없는 경우가 많다. 물론 NPS 설문조사로 우리의 조치가 고객에게 어떤 영향을 미치는지 누적된 효과를 알아볼 수 있다. 하지만 솔직히 시간을 내서 조사에 참여하는 고객들은 대표적 고객이라기보다는 회사에 어떤 식으로든 강한 감정을 가지고 있는 사람들이다.

설문조사는 고객이 최근에 프로덕트를 접한 경험이 좋았는지 나빴는지에 큰 영향을 받는다. 어느 한 시점에 대한 평가이긴 하지만 우리가 사내 정치나 조직도보다 고객 문제를 해결하는 것을 일상적으로 내재화하고 우선시하는 조직인지는 말해 주지 않는다. 안타깝게도 경영진 및 매니저로서 우리가 고객에게 얼마나 잘 봉사했는지 직관적으로 파악할 수 있는 주된 창구는 링크드인 인메일 LinkedIn InMails, 트윗, 고객들이 자발적으로 보내는 수많은 이메일의 숫자와 내용이다.

고객 중심이란, 명칭에서도 알 수 있듯이 결정의 중심에 고객을 두기 위해 끊임없이 자기 교정을 하는 조직을 만드는 것이다. 중심에서 벗어나지 않으려 저항하는 자이로스코프처럼 고객 중심 조직은 고객을 우선하지 않으려는 수많은 힘에 저항한다. 하지만 이는 엄청나게 힘든 일이며, 그래서 대가에게 배우는 게 도움이 된다.

나의 영웅 중 한 명은 뉴욕의 유니언스퀘어 호스피탤리티 그룹Union Square Hospitality Group의 최고경영자이자 레스토랑 운영자인 대니 마이어Danny Meyer다. 대니는 30년 넘게 유니언 스퀘어 카페Union Square Cafe, 블루 스모크Blue Smoke, 그래머시 터번Gramercy Tavern을 비롯해 뉴욕에서 가장 사랑받는 레스토랑을 운영하고 있다. 또한 매디슨 스퀘어 공원Madison Square Park에서 핫도그 트럭으로 시작해 엄청난 인기 패스트푸드 체인점이 된 쉐이크쉑Shake Shack을 설립해 이사회 임원직을 맡고 있다.

나는 뉴욕에 살지도 않고 미식가도 아닌데 왜 대니를 영웅으로 꼽을까? 자신의 저서《세팅 더 테이블》에서 대니는 환대와 서비스라는 개념이 어째서 모든 사업에 적용되는지 설명한다. 그의 아이디어는 트윌리오 초창기에 내게 엄청난 영향을 미쳤고, 회사를 구성하는 방식과 관련해 많은 것을 가르쳐 주었다. 그는 환대가 단지 식당, 호텔, 크루즈, 관광 등 접객업뿐 아니라 모든 산업, 회사, 거래에 해당한다고 생각한다.

특히 그는 환대가 서비스와 다르다고 여긴다. 많은 기업이 훌륭한 서비스 문화를 이야기하곤 하는데 대니에게는 그게 핵심이 아니다.

"환대는 내 사업 철학의 근간이다. 사실상 어떤 사업적 거래에서든 고객에게 어떤 기분을 안기는 것만큼 중요한 건 없다. 환대는 상대방이 자신의 편이라고 생각할 때 생겨난다. 그 반대도 마찬가지다.

어떤 일이 자신을 위해 벌어질 때 환대가 존재한다. 자신에게 벌어질 때가 아니다. '위해'와 '에게', 이 두 가지 조사가 모든 것을 말해준다."

나는 대니의 책이 너무 좋아서 그를 트윌리오에 초대해 직원들 앞에서 강연을 하고 소프트웨어 회사에서는 자주 언급되지 않는 문구인 환대에 대한 그의 생각을 공유해 달라고 부탁했다. 그에게 환대는 고객이 우리를 자기편이라고 느끼게 하는 것을 의미한다. 이는 식당이나 전통적인 접객업에만 국한되지 않는 보편적 사실이다. 그렇다면 서비스는 중요하지 않을까? 아니다. 좋은 서비스도 필요하다. 하지만 훌륭한 고객 중심 조직이 되기에는 부족하다.

"서비스는 기술적으로 제품을 제공하는 것이다. 환대는 제품을 제공할 때 받는 사람이 어떤 기분을 '느끼도록' 만드는 것이다. 서비스는 '독백'이다. 우리는 우리가 어떻게 하고 싶은지 결정하고 우리만의 서비스 기준을 세운다. 반면 환대는 '대화'다. 손님의 편에 서려면 모든 감각을 이용해 그 사람의 말에 귀 기울이고 사려 깊고 품위 있게 적절한 반응을 해야 한다. 최고의 자리에 오르기 위해선 훌륭한 서비스와 환대 모두 필요하다."

환대와 관련된 대니의 개념은 트윌리오가 소규모팀 접근법을 숙고하는 데 중요한 역할을 했다. 대니와 나처럼 고객과 대화해야 한다고 믿는다면 팀원들이 고객과 충분히 가까이 있어야 한다. 고객의 소리에 귀 기울여야 한다. 소규모팀이 효과적으로 귀를 기울일 수 있는 구조를 만들려면 어떻게 해야 할까?

식당에서는 아주 쉽다. 웨이터가 식탁 옆에 서 있으면 된다. 하지만 기술 조직에서는 수백 만 명의 고객에게 봉사하는 데다가 고객이 직원과 대화할 필요가 **없는** 상황이 성공처럼 보이는데, 어떻게 기술로 경험을 매개하는 개발자들이 고객과 가까워져 모든 상호작용에 진정한 환대를 제공할 수 있을까?

스타트업 초창기에는 모든 직원이 고객과 친밀한 관계를 유지하는 일이 흔하다. 그러지 않기가 힘들다. 하지만 기업이 성장하면서 '고객을 상대'하는 역할과 그렇지 않은 역할을 구분하는 전문적인 역할이 생겨나기 시작한다. 지원팀, 영업팀, 프로덕트 팀 매니저는 고객과 대화하지만, 엔지니어들은 고개 숙인 채 일만 한다. 이렇게 하면 어느 정도 실용적인 효과를 볼 수 있지만, 동시에 개발자와 고객 모두에 피해를 주는 게이트키핑gatekeeping 문화를 조장하게 된다. 대니는 이렇게 말한다.

> "모든 사업에는 고객과 가장 먼저 접촉하는 직원들이 있다(공항 출입구 직원, 병원 접수원, 은행 창구직원, 임원 비서). 이들은 대리인 또는 게이트키퍼, 둘 중 하나의 인상을 준다. 대리인은 사람들을 위해 일한다. 게이트키퍼는 사람들이 들어오지 못하게 벽을 친다. 우리는 대리인을 찾고 있으며 직원들은 자신의 성과를 다음처럼 모니터링할 책임이 있다. '나는 거래에서 대리인이었을까, 아니면 게이트키퍼였을까?' 환대의 세계에 그 중간은 없다."

소프트웨어 팀에서는 고객을 상대하는 역할이 양방향으로 게이트키퍼가 될 수 있다. 그들은 고객이 개발자에 관여하는 것과 개발자가 고객에 관여하는 것, 둘 다 막는다. 프로덕트 매니저는 때로 스스로를 '게이트키퍼'로 여기면서 자신이 고객으로부터 엔지니어를 '보호하는' 역할을 한다고 설명한다. 어느 정도는 일리 있다. 회사는 엔지니어가 모든 고객과 모든 불만을 일일이 처리하느라 옴짝달싹 못 하는 건 원치 않을 테니 말이다. 엔지니어는 누구의 방해도 받지 않고 홀로 작업할 수 있는 뭉치의 시간이 필요하다. 하지만 그렇다고 그들을 고객에게서 차단하는 것은 실수다.

기업이 (특히 규모가 커지면서) 마주치는 가장 큰 위험이 내부지향적으로 변하는 것이다. 그러면 직원들이 시장의 경쟁자가 아니라 회사의 동료와 경쟁하게 된다. 고객에게 서비스를 제공하기보다 사내 정치를 살피거나 그저 일을 끝내는 데만 골몰한다. 소규모 팀의 관심이 외부를 향하고 정치가 아닌 고객에게 집중할 수 있는 메커니즘을 제공하는 것이 이번 장의 메시지다. 말처럼 쉽진 않겠지만 제대로만 해낸다면 팀이 속도와 직관으로 경쟁 우위를 점하는 진정한 원천을 갖게 될 것이다. 어떤 회사가 고객에게 사랑받기를 원치 않겠는가?

고객의 신발 신기

2012년경 우리는 회사의 가치를 명확히 밝히는 과정에 돌입했다. 경험상 가치는 벽에 걸려 있는 텅 빈 구호가 될 수도 있고, 직원들이 매일 수많은 결정을 내릴 때 사용하는 원칙이 될 수도 있다. 회사의 가치가 벽에 적힌 빈말이 아닌 관행이 되게 만드는 방법은 두 가지, 바로 기억에 남는 표현과 메커니즘이다. 표현이 인상적이면 직원들이 기억하고, 다시 언급하고, 일상적인 상호작용에서 사용하고 싶어 할 가능성이 더 높다.

'고객 중심'은 평범하고 흔하기 때문에 별로 기억에 남지 않는다. 모든 회사가 이를 떠드는 탓에 벽지의 일부나 다름없는 문구가 되어 버렸다. 고객 중심은 고객에게 서비스를 하는 방식과 관련해 어떤 의견도 나타내지 않는다. 그저 그렇게 한다는 말뿐이고 이마저도 솔직히 너무 뻔하다. 수많은 정부의 교통부에서 '고객 중심'과 비슷한 표현을 가치로 삼고 있는데 흔히 어떻게 하겠다는 내용이 빠져 있다. 면허증을 갱신하기 위해 줄을 서 본 사람이라면 누구나 이를 증명할 수 있을 것이다.

우리는 고객 집중의 전제 조건이 공감이라고 판단했는데, 누군가와 공감대를 형성하는 최고의 방법은 격언처럼 그들의 신발을 신고 1마일을 걸어 보는 것이다.[1] 그래서 우리의 핵심 가치 중 하나를 '고객의 신발을 신자'로 결정했다. 그런 뒤 한 걸음 더 나아가 신발 한쪽 컨버스 로고 반대편에 둥근 트윌리오 로고가 박힌 '트윌리오 레드 척 테일러 컨버스Twilio-red Chuck Taylor Converse'를 대량으로 주문했다.

우리는 신발에 트윌리오콘스TwilioCons라는 이름을 붙였고 고객들과 거래를 했다. 고객이 우리에게 자신의 신발 한 켤레를 주면 우

---

1 (옮긴이) 'in one's shoes'라는 표현으로, 직역하면 누군가의 신발을 신어 보는 것이지만 속뜻은 남의 입장이 되어 본다는 의미다.

리도 고객에게 신발을 주는 방식이었다. 우리는 빠르게 고객들의 실제 신발 수백 켤레를 모았고, 고객의 이름이 적힌 작은 표식과 함께 그것들을 전부 사무실 주변에 걸었다(그렇다. 신발에 소독제는 뿌렸다. 왜 안 물어 보나 했다). 트윌리오의 모든 회의실에는 낡은 운동화부터 가죽 로퍼까지, 고객의 신발을 신자는 가치를 상기시키는 징표가 있다. 말 그대로 이 신발들을 진짜 신는 건 아니지만, 사람들, 특히 신입직원, 면접 대상자, 잠재 고객들이 "저 신발들은 뭐예요?"라고 몇 번이나 물었는지 모르겠다. 이 질문은 고객 중심을 향한 우리의 접근법을 논하는 완벽한 도입부로 쓰이면서 가치를 생생하게 유지하고 이것이 일상 대화의 일부가 되도록 만든다. 맞다. 좀 느끼하긴 하지만 효과는 좋다.

하지만 고객과 관련된 자주 논의되는 인상적인 기업 가치가 있다고 해서 마법처럼 회사가 고객에게 봉사를 잘하게 되는 것은 아니다. 지난 몇 년 동안 나는 이 문제를 많은 리더와 논의해 왔으며, 다양한 고객 중심 기업이 개발팀을 고객 가까이에 두기 위해 메커니즘 또는 반복적이고 측정 가능한 관행을 개발하는 것을 목격했다.

첫 번째 단계는 고객과의 접근성을 확보하는 것이다. 프로덕트 개발자를 고객 가까이 두라는 건 너무 당연한 소리라서 회사가 그렇게 해야 하는 이유와 방식을 설명하는 게 불필요해 보일 정도다. 그러나 굉장히 많은 소프트웨어 조직에서 개발자들은 고객과 전혀 대화를 나누지 않는다. 그들은 일종의 버블에 갇혀서 사업 담당자가 조사하고 맡긴 소프트웨어를 개발하기만 한다. 이런 상황에서 고객 접근성을 높이는 한 가지 방법은 공개적으로 아이디어를 얻는 것이다. 이는 벙크가 사용했던 접근법이다.

개발자와 고객 사이 거리

1장에서 언급했던 네덜란드 모바일 은행 애플리케이션 벙크를 기억하는가? 벙크는 은행과 사랑에 빠지리라고는 상상도 못했던 르로이 필론Leroy Filon이라는 이름의 한 남자와 고객 피드백 순환고리를 만들었다. 르로이는 암스테르담에서 동쪽으로 약 1시간 거리에 위치한 소도시 아펠도른Apeldoorn에서 작은 크리에이티브 에이전시를 운영하는 서른두 살의 비디오그래퍼다. 그는 벙크가 너무 마음에 들어서 자신이 아는 모든 사람에게 얘기하고 다니기 시작했다.

하지만 계속 걸리적거리는 문제가 있었다. 바로 자신의 은행계좌 잔고를 드러내지 않고서는 다른 이에게 앱을 보여 줄 수 없는 점이었다. 그래서 그는 벙크 앱에 있는 사용자 게시판에 의견을 냈다. "제 재정 상태를 자세히 공개하지 않고도 친구들에게 앱을 보여 줄 수 있다면 좋지 않을까요?" 곧 다른 사용자들이 찬성 표시를 하기 시작했고 머지않아 르로이의 제안은 77개의 '하이파이브'를 얻었다.

고객 게시판처럼 좋은 장치가 있어도 아무도 고객의 말에 주의를 기울이지 않는 경우가 너무 많다. 하지만 벙크는 다르다. 회사에서 개발자들에게 해당 게시판에 들어가도록 요구한 덕분에 한 개발자가 르로이의 아이디어를 발견하고 여러 고객이 거기에 찬성한 것을 보았다. 개발자는 아이디어가 마음에 들었다. 벙크는 그 기능을 개발하기 시작했다.

벙크는 얼마 안 있어 암스테르담의 한 극장에서 앱의 최신 버전을 소개했는데, 개인 정보를 공개하지 않고 앱을 설명할 수 있는 기능이 포함돼 있었다. 발표 동안 화면에 르로이의 사진이 띄워졌고, 벙크의 설립자이자 최고경영자인 알리 니크남이 르로이에게 개인적으로 감사의 뜻을 전했다. 짐작하듯이 르로이는 은행의 최고경영자가 감사를 표한 것에 매우 흥분했다. 하지만 그보다 중요한 것은 벙크가 다른 고객에게 우리는 경청하고 있으며, 관계를 맺을 만한 가치가 있는 회사라는 것을 보여 주었다는 사실이다.

이 이야기에서 내게 가장 흥미로운 부분은 게시판의 효율성이다. 소프트웨어 개발자들에게 계좌 잔액을 숨기는 작업은 별로 힘들지 않은 일이다. 하지만 고객지원팀이 해당 게시판에서 아이디어를 거르고 거기서 찾아낸 것들을 프로덕트 매니저에게 보고하는 데 드는 작업량은 족히 몇 개월은 걸릴 정도로 어마어마할 것이다 (이어서 프로덕트 매니저가 목록을 자세히 살펴본 뒤 무엇을 넣고 뺄지 결정하고 엔지니어들을 위해 스프린트 계획과 사용자 스토리를 적는다). 이 과정에서 각 단계를 거치며 고객이 원래 의도한 정보가 손실된다.

어느 시점이 되면 엔지니어에게 '계정 잔액을 숨길 수' 있게 해달라는 내용만 전달될 뿐 기존의 맥락은 사라지고 만다. 그런데 개발자가 고객이 원하는 것, 즉 앱을 자랑할 수 있는 더 나은 방법을 상상할 수 있다면 어떨까? 하지만 좀 더 '판도를 바꿀' 만한 무언가 때문에 이 아이디어는 우선순위에서 밀릴 가능성이 높다. 주로 이 지점에서 고객의 요구가 무시된다. 어떤 개별 기능은 조직이 우선시할 이유를 못 찾을 만큼 너무 사소하기 때문이다. 그렇지만 이 모든 중간 과정을 없애고 개발자가 고객이 제시한 근사한 문제점을 직접 파악한 뒤 몇 시간을 투자해 해결하면(마치 순전히 좋아서 하는 일처럼 말이다. 개발자들은 그렇게 할 수 있다) 고객들은 회사를 대응력이 뛰어난 고객 중심 조직으로 인식한다.

앞에서도 언급했듯이 코드로 된 모든 것들은 실제로 제작하기 그렇게 어렵지 않다. 대부분의 노동은 계획 단계에 들어간다. 엔지니어를 고객 피드백 흐름에 직접 참여시키면 두 가지를 얻게 된다.

첫째, 고객이 인간화된다. 개발자들은 요구사항 문서가 아니라 고객이 무엇을 필요로 하는지, 왜 필요로 하는지 그들의 입으로 직접 들을 수 있다. 그러면 문서로 변환되는 과정에서 사라지기도 하는 표현의 깊이나 수사가 그대로 전해질 가능성이 높다. 게다가 고객의 말을 직접 접하면 요구가 더욱 현실적으로 와닿아(인간화돼서) 일이 더욱 의미 있어진다. 르로이의 경험은 그를 벙크의 더 큰 열혈팬으로 만들었다. 실제로 그는 벙크 전도사가 되었다. 그는 친구와 동료 들에게 벙크가 얼마나 훌륭한지 이야기하며 다닌다.

새로운 기능을 만들고 나서 자신의 사소한 작업이 얼마나 큰 영향력을 행사하는지 목격한 개발자에게 어떤 일이 일어났을까? 엄청난 쾌감을 느꼈을 것이다! 진짜다. 나 역시 개발자로서 비슷한 경험을 한 적이 있다. 정말 놀라운 느낌이다. 한번 그런 기분을 경험하고 나면 다시 그 기분을 또 찾게 된다. 벙크의 개발자 역시 열의에 불타올라 더 많은 고객을 찾고 그들을 열성팬으로 만들기 위해 노력할 것이다.

둘째, 개발자로 하여금 일의 중요도와 들어가는 시간을 계산해 직감적으로 결정을 내리게 한다. 프로덕트 매니저는 전체 계획상 별로 중요한 것 같지 않다며 '잔액을 숨기는' 기능을 후순위로 미룰지도 모른다. 솔직히 그게 맞을 수도 있다. 하지만 이 기능을 만드는 데 90일이 아니라 90분밖에 안 걸린다는 걸 알면 마음이 바뀌지 않을까? 난 그럴 거라고 생각한다. 개발자는 보통 이를 빨리 계산할 수 있으므로 직감적으로 가장 이득이 되는 아이디어를 고를 수 있다.

중간 다리를 걷어 내 엔지니어가 고객과 가까워지면 고객에게 도움이 되고 위험 부담은 낮은 결정을 내릴 수 있다. 고객이 데이터베이스 항목이나 통계적으로 행동하는 대중이 아니라 인간이 된다. 개발자가 인간과 동떨어진 반사회적 무리라는 고정관념은 엉터리다. 대부분의 창의적 직업과 마찬가지로 개발자 역시 자신이 공들인 작업의 결과물을 사람들이 사용하고 사랑하는 것을 보고 싶어 한다. 이런 '촘촘한 피드백 순환고리'는 개발자와 고객에게 단순히 따뜻하고 포근한 기분이 들도록 하는 것을 넘어 그들이 성장하도록 자극한다.

벙크는 2016년에 사업을 시작해 2017년에 800퍼센트 성장을 이루고, 2018년에 사업 규모를 두 배로 키우며 고객 예금 2억 1천백만 유로로 그해를 마무리했다. 2019년에는 4억 3천3백만 유로로, 고객 예금액이 또다시 두 배 늘었다. 암스테르담의 이 작은 회사는 전 세계 모든 회사가 꿈꾸는 대로 고객과의 강한 연대와 관계를 맺었다. 더구나 이를 단 하나의 지점이나 영업사원도 없이 이루었다.

대신에 벙크는 르로이 필론과 같이 앱에 만족한 고객들이 지인에게 프로덕트를 홍보하는 전략에 의존한다.

나는 개발자가 무엇을 만들지 고객에게서 아이디어를 얻는 이야기를 좋아한다. 하지만 모든 고객 아이디어가 제품화되어야 한다는 건 아니다. 고객이 자신이 무엇을 원하는지 언제나 아는 것도 아니다. 하지만 고객은 자신의 문제를 표현하는 데 아주 능하다. 고객의 가장 큰 지지자인 대니 마이어는 저서에서 심지어 이렇게 인정했다. "사업에 관한 가장 오래된 격언 중에 이런 말이 있다. '고객은 언제나 옳다.' 나는 이 말이 시대에 좀 뒤처졌다고 생각한다. 나는 고객이 옳지 않을 때조차 그들의 메시지가 우리에게 잘 전달되고 있다고 느끼도록 선제적 조치를 취하고 싶다. 그래서 그들이 뭔가 잘못됐다고 느낄 때 언제나 우리에게 알리도록(매장을 돌 때 쪽지로 또는 편지나 이메일로) 적극 독려한다. 고객들이 그렇게 해주면 감사를 표한다."

날 것의 고객 아이디어에 접근하는 것보다 더 중요한 것은 개발자들이 고객 문제를 생생히 전달받는 것이다. 개발자가 고객 문제와 가까이 있어야 문제와 그에 대한 해결책을 직관적으로 파악하고 점검할 수 있다.

개발자를 지하실에서 끄집어내라

개발자가 프로덕트의 고객이라면 고객과 공감대를 형성하는 데 어느 정도 도움이 되는데, 이는 벙크는 물론이고 트윌리오도 마찬가지이다. 하지만 개발자가 개인적으로 사용하지 않는 프로덕트를 만들 때는 어떻게 해야 할까? 외부에서 관찰하면 문제를 본능적으로 파악하기가 확실히 더 어렵다. 그럴 때는 고객 및 그들의 요구와 개발자 간에 긴밀한 연결고리를 만드는 것이 훨씬 중요하다.

하지만 아이러니하게도 이러한 회사들이 고객과 프로덕트를 만드는 사람을 분리시킬 가능성이 가장 높다. 예를 들어 기업을 상대하는 기업들은 보통 영업사원, 고객성공 매니저, 고객지원 담당자 및 해당 분야 전문가인 프로덕트 매니저를 고객과 개발팀의 충돌을 완화하는 완충지대로 사용한다. 모두 제각각 고객 서비스에 대해 전문지식을 갖추고 있기 때문에 고객에게 분명 유익한 것은 물론이고, 이들이 완충제 역할을 함으로써 개발자에게도 도움이 될 것이라고 여긴다. 물론 회사 입장에서야 개발자가 매일같이 고객들의 불만에 시달리지 않고 일에 집중할 수 있기를 간절히 바라겠지만, 언제나 완충제를 장착하는 건 어리석은 생각이다. 그럼에도 효율성이 좋아질 거라고 짐작하며 이러한 사고방식에 빠지기 쉽다.

트윌리오의 영업팀은 '현장에 직접 얼굴을 들이밀라'는 주문을 믿는다. 이는 세일즈포스 전직 임원인 데이비드 루드니츠키David Rudnitsky의 사업 전술에서 영감을 받은 말로, 영업사원은 사무실 밖으로 나가서 고객을 찾아가야 한다는 의미다. 영업팀에게는 매우 당연한 소리지만 개발팀은 그렇지 않다. 그렇지만 고객과 주기적으로 인간적인 관계를 맺기 위해서는 이런 전략이 꼭 필요하다.

고객과의 접촉이 중요하다는 것을 보여 주는 가장 알맞은 사례는 트윌리오 수석 리더인 벤 스타인Ben Stein이 경험한 일화다. 그는 자신이 이끄는 팀과 함께 트윌리오를 사용하는 개발자들을 주시하면서 그들이 프로덕트에 만족하는지 확인하는 '개발자 경험 그룹'을 감독하고 있다. 벤은 코넬대학에서 전기공학을 공부한 뒤 금융 기술 및 미디어 회사인 블룸버그Bloomberg에서 소프트웨어 개발자로 일했다. 그는 월스트리트의 모든 거래소에 설치된 고정 터미널에 쓰이는 코드를 작성했다.

"회사에서 똑똑한 개발자와 엔지니어를 고용한다고 하기에 취직했어요. 금융 쪽은 완전 문외한이었는데도, '걱정 마세요, 필요한 건 가르쳐 드릴게요.'라고 하더군요." 벤은 이렇게 회상한다. "제가 그랬죠. '심지어 전 거래소가 뭔지도 모릅니다. 〈월 스트리트〉라는 영화를 본 게 전부예요. 제가 여기서 뭘 할 수 있을지 모르겠습니다.'"

회사에 합류한 직후 벤은 매니저에게 거래소를 찾아가 실제 트레이더를 만날 수 있겠냐고 물었다. 어쨌든 트레이더가 사용하는 프로그램을 만드는 거라면 그들과 대화를 나누며 블룸버그 터미널을 어떻게 사용하는지 보는 게 맞을 것 같았다. "매니저가 그러더군요. '와우, 훌륭한 생각이네요. 저도 한번 가보고 싶어요.'" 벤은 말한다. "그래서 제가 그랬죠. '세상에, 아직 트레이더를 만나 본 적이 없군요.' 정말 신기했어요. 이 팀의 어느 누구도 거래소에 가본 적이 없다는 거예요. 아무도 트레이더에게 물어봐야겠다는 생각을 안 한 거죠. 그런데도 다들 트레이딩 소프트웨어를 만들고 있었어요."

벤은 거래처인 메릴린치Merrill Lynch에서 일하는 영업사원과 친구가 되었다. 그가 그곳 트레이더에게 벤을 데리고 갔다. "제가 팀에서 거래소를 직접 찾아간 첫 번째 사람이었어요. 우리는 트레이더와 만나서 수다를 떨며 그냥 노닐었죠."

곧바로 커다란 깨달음이 벤의 머리를 강타했다. 벤을 비롯한 모든 직원들은 사무실에 앉아서 그들의 앱이 트레이더의 터미널 화면을 가득 채울 거라 가정한 채 프로그램을 만들고 있었다. 하지만 실제는 달랐다. "우리 앱이 화면 귀퉁이에 손톱만한 크기로 띄워진 상태로 다른 9개의 앱들과 함께 돌아가고 있었어요. 트레이더들이 그 조그만 창으로 우리가 만든 것들을 보고 있던 거죠. 화면이 지저분해 읽지도 못하더군요. 그때 폰트 크기와 명암 대비 같은 게 중요하다는 걸 깨달았어요. 개발자로서 내리던 선택이 잘못됐다는 것을 알았죠. 정말 눈이 확 뜨이는 경험이었습니다."

이 깨달음은 소프트웨어 제작에 대한 벤의 사고방식을 바꾸어 놓았다. 그는 2015년에 트윌리오에 입사하면서 이러한 고객 중심적 세계관을 도입했고 조직 전체에 걸쳐 이를 실천하고 있다. 그의 팀에 속한 엔지니어들은 분기마다 한 번씩 최소 한 명의 고객과 대화를 나누어야 한다. 이를 실천하기란 생각만큼 쉽지 않다. 한 가지 방법은 해커톤 또는 트윌리오가 고객을 위해 주최하는 만남에 참석하는 것이다. 또 하나는 고객 매니저가 고객과 나누는 통화 내용을 듣는 것이다. 가장 좋은 건 영업사원이 영업 상담 자리에 세일즈 엔지니어와 함께 개발자를 데려가는 방법이다. "실제 프로덕트를 만드는 사람을 데려가기도 해요." 벤은 이렇게 말한다. "물론 개발자가 영업사원만큼 세련되진 않지만 똑똑한 영업사원이 주특기를 발휘하면 그 부분은 보완하고도 남죠."

때로 개발자들은 어색하다는 이유로 고객과 만나기를 꺼려한다. "개발자들의 영역 밖의 일이잖아요. 힘들 거예요. 어쩌면 이런 일을 한 번도 안 해봤을지도 몰라요. 이상하고 불편하겠죠. 어떻게 행동해야 할지 감도 안 올 테고요." 벤의 말이다.

그럼에도 대부분의 개발자들은 잔뜩 들뜬 기분으로 미팅에서 돌아온다. "우리 팀을 흥분시키는 건 자신들이 하는 일이 중요하다는 사실을 알게 되는 거예요. 위에서 왜 이 일이 중요한지 항상 말해주는 건 아니거든요. 또는 그렇다 해도 필터링이 되죠. 절대 직접적이지 않아요. 하지만 자신이 하는 일이 누군가에게 어떤 영향을 미치는지 아는 것은 중요합니다."

매일 이렇게 할 필요는 없다. 개발자들이 화가 나서 언성을 높이는 고객의 전화를 일일이 받을 필요는 없다. 모든 영업 거래에 참여할 필요도 없다. "하지만 한 달에 한 번 또는 분기마다 한 번 자신이 멋진 프로덕트를 개발해서 누군가 일주일에 30시간씩 육체노동을 해야 하는 수고를 덜고 있다는 사실을 알게 되면 정말 멋지지 않겠어요?" 벤은 이렇게 말한다.

개발자들이 새로운 기능과 관련된 아이디어를 꼭 들고 와야 하는 것도 아니다. "가끔은 기분이 좋아져서 책상으로 돌아오는 게 전부예요. 거기서 언제나 무언가를 얻으려고 하는 게 아닙니다. 정서적 유대감을 느끼는 게 핵심이거든요." 벤은 말한다. "개발자들을 지하실에서 끄집어내세요. 아시겠죠? 그들은 은둔자가 아닙니다. 사람들과 대화하게 만드세요."

보도자료에서 시작하기

많은 회사가 프로덕트 아이디어를 제시하거나 검토할 때 전략 문서나 경쟁력 분석 또는 와이어프레임wireframe[2]에 초점을 맞춘다. 트윌리오에서는 신제품이나 신기능의 윤곽을 보이는 첫 단계로 보도자료를 작성한다. 보도자료는 보통 프로덕트 출시 전에 거치는 마지막 단계이므로 직관에 어긋난다고 생각할 수도 있다. 하지만 이런 관행은 아마존에 뿌리를 둔 것으로, 고객에서부터 '거꾸로 작업하는' 과정의 일부다. 보도자료는 프로덕트에 대한 이야기를 토대로 하는 훌륭한 도구지만 흔히들 잘못 생각한다. 보도자료를 쓰는 것은 실제 언론에 뿌리기 위한 게 아니다. 보도자료를 형식에 맞춰 올바르게 작성하면 고객이 자신이 만드는 프로덕트에 관심을 가질 만한 이유를 중요도순으로 전달할 수 있다. 이는 프로덕트를 처음부터 제작할 때 훌륭한 기반이 된다.

신입 기자들은 다음과 같이 기사를 작성하라고 배운다. 제목으로 관심을 사로잡고 도입부에서 핵심을 건드린 뒤 중요도순으로 내용을 상세히 서술한다. 이것이 우리가 읽는 모든 뉴스의 구조다. 보도자료도 비슷하다. 뉴스 기사나 보도자료의 형식을 떠올려 보라. 제목에서 가장 중요한 정보를 전달한다. 효과적인 제목은 독자가 혹할 만한 내용을 이용해 관심을 낚아챈다. 고객이라면 해결하고 싶은 문제일 것이다. 부제목은 거기에 살을 조금 붙인다. 첫 단락에서 설명을 좀 더 자세히 곁들이고 중요도순으로 이야기를 전개하다가 마지막 단락에 이른다.

독자를 고객으로 바꾸면 보도자료는 고객에게 가장 중요한 내용으로 시작하면서 자신이 하는 일이 고객과 어떤 관계가 있는지 설

---

[2] (옮긴이) 프로덕트 레이아웃을 보여 주는 스케치.

명해야 한다. 그렇지 않으면 독자는 읽다가 멈출 것이다. 이런 식으로 명확성을 강요하면 고객을 중심에 두게 되기 때문에 좋다.

초기에 핵심 도구로서 보도자료를 작성한다고 하더라도, 신입의 경우 과제(보도자료 쓰기)를 하면서 여전히 핵심을 놓치는 일이 매우 흔하다. 고객을 독자로 설정하지 않고 보도자료를 쓰기 쉬운 것이다. 매니저나 최고경영자를 독자로 설정하고 작성할 수도 있고, 기자를 독자로 상정하고 경쟁사와 비교해 제품을 포지셔닝할 수도 있다. 때로 고객의 관점이 아니라, 회사의 전략 또는 회사의 다른 프로덕트나 리더들이 지지하는 회사의 비전 아래 신규 프로덕트를 설명하기도 한다.

매니저들은 흔히 최고경영자의 비전을 고려해 계획을 설명하면 승인받을 거라고 생각한다. 하지만 전략 및 CEO 중심 조직이 아닌 고객 중심 조직에서는 고객에서 논의가 시작된다. 훌륭한 프로덕트 개발용 보도자료는 고객이 독자라는 사실을 이해하는 것에서 시작해 고객이 프로덕트에 관심을 기울이도록 유도해야 한다.

앞서 언급한 것처럼 우리는 이 관행을 아마존에서 가져왔다. 제프 베이조스는 이를 '고객에서 시작해 역으로 작업하기'라고 부른다. 이는 개발자가 스스로 근사하다 생각하는 프로덕트를 무작정 만드는 게 아님을 의미한다. 그 대신 고객이 무엇을 원하는지 묻는 것에서 시작한다(항상 동일하지는 않다). 일반적으로 보도자료를 쓰면서 고객 문제를 확실히 정리하기 위해 많은 상호작용이 일어난다. 이 과정에 시간이 많이 소요될 것 같지만 전체적으로 보면 시간이 절약된다. 개발자가 몇 주, 몇 달, 심지어 몇 년을 투자해 프로덕트를 만들었는데 막상 뚜껑을 열어 보니 수요가 없는 불상사가 사라지기 때문이다. 그래서 많은 아이디어가 초기 단계를 넘지 못한다.

"개발자는 고객을 위해 프로덕트를 만듭니다. '허허벌판에 아무 기술이나 만들어 놓고 어떻게 되는지 알아 봅시다.' 이런 식으로 되는 게 아니에요." 버너 보겔스의 말이다. "고객을 위해 무엇을 만들지 정확히 알 수 있는 아주 강력한 메커니즘이 필요합니다." 보도 자료는 초기 단계부터 프로덕트의 중심에 고객을 놓도록 보장하는 메커니즘이다.

벽이 아닌 문

수많은 기업이 고객과 고객에게 봉사하고자 하는 사람들 사이를 벽으로 가로막는 구조로 되어 있다. 벽이 아니라 문이 되는 메커니즘을 만들 수 있도록 고민해 보라. 빼꼼히 열면 고객과 개발자가 서로 소통할 수 있는 문 말이다. 그러면 마법이 일어날 것이다. 벙크가 문을 연 방법 중 하나는 개발자를 고객 게시판에 참여시키고, 고객이 소프트웨어 개발에 기여하면 축하하는 것이다. 덕분에 벙크는 고객과 절대 대화하지도 않고 자신들이 개발한 소프트웨어를 고객이 어떻게 사용하는지 이해하지도 못하는 지루하고 낡은 은행에서 고객을 지속적으로 빼앗아 왔고, 이로 인해 놀라운 고객 충성도와 급속한 성장세라는 이익을 얻었다.

내가 전략이라는 단어를 살짝 경계한다는 점을 눈치챘는가. 자칫 고객의 말을 경청하는 것이 아니라 경영진의 명령에 따라 진행하는 것처럼 오해할 수 있어서다. 트윌리오에서 나는 종종 "우리의 전략은 단순합니다. 고객이 원하고 돈을 지불할 만한 것을 만드는 것입니다."라고 말한다. 물론 장기적인 사업 계획은 있다. 하지만 팀이 고객에게 봉사하자는 회사의 목표를 혼동하기를 원치 않는다. 우리가 기업 계획을 실천할 수 있는 유일한 방법은 고객에게 봉사하는 것이다.

팀이 고객의 위치에서 생각하는지 알아보기 위해 내가 즐겨 사용하는 방식은 회사를 돌아다니며 개발자들에게 어떤 고객 문제를 해결하고 있는지 물어보는 것이다. 그들이 어떤 기능을 개발하고 있는지 말해 주면 나는 그 기능이 어떤 고객 문제를 해결하는지 물어본다. 대답을 못 하면 그건 그 팀이 고객과 충분히 접촉하지 못하고 있다는 뜻이다. 어느 회사에서든 이렇게 할 수 있다. 어렵지 않다. 다음과 같이 시도해 보라. 프로덕트 리뷰를 개발자들과 고객 문제에 대해 대화하는 것으로 시작하는 것이다.

전략이나 기능을 곧장 언급하지 말고, 고객이 이 프로덕트에 왜 관심을 가질 것 같은지 이야기하는 데서 시작하라. 리더에게 어떤 고객이 그 문제를 제기했는지, 그 문제의 시장 수요가 광범위하다는 것을 어떻게 검증했는지 물어보라. 과정이 대답보다 중요하다. 팀 내에 고객을 진정으로 이해하기 위한 올바른 메커니즘이 갖춰져 있는가? 이를 물음으로써 우리 팀이 어떤 생각을 하고 있는지 파악할 수 있다. 이런 질문을 받게 될 것을 알면 맹세컨대 팀은 고객의 입장이 되어 생각하는 여정에 오르게 될 것이다.

10장

쉽게 이해하는 애자일

우리는 소프트웨어를 개발하고
또 다른 사람의 개발을 도와주면서
소프트웨어 개발의 더 나은 방법들을 찾아가고 있다.

〈애자일 선언문〉, 2001년

경영과 소프트웨어 분야에서(그리고 이 책에서) 많은 사람이 민첩성, 즉 변화하는 환경에 신속하게 대응하는 능력을 수없이 이야기한다. 소프트웨어 개발 과정은 그 이름도 잘 어울리는 '애자일 소프트웨어 개발' 방법론으로 민첩성을 구현한다. 오늘날 적어도 애자일을 들어본 적이 없으면 사업을 이끌기 어렵다. 어쩌면 여러분의 소프트웨어 팀도 소프트웨어 개발 과정에 특정한 애자일 방식을 적용하고 있을 수 있다. 하지만 많은 비즈니스 리더들이 애자일이 어떻게 작동하는지, 왜 그것이 다른 유명한 소프트웨어 개발 시스템보다 나은지, 어떻게 해야 애자일의 함정을 피할 수 있는지 알지 못한다.

기술팀과 일하면서 애자일의 영향력을 살짝 느껴 봤다면, 개발자들의 세계에 어떤 일이 벌어지고 있는 건지 궁금하지 않았는가. 어쩌면 개발자가 프로덕트가 언제 출시될지, 출시 시점에 어떤 기능을 갖추게 될지 알 수 없다고 말했을지도 모른다. 굉장히 좌절스럽지 않았는가? 개발에 박차를 가하자며 프로덕트에 자금과 인력을 투입하겠다고 제안했지만, 인원이 몇 명이 되든 속도는 그대로일 것이고, 제아무리 자금을 투입해도 완성 시점을 바꿀 순 없다는 말만 돌아왔을 것이다.

대체 개발자들이 무얼 하고 있는지, 왜 일이 그렇게 돌아가는지, 왜 가끔 그들이 이런 속 터지는 대답을 하는 건지 한 번이라도 궁금한 적이 있다면, 애자일의 작동 방식을 조금 더 이해하는 게 도움이 될 것이다. 또한 애자일이 어떻게 남용되고 쓸데없이 극단으로 치달았는지 알아보는 것도 중요하다. 일부 기업에서 애자일은 경영진, 매니저, 개발자 모두에게 커다란 좌절을 일으키는 요인이 될 수도 있다. 민첩한 회사를 만드는 것도 중요하지만, 이를 이루기 위해서는 경영진이 맹목적으로 애자일을 정답으로 받아들이기에 앞서 애자일 방법론의 장단점을 먼저 이해해야 한다.

애자일 소프트웨어 개발 선언이 나오기까지

1980년대와 1990년대 소프트웨어 개발 제품들은 실패투성이였다. 대형 소프트웨어 회사도 프로젝트가 나날이 복잡해지고 요구사항이 변하고 엄청난 시간이 걸리면서 파국을 맞았다. 이런 문제가 스타트업부터 대기업까지, 크고 작은 조직들을 매우 힘들게 했다. 예를 들어 로터스 개발 주식회사Lotus Development Corporation를 설립하고

1980년대에 로터스 1-2-3Lotus 1-2-3과 로터스 노츠Lotus Notes를 만든 뛰어난 소프트웨어 기업가 미치 케이퍼Mitch Kapor는 2002년에 프로젝트 챈들러Project Chandler라는 차세대 협업 소프트웨어를 만들기 위한 야심찬 프로젝트에 자금을 지원했다. 6년 후 초기 목표를 달성하는 데 근접해 보지도 못하고 프로젝트는 결국 중단되었다.[1]

당시 최고의 소프트웨어 회사였던 마이크로소프트조차 이러한 거대 소프트웨어 프로젝트를 완성하기 위해 발버둥을 쳤다. 2001년 마이크로소프트는 코드명 롱혼Longhorn 프로젝트로 윈도우 운영 체제를 업그레이드하기 위한 의욕적인 작업에 착수했다. 중간에 설정이 대대적으로 변경되면서 소프트웨어가 완성되는 데 5년이 걸렸고 마침내 2006년 윈도우 비스타Windows Vista가 출시되었다. 하지만 개발자들이 이미 많은 기능을 줄인 탓에 빌 게이츠Bill Gates와 스티브 발머Steve Ballmer가 5년 전 프로젝트를 시작할 때 상상하던 혁신을 전달하는 데는 실패했다. 이상하게도 이런 사례는 예외적인 일이 아니라 일상이었다.

핵심 문제는 대부분의 프로젝트가 요구사항을 세세하게 수집하는 것을 시작으로 몇 달 또는 몇 년에 걸친 작업 계획을 세우고 무수히 많은 팀이 서로 긴밀히 의존하는 과정을 거쳐 최종적으로 완성된 프로덕트를 전달하는 식이라는 것이다. 이때 주로 사용된 몹쓸 간트 차트Gantt chart는 시간이 지나면서 모든 부분이 한데 모여 마침내 마지막에 고객에게 가치를 전달하는 과정을 잘 보여 주었다. 간트 차트의 모양 때문에 이 과정은 '폭포수Waterfall' 개발이라는

---

[1] (옮긴이) 《드리밍 인 코드》는 챈들러 프로젝트의 시작과 끝을 생생하게 그린 책이다.

이름을 얻게 됐다.

제프 서덜랜드Jeff Sutherland는 애자일 소프트웨어 운동을 시작한 컴퓨터공학자 중 한 명이다. 또한 낡은 폭포수 개발 방식을 비판한 인사 중 하나로 유명하다. 1960년대부터 폭포수 개발은 소프트웨어를 개발하는 표준 방식이었지만 서덜랜드는 이를 "미국에서만 수천 억 달러 규모의 실패한 프로젝트들을 낳은 엄청난 실수"라고 일컬었다. 서덜랜드는 폭포수 방식으로 인해 당시 5백만 달러 넘게 자금이 투입된 프로젝트의 85퍼센트가 실패했다고 주장한다. 2004년 250개의 대형 소프트웨어 프로젝트를 조사한 결과, 70퍼센트가 중대한 지연 및 비용 초과를 겪었거나 완료되지 못한 채 종료된 것으로 나타났다.

호주 항공사 콴타스Qantas는 IBM이 주도한 10년짜리 개발 프로젝트에 2억 달러를 쏟아 붓고 4년 후 계약을 취소했다. 하지만 이는 첫 번째 실패에 불과했다. 2008년에는 '제트스마트Jetsmart'라는 4천만 달러에 달하는 부품관리 소프트웨어 시스템 개발을 중단했는데, 얼마나 끔찍했으면 항공기 엔지니어들이 '덤제트Dumbjet[2]'라고 부를 정도였다.

서덜랜드는 자신의 저서 《스타트업처럼 생각하라》에서 대규모 정부 프로젝트를 스크럼Scrum과 애자일로 살려 낸 일화를 들려준다. 2000년에 FBI가 종이로 기록하던 구식 시스템을 디지털 파일로 교체하는 5년짜리 프로젝트 가상사건파일Virtual Case File을 외부에 의뢰했다. 계약을 체결한 개발자들은 구식인 폭포수 접근법을 사

---

2 (옮긴이) 멍청한 제트라는 뜻이다.

용했고, 1억 7천만 달러가 투입된 후인 2005년, FBI는 프로젝트를 백지화하고 처음부터 새로 시작해야 했다.

센티넬Sentinel이라 이름 붙인 다음 시도는 4억 5천1백만 달러의 예산으로 록히드마틴Lockheed Martin에 아웃소싱되었다. 록히드 역시 폭포수 방식을 사용했는데 작업을 시작한 지 5년 후인 2010년까지 4억 5백만 달러를 투입하고도 겨우 반 밖에 완성하지 못했다. 록히드마틴은 3억 5천만 달러가 더 필요할 것이며 6~8년 후에야 작업이 끝날 거라고 추정했다. 혁신적인 기술 경영진 두 명이 그렇게 하는 대신 프로젝트를 사내로 가져왔다. 개발팀 인원을 수백 명에서 50명으로 대폭 줄인 뒤 FBI 건물 지하실에 집어넣고 20개월 만에 1천2백만 달러의 비용으로 작업을 마쳤다. 이게 어떻게 가능했을까? 그들은 폭포수 방식 대신 애자일 방법론을 사용했다.

애자일 운동은 중요한 문제를 해결하기 위해 시작됐다. 바로 소프트웨어 개발에는 다른 엔지니어링 분야와 같은 작업 프로세스가 부족하다는 점이다. 고층 건물을 건설한다고 하자. 측량사가 토지를 측량하면, 건축가가 종이 위에 설계를 하고, 고객이 설계를 확인한 뒤, 건축가가 건설업자에게 설계 도면을 넘긴다. 건설업자는 공사를 전문 분야로 세분화하고 작업을 조정한다. 이 모델은 지난 수백 년 동안 다듬어졌으며, 제법 효과도 있었다.

하지만 소프트웨어에서는 제작 과정 내내 요구사항이 지속적으로 변하는 일이 흔하다. 지금 막 새 고층 건물의 50층을 완공했는데 고객이 건물 토대를 싹 바꿔 달라고 요청한다 생각해 보라. 이런 일이 소프트웨어 엔지니어들에게는 끊임없이 일어난다. 하지만 고층 건물을 허물고 공사를 새로 시작하는 것이 얼마나 비싼지는 누구나 쉽게 이해하는 반면, 소프트웨어 세계에서는 그렇지 않은 경우가 많다.

비교적 작은 변화라 하더라도 작업 후반부에 시도하면 기반이 되는 코드에 심각한 영향을 미칠 수 있다. 따라서 요구사항을 변경하는 바람에 소프트웨어 프로젝트가 궤도를 이탈하는 일이 비일비재했다. 주된 문제는 소프트웨어 개발의 경우 시작 시점에 요구사항을 온전히 파악할 수 없다는 것이었다. 그래서 세심하게 공을 들여 의존성을 설정하고 가정해도 틀리는 경우가 잦았으며, 프로젝트가 따라잡을 수 없을 정도로 사업적 요구사항이 빠르게 변했다.

또한 팀 간 의존성이 높아서 한 팀이 미끄러지면 전체 프로젝트가 미끄러지는 일도 많았다. 요구사항이 변한다는 걸 감안하면 계획대로 이행되지 않는 것은 예외적인 게 아니라 평범한 일이었다. 따라서 제아무리 재능 있는 프로젝트 매니저가 선의로 계획에 완충재를 집어넣는대도 난데없이 연속해서 미끄러지는 상황을 관리하기란 힘들었다. 이렇게 수십억 달러가 낭비되었고, 개발자와 경영진 모두 엄청난 좌절에 빠졌다. 대부분의 회사가 자체적으론 소프트웨어를 성공리에 구축할 수 없으리라 생각하는 게 당연했다.

이 문제를 해결하기 위한 방법은 계획을 훨씬 더 꼼꼼하게 세우거나 프로젝트가 시작되면 변경 자체를 금지하는 것이었다. 하지만 똑똑한 사람들은 이런 목표가 듣기에만 그럴싸하지 비현실적이라는 것을 깨달았다.

이런 배경 아래 서덜랜드와 최고의 소프트웨어 개발 전문가들이 대안을 찾기 위해 2001년에 3일 동안 모임을 가졌다. 그들은 '애자일 소프트웨어 개발 선언Manifesto for Agile Software Development'이라는 제목의 한 장짜리 문서를 작성했다. 이는 조직이 예산 범위 내에서 기한에 맞춰 사업적 가치를 성공적으로 전달할 수 있는 소프트웨어를 보다 효율적이고 현실적으로 잘 구축하는 방법을 만들기 위한 노력이다. 내용이 짧아서 아래에 싣는다.

애자일 소프트웨어 개발 선언

우리는 소프트웨어를 개발하고, 또 다른 사람의 개발을
도와주면서 소프트웨어 개발의 더 나은 방법들을 찾아가고
있다. 이 작업을 통해 우리는 다음을 가치 있게 여기게 되었다:

공정과 도구보다 **개인과 상호작용**을
포괄적인 문서보다 **작동하는 소프트웨어**를
계약 협상보다 **고객과의 협력**을
계획을 따르기보다 **변화에 대응하기**를

가치 있게 여긴다. 이 말은, 왼쪽에 있는 것들도 가치가 있지만,
우리는 오른쪽에 있는 것들에 더 높은 가치를 둔다는 것이다.

켄트 벡	제임스 그레닝	로버트 C. 마틴
마이크 비들	짐 하이스미스	스티브 멜러
아리 판베네큄	앤드류 헌트	켄 슈와버
엘리스터 코오번	론 제프리즈	제프 서덜랜드
워드 커닝햄	존 컨	데이브 토머스
마틴 파울러	브라이언 매릭	

©2001 상기 저자들.
이 선언문은 어떤 형태로든 자유로이 복제할 수 있지만,
본 고지와 함께 전문으로서만 가능하다.

애자일 선언문은 이 4가지 가치에 기초를 두고, 각기 현존하는 많은 애자일 실천에 기반을 둔 12가지 원칙을 더해 만들어졌다. 지금 여러분의 회사도 애자일을 실천하고 있을 가능성이 높지만 애자일이 무엇인지 단일한 정의는 없다. 개선된 소프트웨어 개발 방식의 스펙트럼을 구성하는 수많은 실천법이 애자일이란 기치를 들고 등장했다. 스크럼, 칸반, 익스트림 프로그래밍Extreme Programming과 같은 몇몇 유명한 실천법은 들어본 적이 있을 것이다.

심지어 이런 관행 안에서도 다양한 계열이 존재하고, 여러 수준으로 '규칙'을 고수한다. 지난 20년 동안 '애자일 소프트웨어 개발'은 전 세계를 휩쓸었다. 2019년 '애자일 현황'을 알아본 설문조사에서 응답자의 97퍼센트가 사내 개발 조직에서 애자일 방식을 실천하고 있다고 답했다. 구체적인 실행 방식과 상관없이 이들 모두 효과적으로 소프트웨어를 개발한다는 동일한 목적을 공유한다. 여러분의 회사도 애자일을 실행하고 있을 확률이 크니 좀 더 자세히 살펴보자.

애자일의 핵심

애자일의 핵심은 민첩성이다(이렇게 놀라울 수가). 빠르고 쉽게 움직이고, 방향을 재빨리 전환하며, 변화하는 정보에 대응할 수 있는 능력을 말한다. 애자일 선언문의 저자들이 꼽는 문제점은 잘못된 가정에 기댄 사전 계획에 의존하거나 사업주와 개발자 간의 조정 능력이 부족하다는 점이다. 애자일 소프트웨어 개발은 이 두 가지 핵심 문제를 해결함으로써 소프트웨어 개발 행위를 보다 민첩하게 만드는 것을 목표로 삼는다. 애자일 개발을 실천하는 방식은 많지만 모두 세 가지 주요 개념, 즉 변화를 예상하고, 일을 덩어리로 나누며, 비즈니스와 개발자 사이에 긴밀한 협업 관계를 유지하는 것에 초점을 맞추고 있다.

변화 끌어안기

애자일의 첫 번째 주요 개념은 요구사항에 변화가 있을 것을 예상하고, 변화에 놀라거나 당황하는 대신 이를 끌어안는 시스템을 만드는 것이다. 애자일은 몇 가지 방식으로 이를 실천한다. 먼저 진행 중인 일Work In Progress, WIP을 제한한다. 10퍼센트 완료한 일이 백 가지라면 중간에 상황이 변해서 작업 흐름 중 적어도 하나는 중단될 가능성이 높다.

하지만 한 가지 일을 백 퍼센트 완료하는 데 집중하면 이미 완료한 작업을 다시 해야 할 확률이 낮아진다. 애자일은 작업을 단기 스프린트로(대개 2주 길이로) 분할하고 매 주기가 끝날 때마다 작동하는 프로덕트를 전달하는 것을 목표로 진행 중인 작업량을 제한한다. 프로젝트가 2주 안에 완성되는 건 아니지만, 그중 작은 부분은 각 스프린트가 끝날 때 정상적으로 작동한다는 의미다. 장기간 미완성 상태로 늘어지는 것과는 정반대다.

이렇게 주기가 짧으면 적응성이 좋아진다. 팀은 현재 스프린트 외에 어떤 일에도 손을 대지 않으므로 변화 요인이 발생하면 다음 스프린트에서 처리된다. 스프린트 내에서도 진행 중인 작업을 변경할 여지가 있다. 대부분의 스프린트 팀은 데일리 스탠드업 미팅을 여는데, 이는 변경 사항을 논의하고 그날의 계획을 조정하는 장이 될 수 있다.

이처럼 프로덕트 매니저까지 참여해 단일한 소규모팀 단위로 긴밀히 협업하기 때문에 작업을 변경하기가 쉬워진다. 요구사항이 바뀌면 이를 '상의도 없이 다른 팀에 던져 버리고' 방어적인 자세를 취하는 것과 정반대다. 팀원들이 작업에 대한 이해를 공유하고 있기 때문에 변화에 저항하기보다 지지하는 경우가 많다. 전체 프로세스가 민첩성, 즉 변화를 중심으로 설계되어 있다.

작업을 진행하며 일을 덩어리로 나누기

두 번째 개념은 작업을 진행하면서 관리, 예측, 실현 가능한 단위로 일을 나누는 것이다. 폭포수 방식에서는 불완전한 가정을 바탕으로 업무를 미리 간트 차트에 여러 줄로 나누는 반면, 애자일은 현재 스프린트의 범위 내에서 빠르게 구현할 수 있는, 관리 가능한 작업 단위를 만드는 데 초점을 맞춘다.

이 프로세스는 각 작업 항목의 구현 범위와 시간을 예측할 수 있도록 설계되어 높은 신뢰도를 제공한다. 이 자체로 다년에 걸친 대규모 프로젝트를 신뢰할 수 있게 되는 건 아니지만, 신뢰도가 높은 소규모 작업을 수차례 반복한 결과 대형 프로젝트를 구축하는 게 가능해진다. 훌륭한 방법처럼 들리지 않을 수도 있으나, 여러 개의 위험한 소규모 프로젝트 위에 한 개의 위험한 거대 프로젝트를 세우는 대안보다는 훨씬 낫다.

1마일을 달려야 하는 상황에서는 보폭 하나하나를 제대로 딛어야 한다. 매 스프린트마다 소프트웨어 작업을 완성하고 전달하는 것이 중요하다. 그래서 많은 팀이 작업 결과물을 자랑하기 위해 스프린트 마지막 날에 '스프린트 데모'를 실시해 애자일의 핵심 가치를 문화적으로 다지는 것이다. 팀은 데모에서 덩어리로 나눈 일을 한 스프린트에서 끝냈음을 축하한다. 반대로 결과물이 작동하지 않으면 시연을 할 수 없다. 이는 이어지는 스프린트에서 문제를 개선해야 한다는 더 많은 문화적 압박으로 작용한다.

짐작하다시피 소프트웨어의 기능을 구현하는 데 필요한 작업량을 정확히 예측하는 것은 하나의 기술art이며, 우리는 애자일 실천법을 이용해 이를 과학으로 바꾸고자 한다. 여기엔 팀의 노력이 필요하다. 처음 팀이 구성될 때는 자신들의 생산성을 정확히 예측하지 못하는 경우가 많다. 대개 코드베이스(기존 프로젝트인 경우)나 문제 영역(새 프로젝트인 경우)에 대한 지식이 부족해서 역량을 발휘하는 데 필요한 작업 추정치를 잘못 계산한다. 하지만 시간이 지나면서 코드베이스 관련 전문성과 문제 영역을 다루는 지식이 증가하고 더불어 정확도도 높아진다.

팀은 '스토리 포인트story points'와 같은 추정 지표를 이용해 스프린트의 예측 가능성과 생산성을 측정하고 지속적으로 개선하기도 한다. 이 지표는 특정 기능을 구현하는 데 드는 작업량뿐 아니라, 팀이 한 스프린트 내에서 성취할 수 있는 업무량을 설명해 준다. 스토리 포인트를 통해 작업 비용과 생산성을 점점 더 정확하게 예측할 수 있게 되면 팀 작업에 대한 예측 가능성도 높아진다. 일단 기준선을 정하고 나면, 효율성과 생산성을 높이기 위해 한 스프린트 내에서 더 많은 스토리 포인트를 얻는 데 집중할 수 있다.

주의할 건 스토리 포인트는 추정치이므로(코드를 몇 줄 작성했는지와 같은 명백한 지표를 토대로 한 게 아니다) 다른 회사나 팀이 그대로 가져다 쓸 수 없다(여담으로 하는 말이지만, 코드 라인 수를 지표로 삼는 건 최악이니, 절대 관심 갖지 말길 바란다. 코드란 적을수록 좋은 것이다). 외부인으로서 리더인 당신은 스토리 포인트 지표가 팀에 예측 가능성과 생산성을 높여 주는지 그렇지 않은지만 신경 쓰면 된다.

왜 한 팀은 100 스토리 포인트를 달성했는데, 다른 팀은 50밖에 못 했는지 굳이 묻지 말라. 스토리 포인트의 점수 기준을 똑같이 정의하지 않은 이상(이런 일은 드물다) 둘은 비교가 불가하다. 하지만 시간이 지나면서 각 팀이 스토리 포인트를 기준으로 생산성이 향상되는지 살펴보아야 한다. 만약 팀이 1년 전에 스프린트당 평균 100 스토리 포인트를 달성했는데 지금은 평균 150이라면, 효율성이 50퍼센트 더 높아진 것이므로 팀으로서 좋은 징조다. 잘하는 팀의 작업은 예측 가능성도 더 높고 작업 품질도 더 낫다. 게다가 스토리 포인트는 리더에게 팀 작업이 얼마나 진척되었는지 가늠할 수 있게 해준다.

작업을 덩어리로 나누고 스프린트마다 완성된 코드를 전달하는 방식의 또 다른 이점은 이 과정에서 고객에게 점진적으로 가치를 제공할 수 있다는 것이다. 프로젝트를 10퍼센트 완료했는데, 이 완료한 작업을 종료 시점에서야 전달 가능하다고 생각해 보라. 다른 90퍼센트가 완료될 때까지 10퍼센트의 기능을 인질로 잡고 있는 셈이다. 하지만 작업을 덩어리로 나누고 자주 전달하면, 10퍼센트의 기능을 고객에게 즉시 제공할 수 있다.

애자일팀은 보통 처리해야 하는 일을 담은 백로그backlog를 만들어서 복잡한 업무를 큰 덩어리로 나눈다. 엔지니어가 현재 스프린트의 백로그를 구현하는 동안, 프로덕트 매니저는 최대한 모호성을 해결하고 불확실성을 제거하며 다음 스프린트의 백로그를 준비한다. 다음 스프린트 이후로도 다양한 단계에서 정의할 무수한 과제들이 있겠지만, 스프린트가 진행되어야 비로소 더욱 미세하고 정교한 해결책에 가까워진다. 하지만 이는 애자일이 실패해서가 아니다. 이게 바로 핵심이다. 구현 직전까지 결정을 미루어서 최대한 많은 정보를 알아내도록 하라. 이렇게 하면 헛수고가 줄어든다.

비즈니스와 개발자 사이에 긴밀한 협업 관계 유지하기

대부분의 애자일팀에는 두 가지 역할이 있다. 바로 프로덕트 오너Product Owner와 개발팀이다. 스크럼에는 세 번째 역할인 스크럼 마스터Scrum Master도 있다. 프로덕트 오너의 역할은 고객을 이해하고 대변하는 것으로, 그들은 사용자가 원하는 소프트웨어가 무엇인지 설명하는 '사용자 스토리User Stories'를 작성한다. 이런 사용자 스토리를 통해 프로덕트 오너와 개발팀이 서로 연결된다. '일을 다른 부서에 떠넘기는' 시스템처럼 보일 수도 있겠지만, 제대로 작동하는 애자일팀에서는 사용자 스토리를 만들고 그걸 반복적으로 하는 과정에서 프로덕트 오너와 개발자가 매우 긴밀히 협업한다.

사용자 스토리를 해결돼야 할 일들을 고객의 입장에서 설명해 놓은 자료라고 생각해 보라. 고객이 원하는 것보다는 소프트웨어가 수행해야 하는 것에 초점을 맞춘 철 지난 '제품 요구사항 정의서'와는 다르다. 사소한 차이처럼 보일 수도 있지만 중요한 지점이다. 제대로 작동하는 애자일팀에서는 사용자 스토리를 만들고 이를 논의할 때 소프트웨어 자체보다 고객에게 더욱 집중한다.

형편없는 사용자 스토리는 거대하고 복잡한 시스템을 설명하는 반면 올바른 사용자 스토리는 범위가 제한적이다. 이러면 예측 가능성이 높아지고 잘못된 해석이나 거대한 미해결 문제가 끼어들 여지가 줄어든다. 올바른 사용자 스토리는 고객에게 꼭 필요한 것을 처음부터 끝까지 설명하기에 개발자가 고객 문제를 내재화하고 이해하게끔 한다. 이를 통해 개발자는 단순히 '전해 들은 사용자 스토리대로 일하는' 게 아니라 직감을 이용해서 올바른 실행을 결정할 수 있다.

예상했겠지만 프로덕트 오너는 일반적으로 프로덕트 매니저다. 이들의 역할은 개발팀을 고객으로부터 보호하는 것이 아니라 나머지 팀원들이 고객의 요구를 이해하도록 돕는 것이다. 그들은 고객과 팀원 사이에 가교 역할을 하면서 필요에 따라 대화 창구를 만들어야 한다. 이뿐만 아니라 훌륭한 프로덕트 오너는 광범위한 고객군을 대표하면서 고객의 가려운 곳을 정확히 알아낸다.

프로덕트 오너는 팀의 백로그를 관리한다. 백로그라는 말은 밀리거나 산적한 업무처럼 나쁜 뉘앙스를 풍기는데 실은 그렇지 않다. 백로그는 앞으로 해야 할 업무를 나타낸다. 프로덕트 오너는 매 스프린트마다 최대치의 고객 가치를 더하겠다는 목표를 달성하기 위해 백로그의 우선순위를 재지정하고, 팀이 고객에게 유익하면서 실현 가능한 사용자 스토리로 작업할 수 있도록 돕는다.

만약 주어진 사용자 스토리에 여전히 고객의 요구나 구현과 관련해 모르는 내용이 많으면 프로덕트 오너는 의문을 해결하기 위해 이를 밖으로 빼내야 한다. 이는 프로덕트 오너의 주된 책임 중 하나인 '백로그 정비' 프로세스의 일부이다. 스프린트마다 개발팀이 해당 스프린트의 사용자 스토리를 구현하는 데 집중한다면, 프로덕트 오너는 주로 다음 스프린트의 사용자 스토리 작성을 끝마치는 데 집중한다. 백로그는 주로 프로덕트 오너가 책임지지만 스토리에 기술적 세부사항으로 살을 붙이는 일은 긴밀한 협업으로 이루어진다. '일을 다른 부서에 떠넘기는' 프로세스와는 차원이 다르다.

이 모든 것이 다소 복잡하게 들린대도 어쩔 수 없다. 애자일 코치는 팀이 스토리 포인트를 계산하거나 백로그 정비처럼 올바르고 건강한 애자일을 구현할 수 있도록 지원한다. 팀이 스프린트마다 동작하는 소프트웨어를 전달하려고 사투를 벌이면, 코치가 옆에서 혹시 범위를 잘못 설정했는지, 생산성이 떨어졌는지, 협업이 잘못되었는지, 사용자 스토리가 너무 모호한지, 아니면 이에 전부 해당하는지 진단하도록 돕는다. 애자일 코치가 편한 직업처럼 보인다면 그렇게 생각할 수도 있겠지만, 보통은 여러 팀이 코치를 공유한다. 이 역할에 대해서는 여느 코치와 비슷하다는 것 말고는 자세히 설명하지 않겠다. 팀이 잘 돌아가도록 하는 방법을 배울 때 훌륭한 코치가 큰 힘이 될 것이다.

경영자가 애자일팀에 묻고 싶은 것

애자일이 소프트웨어 개발을 위해 이제껏 고안된 최고의 시스템이라면 왜 여전히 불만족스러운 결과물이 이토록 많은 걸까? 애자일 프로덕트 팀의 모호함 때문에 경영진이 힘들어하는 문제들을 몇 가지 살펴보자.

프로덕트의 기능과 완성 시점을 알 수 없는 이유가 무엇인가?

경영진과 매니저를 자주 좌절시키는 한 가지를 꼽으라면 엔지니어링 팀이 (적어도 정직하다면) 최종 마감 기한을 지키지 못한다는 점이다. 내가 생각하기에 소프트웨어 개발에는 기능, 마감, 품질, 확실성, 이렇게 네 가지 속성이 있다. 보통 뭐가 됐든 세 가지는 지킬 수 있지만 네 가지를 전부 지킬 수는 없다. 마감을 확실히 지키면서 기능을 구축할 수는 있지만, 마감을 지키려고 대충 해치우는 바람에 품질에 심각한 문제가 생길 수 있다. 예측 가능한 품질로 예측 가능한 마감일까지 구축할 수는 있지만, 그게 현실이 되면 기능을 잘라 내야 할 것이다. 뛰어난 품질과 확실성으로 약속한 기능을 구축할 수는 있지만, 그러면 얼마나 오래 걸릴지 알 수 없다. 기능, 품질, 마감 세 가지 모두 충족 가능하다고 말할 수도 있다. 그럴 듯하게 들리겠지만 아마 신뢰하기는 어려울 것이다.

여러분이 경영진으로서 네 가지를 모두 요구한다면, 아래서 올라오는 보고 중 어떤 것이 거짓인지 추측하는 건 본인 몫이다. 혹 리더들이 현실적인 보고를 할 수도 있다. 아마 사실에 기반해서 어떻게 될 것 같은지 알려 줄 것이다. 최종 마감일이 잡혀 있으면(하늘이 두 쪽 나도 진행해야 하는 대규모 사용자 컨퍼런스나 마케팅 캠페인이 예정되어 있다면) 기능을 희생해야 한다고 말할 것이다. 예상 마감일이 언제쯤인지 알려 줄 수도 있다. 하지만 그렇게 정확하지 않거나 그리 자신하지는 못할 것이다.

따라서 기능, 확실성, 마감일에 매달릴 가능성이 높다. 겉보기엔 경영진이 이 방향을 추구하는 것처럼 보인다. 하지만 그러면 품질을 희생하게 된다. 첫날에야 표시가 안 나겠지만 고객의 손에 프로덕트가 들어간 다음에 기필코 문제가 생긴다. 온갖 공을 들여 프로덕트를 출시해서 성공적으로 시장에 채택됐는데 고객이 버그며 확장 문제며 보안 허점 등을 경험하게 되는 것이다. 이 시점이 되면 팀이 기초공사를 보강하기 위해 과정을 되짚느라 모든 진행이 중단된다. 그리고 화난 고객들을 대하고 있거나 문전에서 기대를 저버렸다는 사실 때문에 단언컨대 좌절이 훨씬 커진다.

그래서 수많은 애자일 프로덕트가 기능이 빈약한 상태로 출시되는 것이다. 기능이 고객에게 아이디어를 신속하게 얻는 것만큼 중요하지 않다고 본다. 따라서 품질을 기본 전제로 하고 기능보다 마감일을 우선하는 것이다. 기능을 적게 만들되 신뢰를 보장하는 방향이 많은 초기 제품팀이 택하는 길이다. 핵심 기능만 제대로 갖추면 언제든 반복해서 추후 더 많은 기능을 구축할 수 있다.

경영진이 꼭 해야 할 일은 어떤 특성을 지킬지, 어떤 특성을 희생할지 성숙한 대화를 나누는 것이다. 트윌리오에서는 품질과 신뢰가 최우선 과제라고 말한다. 그래서 선을 딱 긋고 품질은 절대적으로 사수한다. 물론 우리도 실수를 한다. 하지만 품질은 절대 희생할 수 없다는 것을 분명히 하려고 애쓴다.

많은 기업과 마찬가지로 트윌리오도 시그널SIGNAL이라는 대규모 연례 사용자 컨퍼런스를 개최하는데, 시그널은 프로덕트를 발표하고, 언론에 홍보하고, 우리 고객들을 열광시킬 수 있는 플랫폼이다. 그래서 마케팅팀이 행사장을 예약하고 표를 판매하기 시작할 때 보통 마감일이 정해진다. 그렇게 되면 기능과 확실성이 남는다. 일반적으로 불확실성은 도움이 안 되기 때문에 우리는 마감을 맞추기 위해 팀에게 기능을 변수로 줘서 준다. 시그널이 열리기까지 몇 개월 동안 확실성을 측정하는데, 한 달 전까지는 확실한지 그렇지 않은지 답할 수준이 되어야 한다. 이때쯤이면 기능만이 마감일을 맞추기 위한 유일한 변수이다. 괜찮은 거다.

경영진은 대개 기능에 집착하지만, 고객들은 보통 기능에 초점을 맞춰 프로덕트를 구매하지 않는다. 고객은 큰 그림에 더 관심이 있고, 우리는 추후 언제든 기능을 추가할 수 있다. 따라서 경영진과 프로덕트 리더가 초반에 고객의 마음을 사고 시장 인지도를 높이려면 어떤 기능을 최우선에 놓아야 할지, 어떤 기능이 그냥 있으면 좋은 건지 조기에 책임지고 정해야 한다.

왜 개발자를 더 투입하면 안 되나?

일반적으로 매니저들은 자원이 늘어나면 좋아한다. 그래서 엔지니어링 매니저에게 프로젝트에 박차를 가하라며 더 많은 인력과 예산을 제안했는데도 좋아하기는커녕 이를 거절해 경영진이 당혹스러워하는 경우가 많다. 예산과 인원을 늘려 준다는 데 마다할 사람이 어디 있단 말인가? 엔지니어링 매니저가 이렇게 반응하는 이유는 프로젝트 진행 속도가 느리다고 인력을 더 투입해 봤자 별 도움이 되지 않기 때문이다. 실은 프로젝트가 더 지연될 수도 있다.

특히 왜 단기 프로젝트에서 이런 기이한 결과가 생기는 걸까? 일단 개발자를 포함해 어떤 역할이든 채용 과정에 시간이 든다는 문제가 있다. 채용에 시간을 할애하다 보면 진행 중인 업무에서 벗어나게 된다. 또한 새로운 개발자에게는 준비 기간이 필요하다. 지금 당장 개발자를 고용한다 하더라도, 코드베이스와 팀의 작업 스타일을 익히기 전까지는 생산성이 좋지 못하다. 이 과정에 보통 수개월이 걸린다. 이런 사정은 감당할 수 있는 정도고 어떤 직무든 직원을 충원하는 건 이와 비슷하다.

영업을 예로 들어 보자. 새로운 영업사원을 고용한다고 해도 신입이 제품군을 익히고 거래를 성사시키는 데는 시간이 걸린다. 따라서 이번 분기 매출 목표를 놓칠 게 확실한 상황에서는 영업사원을 추가로 채용해 봤자 전혀 도움이 안 된다. 개발자도 마찬가지다. 생산성을 발휘하기까지 초기 비용이 많이 발생한다. 하지만 다른 팀에서 개발자를 데려올 수 있으면 해당 비용 중 상당 부분이 절감된다. 그런데 왜 이렇게 하지 않는 걸까? 소프트웨어의 경우 몇 가지 독특한 문제가 있다.

1975년 초기 소프트웨어 분야의 선구자인 프레더릭 브룩스 주니어Frederick Brooks Jr.는 소프트웨어 개발을 다룬 에세이 모음집《맨먼스 미신》을 출간했다. 이런 제목을 붙이게 된 핵심 개념 중 하나가 '맨먼스 신화'(앞으로 나는 '개발자 먼스 신화'로 바꾸려 한다)로, 이에 따르면 늦어지는 프로젝트에 개발자를 더 투입할수록, 프로젝트는 더 늦어진다. 왜 이런 반직관적인 결과가 나오는 걸까?

두 가지 이유 때문이다. 우선 새로운 개발자가 생산성을 늘리기까지 걸리는 시간을 들 수 있다. 하지만 더 중요한 건 프로젝트에 투입된 개발자들 사이에 커뮤니케이션 비용이 발생한다는 점이다. 모든 신규 인력이 운영 방식에 대해 수많은 질문을 할 것이고, 그러면 현재 생산성이 좋은 개발자들이 업무에 방해를 받는다. 일정이 뒤쳐질지라도 개발자들이 생산성을 유지하며 작업을 완료하도록 내버려 뒀을 때보다 일이 실질적으로 더디게 진행된다. 이것이 '개발자 먼스 신화'의 현주소다.

분명 팀을 확장해서 진행 속도를 높일 수 있는 경우도 있지만, 마감을 얼마 안 남기고 프로젝트 중간에 인력을 투입하는 것은 이에 해당되지 않는다. 브룩스가 《맨먼스 미신》을 출간한 이후 많은 것이 변했지만 이 개념은 대체로 유효하다.

다음 도표는 내가 직접 목격한 사례와 비슷하다. 내가 만든 공식[3]이기 때문에 아주 과학적이진 않지만 사내 개발자에게 이것이 얼추 사실이냐고 물으면 아마 동의할 것이다.

개발자를 10명 이상 추가하면 단순히 생산성이 감소하는 게 아니라 생산성에 마이너스 효과를 미친다. 그래서 소규모팀에 집중해야 하는 것이다. 이는 또한 기존 팀 구조에 인력을 추가해서도, 그러면서 성과가 늘어나기를 기대해서도 안 되는 이유를 설명해

---

[3] 관심 있는 사람들을 위해 밝히자면 공식은 다음과 같다.
$100 - (N \times 0.35)^{2 + N \times 0.005}$, 여기서 N = 개발자 수

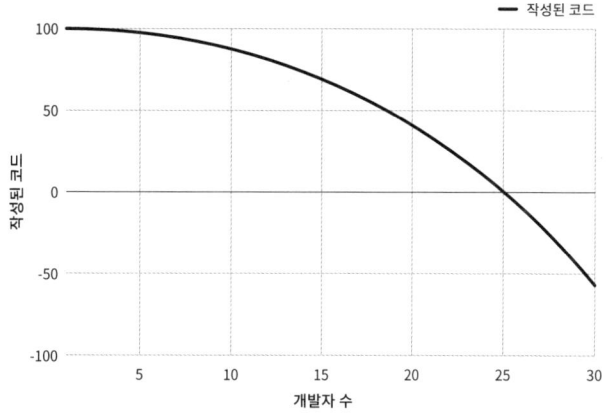

준다. 개발자가 10명에서 20명으로 대폭 늘어나면 생산성이 절반 이상 떨어지고 자연스레 작업 속도가 느려진다. 어느 순간 25명 정도가 되면 코드라인 수가 줄어든다. 이것이 정확히 뭘 의미하는지는 모르겠지만 좋지 않다는 건 장담한다. 경험상 이는 정확하다.

인력을 추가해 문제를 해결할 수 없다는 사실에 열이 받는다고 해도 이해한다. 예산은 우리가 경영진으로서 처리해야 할 일이다. 하지만 단기적으로 좌절감을 팀에 돌리지 말라. 이미 (아마) 녹초가 된 팀원들의 사기만 떨어뜨릴 것이며, 이는 무의미한 짓이다. 중력에 화를 내는 것과 같다. 낙하산이 펼쳐지지 않으면 마음껏 중력을 저주해도 좋지만 별 도움은 안 된다.

좋은 리더라면 좀 더 오랜 시간에 걸쳐 문제를 더 잘 나누고 통제해서 해결할 수 있다. 문제 도메인, 코드, 인력을 다양한 소규모팀으로 분할하면 차후에 지원군과 인력을 충원할 수 있다. 8장에서 설명한 유사분열 과정을 떠올려 보라. 이런 조직 개편은 인력 면에서도, 코드를 깔끔하게 나누는 면에서도 시간이 걸린다는 점을 기억하라. 속도를 높이기 위해 예산을 추가 투입하고 문제를 재구성하는 데 최소한 6개월은 걸린다. 그렇지 않으면 수많은 개발자가 서로의 업무에 걸림돌이 될 것이다.

최근 완성까지 3년이 걸릴 것으로 예상되는 중요 프로젝트를 검토하고 있는 한 임원과 대화를 나눴다. 그는 "1억 달러를 투자해서" 1년 안에 작업을 완료할 수 없다는 사실에 좌절하고 있었다. 엔지니어링 리더가 당장 예산을 더 투입해도 프로젝트를 가속화할 수 없다고 말한 터였다. 그 임원이 이야기했다. "(대형 컨설팅 회사의 이름을 대며) 그들에게 1억 달러를 준다고 하면 분명 해낼 텐데 말이죠." 내가 대답했다. "눈앞에서 1억 달러를 흔들면 그쪽 영업사원은 할 수 있다고 장담하겠죠. 하지만 그들도 실패할 겁니다."

이것이 대형 컨설팅 프로젝트가 언제나 시간과 예산을 초과하는 이유다. 무엇보다 그 역시 내 의견에 반대하지 않았다. 마음속으로는 경험상 내가 한 말이 맞다는 것을 알았기 때문일 것이다. 힘든 일에는 시간이 걸리곤 하는 법이다. 나는 임원에게 제안했다. 기술 리더에게 6개월 안에 예산을 늘려 3년이 아닌 18개월 내에 프로젝트를 완료하려면 현재, 그리고 향후 몇 개월 동안 어떤 조치를 취하는 게 좋을지 물어보라고 말이다. 이 정도면 합리적인 질문이다. 훌륭한 엔지니어라면 괜찮은 계획과 강력한 아키텍처를 제시하며 이 질문에 답할 수 있을 것이다.

오늘날의 애자일 환경에서도 여전히 팀 구조를 그대로 유지한 채 업무를 추가하는 경우가 많다. 작업을 가속화하기 위해 매니저들이 팀에 인력을 더 투입하거나(일단 팀에 인력이 꽉 차고 나면 브룩스가 설명한 모든 문제가 두드러진다) 업무를 재분할해 새 팀을 만들고 같은 목표를 향해 나란히 달리게 한다. 하지만 이러면 막대한 비용이 발생하므로 우선 두 팀의 업무를 합리적으로 구분한 다음, 팀 분할에 맞춰서 코드베이스, 미션, 책임도 재정립해야 한다. 이것이 전형적인 '속도를 올리려다가 속도를 줄이는' 상황이다. 그리고 나면 팀원을 늘려 생산성을 높여야 한다. 모든 상황을 고려해 봤을 때, 한 프로젝트 내에서는 팀이 단기간에 작업을 계속하도록 그냥 내버려 두는 것이 좋으며, 그동안 엔지니어링 리더는 속도를 높일 수 있도록 팀 구조를 재설계하는 계획을 세우는 데 일정 시간을 할애하는 편이 낫다. 그러면 문제 도메인을 재평가하고 재분배하는 것이 매우 합리적이라고(8장에서 유사분열이 시간이 지나면서 어떻게 팀을 나누고 성장시키는지 설명한 것처럼) 자연스레 결론짓게 되는 지점이 생긴다. 하지만 프로젝트가 한창일 때, 특히 이미 일정에 뒤처지고 있을 때는 이에 해당하지 않는다.

애자일의 위험

말만 들으면 근사하지만 애자일은 그 신도들이 때로 묘사하는 것처럼 만병통치약이 아니다. 모든 조직 시스템이 그렇듯 애자일에도 장단점이 있다. 최근 한 주식회사의 최고경영자와 대화를 나누던 중, 애자일 전환이 어떻게 진행되고 있는지 물었다. 그러자 그가 답했다. "바보 여럿이 사업 운영을 놓고 감 놔라 배 놔라 하잖아요. 제대로 되는 일이 하나도 없어요!" 나는 깜짝 놀라 의자에서 떨어질 뻔했다. 애자일의 어떤 부분이 잘못된 것일까?

애자일이 개발자들의 창의력을 촉발하기는커녕 짓누를 때도 있다. 소프트웨어 개발에 질서를 부여하고 예측 가능성을 높이기 위해 초기에 애자일을 실행하던 사람들은 제조 분야를 보면서 이렇게 질문했다. "어떻게 하면 소프트웨어 개발에 조립 라인의 예측 가능성을 도입할 수 있을까?" 그래서 탄생한 것이 칸반이란 워크플로 방법론으로, 말 그대로 도요타 생산 시스템Toyota Production System에서 가져왔다.

칸반에서는 프로덕트 오너가 한 주의 업무를 작은 작업으로 세분화해 포스트잇에 기록한 뒤 칸반 보드에 붙인다. 엔지니어는 작업이 적힌 포스트잇을 가져와, 작업을 완료하고, 포스트잇을 '완료' 칸으로 옮긴 뒤, 이를 반복한다. 한 주가 끝나면 완료한 작업의 숫자를 보고한다. 복잡한 문제를 작은 작업으로 나누는 건 중요하지만 칸반 방식은 자칫 개발자들을 조립 라인 노동자처럼 취급할 위험이 있다.

여기까지 읽었으면 내가 이런 사고방식을 별로 좋아하지 않음을 짐작할 수 있을 것이다. 자동차 조립 라인에서는 창의성을 기대하지 않는다. 직원들이 제조하는 자동차가 제각각 다른 문제를 해결하지도 않는다. 오히려 그 반대다. 회사도 조립 라인에서 나오는 모든 차가 동일하기를 바란다. 조립 라인 노동자들이 창의력을 발휘하는 것을 원치 않을 것이다("이 차는 핸들을 삼각형으로 만들어봐요!").

자동차를 조립할 때는 괜찮지만 이와 같은 작업 흐름은 창의적인 사람들이 원하는 업무 방식은 아니다. 사실 칸반은 몇 년 전에 읽은 흥미롭지만 살짝 소름 돋았던 기사를 떠올리게 한다. 전 세계 유화의 60퍼센트를 생산하는 다펜이라는 중국의 한 마을을 다룬 기사로, 유화 중 상당 부분이 거장의 작품을 복제한 것이었다. 사실상 미술품 공장에 조립 라인을 설치한 것과 다름없었는데, 빈센트 반 고흐, 레오나르도 다 빈치, 앤디 워홀 등의 그림을 모사해서 빠르게 쏟아 내고 있었다.

화가들은 팀으로 일한다. 한 사람씩 이젤이 늘어선 복도를 따라 걸어가며 각 캔버스에 몇 군데 붓칠을 한다. 그러면 다음 화가가 다른 부분을 칠한다. 8천 명이 넘는 화가가 다펜에서 일한다. 이들은 1년에 3백만에서 5백만 점의 그림을 쏟아 낸다. 모네를 돈으로 바꾸는 아주 기발한 수법이다. 하지만 나는 다펜에 대해 읽고 충격

사진 출처: *https://www.instapainting.com/blog/company/2015/10/28/how-to-paint-10000-paintings/*

10장 쉽게 이해하는 애자일

받았다. 기업이 창의적인 예술가를 고용한 뒤 그들의 일에서 모든 창의력을 완전히 제거한다는 사실이 불쾌했다.

하지만 일부 회사는 개발자들에게 이와 똑같은 짓을 하고 있다. 그들은 창의적 인재를 고용한 뒤 네모난 공장에 집어넣고 칸반 보드에서 포스트잇을 뜯으면서 상상력이라곤 찾아볼 수 없는 소프트웨어 프로그램을 쏟아 내게 만든다. 사람들은 훌륭한 개발자를 고용하기 힘들다고 가끔 불평하는데, 그러면 나는 개발자를 조립라인 노동자처럼 취급하면 분명 구하기 힘들 거라고 대답한다.

데일리 스탠드업 미팅도 애자일의 기본 요소다. 매일 모든 팀원이 자신이 어제 무슨 일을 했고, 오늘은 무슨 일을 할 것인지 알리는 회의로 하루를 시작한다. 문제는 많은 개발자가 회의를 절대적으로 싫어한다는 것이다. 엔지니어들이 반사회적이라서가 아니라 회의가 코드를 작성하는 데 사용해도 모자란 귀중한 시간을 잡아먹기 때문이다. 여느 회의와 마찬가지로 데일리 스탠드업도 효율적으로 제대로 운영될 수 있지만 집중도 안 되고 한없이 늘어지며 시간만 낭비할 수도 있다.

우리 같은 경영진은 회의가 빡빡한 일정에 상당히 익숙한지라 사내 모든 사람이 비슷한 일정일 거라 생각한다. 와이 콤비네이터의 공동설립자인 폴 그레이엄은 이를 '매니저의 일정'이라 부르는데, 사람들과 접촉하는 게 업무인 사람에게는 아주 효과적이다. 하루를 60분 단위로 나누면 수많은 사람의 일정을 조정할 수 있다. 그저 60분 일정을 내 캘린더에 추가하면 된다.

하지만 무에서 유를 창조하는 작업은 보통 1시간 단위로 이루어지지 않는다. 이런 일은 집중력은 물론이고, 그레이엄이 '메이커의 일정'이라 부르는 것을 필요로 한다. 몰입flow에 대해 들어 봤을 것이다. 정신이 온통 하나에 사로잡혀서 창의력이 최대치로 발산되는 상태를 말한다. 작가, 화가, 음악가, 심지어 요리사도 몰입을 이야기한다. 이는 모든 것이 불현듯 분명해지는 정신 상태로 지속적인 집중력을 요구한다. 회의 한 번으로 몰입 상태는 파괴될 수 있다.

그레이엄은 이렇게 말한다. "모든 일정은 유형이 어떻든 그 자체로 잘 작동합니다. 문제는 일정들이 서로 만났을 때 발생하죠. 대개 힘 있는 사람의 일정이 매니저의 일정에 영향을 미칩니다. 마음만 먹으면 모든 직원을 자신의 주파수에 맞출 수 있죠. 하지만 현명한 경영진은 스스로를 자제합니다. 일부 직원에겐 큰 덩어리의 업무 시간이 필요하다는 사실을 안다면 말이에요."

그러니 데일리 스탠드업이 몰입을 방해할 수도 있다는 건 놀랄 일이 아니다. 몰입과 회의 시간 사이에 어떻게 균형을 맞춰야 조직에 최선일까? 개발자에게 물어보는 건 어떨까?

많은 개발자가 고객을 이해하고, 사업을 깊이 생각하고, 두뇌를 마음껏 사용할 수 있는 자유를 원한다. 하지만 지나치게 경직된 애자일 시스템은 개발자가 고객이나 사업을 이해하는 게 자신의 일이 아니라고 생각하며 시스템이 기대하는 역할에 스스로를 한정짓도록 부추길 수 있다. 프로덕트 매니저와 개발자 들이 이런 함정에 빠지지 않도록 하는 것이 중요하다.

개발자가 자신의 요구가 묵살되어도 그러려니 한다면 단기적으로는 상황이 조금 단순해질 것이다. "뭘 해야 하는지 말만 하세요."

하지만 얼마 안 있어 성취감을 느끼지 못하고 더 나은 일자리를 찾아 떠날 것이다. 애자일 그 자체는 개발자에게 나쁘지 않다. 사실, 아주 좋다. 하지만 애자일을 실행하는 사람들이 개발자가 사업에 지속적으로 참여하고 개발을 자신에게 주어진 과제가 아닌 협업으로 여길 수 있도록 주의를 기울여야 한다.

지금 무슨 일을 하고 있나요?

우리 아버지가 가장 좋아하는 신조는 '뭐든지 적당한 게 좋다'이다. 지나치지 않는 선이라면 대부분 괜찮다. 술, 텔레비전, 섹스 모두 말이다. 애자일 소프트웨어 개발에 대한 내 생각도 그렇다. 일부 회사는 강사나 컨설턴트, 엄격한 규칙과 절차를 잔뜩 갖추고 애자일을 전면적으로 실행하기보다는, 납득이 되는 몇 가지 원칙만 고수하고 나머지는 폐기한다. "형식적인 방법론을 사용하지 않은 지 오래 되었어요." 브레이커의 공동설립자이자 CTO인 레아 컬버(4장에서 언급했다)는 이야기한다. 그녀의 말에 따르면, 엔지니어들은 여전히 짧은 스프린트 단위로 일하지만 데일리 스탠드업 미팅과 같은 다른 애자일 관행에는 신경 쓰지 않는다.

트윌리오에서는 특정한 애자일 방법론을 엄격히 고수하지 않는다. 어떤 팀은 좀 더 형식적인 요소를 택하고 어떤 팀은 그 반대를 택하는 등 저마다 작업 스타일을 고수하도록 내버려 둔다. 하지만 몇 가지 핵심 개념은 강하게 강조한다. 가장 철저하게 고집하는 규칙은 바로 자율적인 소규모팀이 발전의 기반이라는 점이다. 우리는 팀 규모를 10명 이하로 제한한다. 팀에 업무를 부과하는 대신 고객에게 청취한 내용을 토대로 자체적으로 분기별 목표를 수립하도록 요청한다. 팀이 필요하다고 생각하는 것과 리더십이 가장 중요하다고 여기는 것이 다를 때에는 맹목적으로 상부의 명령을 강요하는 대신 갈등 해결을 위한 아주 의미 있는 논의를 거친다. 트윌리오의 약 150개 프로덕트 엔지니어 팀은 반드시 이를 지켜야 한다.

일단 구조가 갖춰지면 보통 팀이 알아서 작업 방식을 선택하게끔 한다. 전부는 아니지만 대부분의 팀이 매 스프린트가 끝날 때마다 구현 가능한 진척 상황을 만들겠다는 목표로 2주 단위의 스프린트를 실시한다. 팀마다 성과는 제각각이다.

모든 팀이 진행 중인 일에 제한을 두려고 하는데(이는 스크럼과 칸반의 목표이다) 작업의 성취 수준은 팀마다 서로 다르다. 어떤 팀은 한 공간에 함께 앉는 반면 어떤 팀은 전국 또는 심지어 여러 대륙에 걸쳐 분산돼 있다. 그렇지만 근무 시간이 충분히 겹치도록 팀이 네다섯 개의 시간대에서 벗어나지 않도록 하는 게 좋다. 대부분의 팀이 스토리 포인트를 이용해 작업에 생산성 지표를 부여하고 시간이 흐를수록 생산성이 향상되는지 추적한다. 팀마다 스토리 포인트를 다르게 정의하지만 상관없다. 이 관행은 많은 애자일 팀의 작업 흐름 중 일부이며, 나는 그게 마음에 든다. 영업사원이 영업을 마치고 나서 생산성을 측정하는 것과 마찬가지로, 엔지니어링 팀의 건전성을 측정하는 것도 중요하다.

우리 팀은 '개발자에게 묻기' 방법론을 다양한 수준에서 적용하고 있다. 어떤 팀에서는 엔지니어들이 개발 중인 프로덕트와 관련해 정기적으로 고객을 상대하며 대화 중에 고객이 '해결되기를 바라는 문제'가 뭔지 알아낸다. 대개 이런 팀은 사용자 스토리만이 아니라 고객 문제를 개발자와 공유한다.

나는 종종 트윌리오 복도를 걸으면서 엔지니어들에게 무슨 일을 하는지(정중하게, 그리고 그들이 온전히 집중하고 있지 않을 때) 묻는다. 내가 가장 좋아하는 추가 질문은 어떤 고객 문제를 해결하고 있는지 묻는 것이다. 가끔 유쾌한 대화를 나누기도 하지만, 무심하게 어깨를 으쓱하면서 "잘 모르겠어요. 그냥 프로덕트 매니저가 하라는 대로 하고 있어요."라고 하는 대답을 듣기도 한다. 이러면 팀들이 애자일에서 업무 분할과 관련해 뭔가 오해하고 있다는 것을 알 수 있다. 팀과 추가적인 대화를 나누면 리더에게는 팀원들로부터 더 많은 것을 끄집어낼 수 있기 때문에 좋지만, 무지한 상태에 만족하고 있는 개발자에게도 유익하다. 그 상태에 만족했다간 궁극적으로 경력에 제동이 걸릴 게 자명하니 말이다.

애자일이 어떻게 작동하는지, 기업의 민첩성에 기여하는지 그렇지 않은지 궁금하다면, 개발자와 프로덕트 매니저에게 물어보길 권한다. 팀이 어떻게 운영되는지, 진행 과정이 얼마나 민첩하고 고객 중심적인지 파악할 수 있을 것이다. 특히 프로덕트 매니저와 역량 있는 엔지니어링 팀이 어떤 관계를 맺고 있는지 궁금하지 않은가. 개발자에게 프로덕트 매니저가 게이트키퍼 역할을 하길 바라는지, 고객과의 소통을 돕는 촉진제 역할을 하길 바라는지 물어보라. 그런 뒤 프로덕트 매니저에게 자신의 역할에 대해 개발자들과 같은 의견을 가지고 있는지 물어보라.

고객에 대한 공통된 이해를 바탕으로 로드맵을 정비하려고 다

같이 협력하는지, 아니면 프로덕트 매니저가 고객을 맡고 엔지니어가 코드를 맡는 식으로 서로 '나누어 담당하는지' 팀에 물어봐도 된다. 나는 프로젝트 매니저가 코드를 잘 알고, 개발자가 고객을 잘 아는 팀이 훨씬 좋은 프로덕트를 생산한다고 믿는다. 매번 스프린트에서 출시 가능한 가치를 창출할 만큼 잘 작동하고 있는가? 팀이 정기적으로 시연을 진행하고 있는가?

  애자일을 실행하는 올바른 방법은 없지만, 애자일을 제대로 실행하지 못하고 진행 과정에서 고객을 배제하는 방법은 많다. 애자일의 가치뿐 아니라 자신의 팀이 애자일을 어떻게 실행하고 있는지 역시 파악한다면, 프로덕트 팀에 확실히 알려 달라고 요구했을 때 돌아오는 때론 반직관적이고 때론 실망스러운 대답을 이해하는 데 도움이 될 것이다.

11장

인프라 구조에 투자하라

> 실수를 하더라도 빠르게 실행하라
> **마크 저커버그, 2009**

> 안정된 인프라로 빠르게 실행하라
> **마크 저커버그, 2014**

마크 저커버그의 유명한 구호 '실수를 하더라도 빠르게 실행하라'는 훌륭하지만 궁극적으로 진실하지 않다. 2014년에 그가 결국 '안정된 인프라로 빠르게 실행하라'는 훨씬 덜 인상적인 구호로 말을 바꾸었을 때 그래서 전혀 놀랍지 않았다. 이 두 문장 사이의 긴장이 이번 장에서 말하고자 하는 주제다.

  대부분의 기업에서 경영진은 자신의 팀이 혁신하기를 바라고, 제품이 진즉에 출고되었기를 바라고, 팀이 고정관념에서 벗어나기를 바란다. 좋다! 훌륭하다! 전부 다 혁신하라! 하지만 동시에 실수가 발생하지 않는 환경도 원한다. 버그나 운영 중단, 보안 오류가 생길 경우, 책임 소재를 가리는 회의를 열어 문제를 일으킨 장본인이 누군지 확인한다. 언론이나 고객이 신제품에 부정적인 반응을 보이면 해당 팀을 해고해서 경력에 오점을 남기기도 한다.

이 두 가지 생각은 서로 완전히 반대된다. 경영진은 혁신을 원한다고 말해 놓고 자신도 모르게 그로 인한 자연스런 결과를 처벌한다. 인간은 고통을 회피하는 데 능숙하기 때문에 그러면 혁신하라는 명령보다 처벌을 피하고자 하는 욕구를 우선하게 된다. 그 결과 조직은 느리게 움직이고, 위험을 회피하고, 책임을 결여한 곳으로 변한다.

이것이 저커버그의 원래 구호인 '실수를 하더라도 빠르게 실행하라'의 대단한 점이다. 그는 빠르게 실행하는 데는 비용이 든다는 사실(일이 완벽하게 진행되지는 않는다는)을 인정하고 받아들였다. 직원들이 달려가다 무언가 깨부순대도, 고객을 위해 무언가 만들기 위해 한계에 도전하는 한 지지하겠다는 것이다. 이렇게 함으로써 그는 혁신이 성공할 수 있도록 보장했다.

하지만 사실 그의 말은 진심에서 우러난 게 아니었다. 어느 누구도 수십 억 달러 나가는 컴퓨터를 아무렇게나 망가뜨리는 개발자를 정말로 찬양하지는 않는다. 하지만 다행히 속도와 품질 사이의 거래는 잘못된 이분법이다. 저커버그도 나중에 깨달았듯 이런 식으로 둘 중 하나를 선택하는 건 오래 지속될 수 없다.

페이스북은 수많은 기업과 마찬가지로 보통 전체 개발 예산의 30퍼센트(많은 경우 50퍼센트) 이상을 인프라 및 플랫폼에 지출한다. 고객이 이런 값비싼 투자의 결과를 두 눈으로 직접 볼 수 없으므로 경영진은 이러한 대규모 지출을 문제 삼곤 한다. 이번 장에서는 플랫폼팀이 얼마나 중요한지, 어떻게 이들이 다른 모든 팀을 더 낫게 그리고 더 효율적으로 만드는지 설명할 것이다. 페이스북에서 이는 척 로시Chuck Rossi[1]라는 남자에게서 시작됐다.

척은 2008년 페이스북의 첫 '릴리스 엔지니어'로 고용되었다. 그가 맡은 일은 소프트웨어를 프로덕션 환경에 배포하는 일을 관리하고 개발자가 배포하려는 기능이 웹사이트를 고장 내지 않도록 하는 것이었다. 그는 주요 변경 사항을 매주 배포하고(문제가 발생할 경우 엔지니어가 대응할 수 있도록 언제나 주중에 일을 끝냈다) 사소한 문제들을 해결하기 위해 매일 부수적인 것들을 업데이트하는 등 매우 엄격한 프로세스를 실행했다.

또한 어떤 개발자가 문제없는 코드를 작성하는지 주시하면서 심지어 사내 모든 개발자에 대한 평판 점수까지 기록했다. 페이스북에 문제를 일으키는 개발자는 경고를 먹었다. 경고 세 번이면 한동안 코드 배포가 금지됐다(조치가 영구적이지 않다는 점에 주목하라. 벌칙이 있긴 하지만 실수에서 배우는 게 있을 거라 가정하고 너그럽게 봐주는 거다). 로시는 회사와 고객의 경비견 역할을 하면서 테스트, 코드 리뷰, '카나리' 배포 등 모범 사례를 만들었다.

간단히 말해 로시는 개발자가 더 빨리 소프트웨어를 구축할 수 있는 플랫폼 및 프로세스를 제공하는 동시에 고객과 회사를 처참한 결과로부터 보호할 수 있는 보호막을 갖추어, 개발자가 빠르게 움직여도 너무 큰 손해가 발생하지 않도록 했다.

[1] https://arstechnica.com/information-technology/2012/04/exclusive-a-behind-the-scenes-look-at-facebook-release-engineering/3/

이런 접근법은 효율적이고 혁신적인 회사가 모든 직원으로 하여금 최고의 업무 능력을 발휘하면서도 일정 수준의 일관성을 유지하도록 지원하는 방식과 크게 다르지 않다. 회사에서 영업팀을 고용할 때 어떠한가. 아마 그들이 영업을 잘할 수 있게 지원할 것이다. 팀을 꾸려서 영업사원에게 자사 제품에 대해 교육할 자료를 만들도록 지시하고, 그로 인해 더 많은 지식을 장착한 채 고객과 만남으로써 사원들의 생산성은 높아진다. 영업사원이 자신의 판매 실적을 추적하고 유통 상태를 파악하게 도와주는 판매 자동화 소프트웨어도 구입했을 것이다.

마찬가지로 재무팀에도 재무 업무를 수행할 수 있도록 지원한다. 전사적자원관리ERP 시스템을 갖추어서 재무팀이 장부를 마감하고, 비용을 추적하며, 회사 재무 상태를 투자자에게 효율적이고 정확하게 보고할 수 있도록 돕는다. 이런 중요한 인프라 없이 영업, 재무 또는 기타 많은 기능이 존재하고 조금이나마 성공할 거라고 상상하기란 어렵다.

소프트웨어 팀도 다르지 않다. 회사는 개발자가 성공하도록 인프라에 투자해야 한다. 선행해서 투자할 필요는 없다. 사실 이런 시스템은 소프트웨어 팀이 커지고 정교해지면서 유기적으로 진화하는데 이때 회사가 적극 지원하면 된다. 개발자들로 하여금 자신의 의견이 수용된다고 느끼고 회사가 자신에게 투자한다고 믿게 만드는 것은 물론, 회사가 그들을 창의적 전문가로서 귀하게 여긴다는 것을 보여 주는 인프라를 구축할 확실한 방법이 있다.

우수한 소프트웨어 회사가 전체 R&D 자금의 50퍼센트 이상을 인프라에 투자하는 건 드문 일이 아니다. 하지만 이런 투자에 물음표가 생길 만하다. 매 예산 주기마다 인프라팀에 막대한 비용이 지출되는 것을 보며 이게 정말 필요한 건지 의문을 품을 수 있다. 고객을 위해 프로덕트를 만드는 팀에 인력을 더 배치하지 않고 내부 인프라를 관리하는 엔지니어를 고용하는 까닭이 뭘까? 왜냐면 소프트웨어 인프라가 그 외 모든 개발자들의 생산성과 성공 가능성을 높이기 때문이다. 인프라팀이 없다고 생각해 보라. 이들이 회사에 얼마나 큰 영향력을 행사하는지 금방 깨닫게 될 것이다. 대부분의 기업이 투자 금액 대비 20~30퍼센트 그 이상으로 훨씬 높게 생산성이 향상된다.

왜 엔지니어들이 구글과 같은 회사에 몰려드는지 궁금한 적이 있는가? 당연히 연봉이 높다. 하지만 지원 인프라 역시 세계적인 수준이다. 무료 점심과 세발자전거도 빼놓을 수 없지만 구글은 사실 훌륭한 인프라로 개발자들을 어르고 달랜다. 도구를 사용하면서 자신의 거의 모든 에너지를 업무(고객에게 봉사하고 창의적이 되는 것)에 즉시 쏟을 수 있다면? 이는 마법 같은 일이다. 하지만 반대로 도구와 씨름이나 하고 있다면 사기가 완전히 곤두박질친다.

나는 이 사실을 힘들게 배웠다. 트윌리오를 세 명의 소프트웨어 개발자가 설립했다는 점을 감안하면 이런 깨달음을 자연스레 얻었을 것이라 생각할지도 모르겠다. 하지만 우리도 초창기에 소프트웨어 인프라에 충분히 투자하지 않아서 죽을 뻔한 적이 있었다.

개발자를 만족시키는 소프트웨어

2013년 트윌리오는 가파른 성장세를 보였다. 2010년에는 백만 달러였던 연매출이 2012년에 3천만 달러로 늘어났다. 네 번에 걸쳐 총 1억 3백만 달러에 달하는 벤처 자금을 지원받았고, 설립자 세 명에서 직원 백 명 규모의 회사로 성장했으며, 그 직원 중 절반은 우리 프로덕트를 만드는 소프트웨어 개발자였다.

하지만 문제가 있었다. '빌드 시스템'(약 50명의 개발자들이 저장소에 코드를 제출하고, 코드를 테스트하고, 배포 패키지를 구성하고, 메인 프로덕션 서버에 배포하기 위해 사용하는 소프트웨어 인프라)이 나이가 든 것이다. 2008년 회사를 설립하면서 내가 구축한 시스템이었는데 50명의 엔지니어가 하루 종일 코드를 제출하고 수백 대의 서버에 배포하도록 설계된 게 아니었다.

처음 만들었을 때는 5분이면 코드를 커밋하고 서버에서 실행할 수 있었다. 2013년에는 코드베이스가 늘어나고 테스트 및 빌드가 복잡해진 탓에 이따금 12시간씩 걸렸다! 이뿐만 아니라 빌드에 실패해서 개발자가 처음부터 다시 시작해야 하는 일도 부지기수였다(최악의 경우 그 확률이 50퍼센트에 달했다). 단순히 코드를 만들어 내는 생산성 측면에서도 주기적으로 며칠을 허비했다. 빠르게 움직이는 건 남의 나라 이야기였다.

코드 작성은 어렵지 않았다. 우리를 힘들게 하는 건 낡은 시스템을 붙들고 씨름하는 것이었다. 스스로 자초한 고통에 얼마나 시달렸는지 말도 못할 지경이었다. 그 결과 회사 최고의 엔지니어들이 일을 하는 게 불가능하다는 사실에 좌절해 그만두기 시작했다. 처음에는 몇 명이었지만, 어느새 엔지니어의 절반 가까이 그만두었다. 절반 말이다! 회사가 무너질 수도 있는 대참사였다.

그래서 우리는 성장을 받쳐 줄 개발자 플랫폼을 다시 만들기 위해 신속하고 고통스러운 계획에 착수했다. 첫 번째 조치는 제이슨 후닥을 플랫폼 팀장으로 채용한 것이었다. 제이슨은 야후에서 10년 넘게 수천 명의 엔지니어를 지원하는 인프라 구축 업무를 담당했다. 그는 사람들이 흔히 상상하는 소프트웨어 엔지니어와는 많이 다르다. 혈색 좋은 텍사스인이자 전직 해병대 출신으로, 텍사스 공대에서 컴퓨터공학이 아닌 경영학을 공부했다. 1990년대에 기술 회사에 입사한 뒤 코드 작성하는 법을 배웠는데 그의 잠재력을 알아본 엔지니어들 옆에서 거의 독학으로 공부했다.

제이슨은 한가할 때 텍사스에서 스노클링, 자전거 타기, 야생 멧돼지 사냥하기를 즐긴다. 뛰어난 추상 화가이기도 하다. 작품 두 점을 선물받았는데 내 사무실에 자랑스레 걸어 놨다. 그는 티셔츠, 슬리퍼, 야구 모자를 걸친 채 출근한다. 하지만 그런 털털한 태도 이면에 해병대 훈련소에서 배운 집중과 규율이 자리 잡고 있다. 이런 성향은 개발자 플랫폼을 구축하는 데 데브옵스DevOps 방법론을 채택하기 시작하면서 매우 중요해졌다. 기술 분야에 몸담고 있지 않은 사람조차 의미는 잘 몰라도 데브옵스라는 용어는 아마 들어봤을 것이다.

냉소적인 사람들은 애자일과 린스타트업이 예전에 그랬던 것처럼 데브옵스가 소프트웨어 개발 세계의 '이달의 맛' 정도라고 말할지도 모른다. 아마존에서도 이 주제에 대해 천 권 이상의 책을 찾을 수 있다. 데브옵스를 전부 배우려면 수년이 걸리겠지만 여기서는 매우 간단하게 설명하겠다. 말하자면 이렇다.

과거의 소프트웨어 개발 조직은 코드를 작성하는 과정을 다양한 역할로 나누었다. 코딩, 빌드, 테스트, 패키징, 릴리스, 환경 설정, 모니터링과 같은 작업을 여러 그룹으로 나누어 처리했다. '개발자'가 코드를 작성해서 넘기면, '품질 엔지니어'가 버그를 찾았고, '릴리스 엔지니어'가 프로덕션 환경에 코드를 배포했다. 고객이 실제로 프로그램을 사용하는 단계가 되면, 사이트 안전성 엔지니어Site Reliability Engineer, SRE가 프로그램 운영 업무를 맡았다. SRE는 '무선 호출기를 착용한' 사람으로, 이는 밤이나 주말에도 대기하고 있다가 프로그램이 중단되면 무조건 하던 일을 멈추고 달려와 코드를 고쳐야 함을 의미했다.

전문성으로 역할을 나누면 분명히 좋은 점도 있지만 동시에 속도가 느려진다. 개발자가 품질 엔지니어에게 코드를 던져 주면 품질 엔지니어가 열심히 버그를 찾은 뒤 수정을 위해 다시 돌려보낸다. 이런 과정이 다양한 종류의 테스트를 거치며 되풀이된다. 그런 다음 코드가 릴리스 엔지니어에게 도착하고, 릴리스 엔지니어는 또 이전 사람에게 돌려보내고, 그러다 사이트 안정성 엔지니어에게 도착하고, 사이트 안정성 엔지니어 역시 이전 사람에게 코드를 돌려보낸다(다른 부서에 상의 없이 프로젝트를 넘기는 것을 내가 얼마나 안 좋아하는지 알 것이다).

이러면 개발자가 테스트 엔지니어나 릴리스 엔지니어가 다른 프로젝트를 끝내고 자신의 작업을 시작하기만을 기다리게 되고, 자연히 각 단계마다 지연이 발생할 수 있다. 이런 모든 잠재적 지연에 총 단계의 수를 곱하면 어째서 업무가 정체되는지 알게 될 것이다.

데브옵스는 약 10년 전 처음 구상된 개념으로, 개발자 한 명이 모든 단계를 처리하도록 만들어 속도를 높이려는 시도다. 이런 개념은 명칭 자체에 반영돼 있다. 코드를 작성하는 '개발자developer'와 그 밖의 모든 작업을 수행하는 '운영자operator'를 나누지 않고, 이 모든 업무를 한 사람에게 결합하는 것이다. 데브옵스 환경에서는 동일한 개발자가 코드를 작성하고, 테스트하고, 패키징하고, 모니터하는 것은 물론, 프로덕션 이후에도 계속해서 코드를 책임진다.

이 마지막 문장은 현대 소프트웨어 개발의 가장 중요한 요소 중 하나이자, 트윌리오가 무엇을 신성한 가치로 여기는지 보여 준다. 바로 코드를 작성하는 사람이 프로덕션 단계 후에도 '무선 호출기'를 차고 코드를 책임지는 것이다. 이제 이 코드는 개발자의 것이다. 코드가 충돌하면 스스로 고쳐야 한다. 이렇게 하면 개발자가 고품질의 코드를 제공할 수밖에 없기 때문에 우리는 이 아이디어를 좋아한다. 한밤중에 전화를 받을 수도 있다는 두려움 때문에 배포하기 전에 다시 한번 작업을 훑어보는 추가적 동기가 생긴다.

팀원들이 코드를 고치려고 밤중에 눈을 뜨는 당사자라 해도 끊임없이 충돌하는 코드를 제멋대로 전달할 수 있는 건 아니다. 고객들이 여전히 불편을 겪기 때문이다. 그래서 제이슨과 그의 팀은 운영성숙모형Operational Maturity Model이라는 모범 관행 체크리스트를 작성했다. 여기엔 문서, 보안, 지원 가능성, 복원력, 테스트 가능성, 개인정보보호, 이렇게 여섯 가지 우수성 범주가 있는데, 총 41단계로 구성돼 있다. 그런데 주목할 점이 있다. 일반 대중이 사용할 수 있는 Generally Available, GA 프로덕트, 그러니까 핵심 고객에게 보낼 준비가 된 제품으로 간주하려면 각 항목에서 우수성을 입증해야 한다. 전 항목에서 만점을 받으면 가장 우수한 것이다. 우리는 이를 '아이언맨 Iron Man'이라고 부른다.

기존 모형에서는 개발자가 모범 관행 중 일부만 실천한다. 일부는 테스트하지만 전체는 하지 않을 수도 있다. 코드는 문서화하지만 지원 역할은 안 할 수도 있다. 보안은 훌륭하지만 개인정보보호는 그렇지 않을 수도 있다. 개발자들이 신경을 쓰지 않아서가 아니다. 그저 우수하다는 게 어떤 건지 잘 알지 못해서다. 물론 이런 일을 잘하게 하는 가장 좋은 방법은 팀을 자동화하는 것이다. 하지만 모든 팀이 각 영역의 전문가로서 개개의 범주에 대한 자체 자동화 시스템을 구축해야 한다면 시간이 오래 걸릴 수밖에 없다. 그래서 제이슨의 팀이 투입된 것이다.

제이슨은 자신과 플랫폼팀(13개의 소규모팀에서 약 백 명의 엔지니어가 일하고 있다)의 미션을 '전통적인 소프트웨어 개발자가 모든 전문 분야에 대해 깊은 배경 지식이 없어도 데브옵스 문화에서 성공할 수 있도록 지원하는 소프트웨어를 제공하는 것'이라고 정의한다. 플랫폼팀은 고객에게 배포하는 소프트웨어를 개발하지 않는다. 개발자가 소프트웨어를 작성하고 테스트하고 배포하고 모니터하기 위해 사용하는 소프트웨어를 만든다. 우리 프로세스가 조립라인과 유사한 점이 있다면 아마 이 부분일 것이다. 플랫폼 엔지니어는 혁신을 가속화하는 '조립라인'을 설계하고 최적화하는 사람들이기 때문이다.

우리는 개발자가 가능한 한 적은 노력을 들여서 원활히 운영되는 코드를 더욱 쉽고 빠르게 작성하도록 만들고 싶었다. 그래서 이 모든 기능을 한곳에서 제공하는 플랫폼을 구축하기로 했다. 제이슨은 이를 하나의 창에 수많은 요소가 들어 있는 거대한 스테인드 글라스 창문에 비유한다. 개발자들은 하나의 유리창을 통해 필요한 모든 도구에 접근할 수 있다. 그들은 눈높이가 높다. "소프트웨어 엔지니어들은 세상에서 가장 냉소적이고, 비판적이고, 심술궂은 집단입니다." 제이슨은 말한다. "저도 그중 하나기 때문에 잘 알죠. 지적이고 솔직하지만 가장 잔인한 피드백을 주는 사람들이지요. 제가 플랫폼을 구축하는 게 그래섭니다. 다른 소프트웨어 엔지니어를 만족시킬 수 있는 소프트웨어를 만들 수 있다면 어떤 소프트웨어도 만들 수 있기 때문이에요."

제이슨의 원칙

제이슨은 트윌리오에 입사하면서 자신이 플랫폼을 구축하고 운영하는 방법을 알리기 위해 원칙과 가치를 목록으로 만들었다. 그는 개발자에게 자유 및 자율권을 주는 것과 일련의 표준 업무 방식을 지켜 달라고 부탁하는 것 사이에서 균형을 유지하는 까다로운 길을 택해야 했다. 표준 업무 방식은 거의 모든 코드베이스 부분에서 응집력을 발휘하도록 도와준다(6장에서 설명한 것처럼, 테두리를 제대로 치면 움직임이 자유로워진다). 하지만 우리는 혁신을 억압할 정도로 엄격해지는 것은 원치 않는다. 아직도 이 사이에서 균형을 맞추려 끊임없이 노력하고 있다.

다음은 제이슨이 선택한 원칙이다.

포장도로

개발자 플랫폼 어드미럴Admiral에는 개발자에게 필요한 모든 툴이 들어 있다. 하지만 개발자가 이 툴들을 꼭 사용할 필요는 없다. 플랫폼에 없는 특정 테스팅 툴이 마음에 든다면 그것을 사용해도 좋다. 제이슨은 이를 '비포장도로' 대 '포장도로'라고 부르는데, 우리가 선택한 툴을 사용하면 포장도로에서 운전하는 것처럼 가는 길이 편할 거라는 뜻이다. 하지만 본인이 원한다면 비포장도로를 선택해 덤불을 헤치고 흙길을 달려도 괜찮다. 도착지에 도달하겠지만 시간은 오래 걸릴 것이다. 그럼에도 정말 상관없다면 또는 그 특별한 툴에 어떤 이점이 있다면, 어떻게든 시도해 봐도 좋다. "우리에겐 규칙이 없다. 테두리가 있을 뿐이다." 제이슨이 가장 좋아하는 표현 중 하나다. 하지만 비포장도로로 간다 해도 보안과 복원력 같은 것을 책임져야 하므로, 포장도로가 훨씬 매력적일 것이다.

언어 선택

또 하나, 개발자에게 오직 한 언어만 사용하도록 강요하지 않는다. 대신 파이썬, 자바, 스칼라Scala, 고Go, 이렇게 네 가지 언어를 지원한다. 개발자는 이 네 개 언어 중 뭐든 사용해도 좋고, 언어에 상관없이 플랫폼에서 완벽하게 지원받을 수 있다. 하지만 툴과 마찬가지로 다른 언어를 선택해도 괜찮다. 하지만 이 역시 포장도로 대비포장도로를 달리는 것과 비슷하다. "C 언어나 다른 언어로 뭔가를 구축하고 싶으면 그렇게 해도 좋습니다. 우리는 이래라 저래라 명령하려고 여기 있는 게 아니거든요." 제이슨은 설명한다. "단지 그렇게 하면 플랫폼의 모든 툴을 사용할 수 없으니 고생을 좀 할 수 있다는 건 알아야 합니다."

셀프서비스

이 서비스의 목표는 개발자에게 메뉴를 제공하고, 원할 때면 언제든지 게이트키퍼를 거치지 않고 원하는 것을 선택할 수 있는 권한을 제공하는 것이다. 개발자는 이런 프로세스가 어떻게 작동하는지 알 필요도 없다. 그냥 원하는 것을 선택하면 된다. 자판기에서 숫자를 누르면 다이어트 콜라가 나오는 것과 같다. 누구도 자판기 원리에 신경 쓰지 않는다. "개발자가 무엇을 원하는지 말만 하면 됩니다. 개발자가 그게 어떻게 이루어지는지 신경 쓰는 건 바라지 않아요. 개발자는 그냥 우리한테 무엇을 원하는지 말하고, 우리는 개발자를 위해 그걸 처리하는 거죠."

복잡성에 대한 사전 동의

어드미럴의 각 툴은 제이슨이 '의견이 있는 워크플로'라 부르는 특정 작업 방식을 따르도록 설정돼 있다. 플랫폼 엔지니어는 이 툴을 사용하는 최적의 사용법에 대해 일정한 의견을 갖고 있다. 하지만 다시 한 번 말하지만 개발자가 이 의견을 따를 필요는 없다. "우리는 개발자가 보다 복잡한 작업을 수행하기 위해 소프트웨어 설정을 바꾸거나, 심지어 우리가 소프트웨어를 제작할 때 생각도 안 했던 것들을 하기 위해 소프트웨어를 사용할 수 있도록 허용합니다. '평범한 것은 쉬워야 하고, 복잡한 것은 가능해야 한다'는 게 우리의 신조입니다."

배려하되 가차 없이 우선순위를 매겨라

"우리는 웬만하면 거절하지 않습니다." 제이슨의 말이다. "하지만 한 팀은 근사한 무언가를 작업해 달라 요청하고, 다른 팀은 9천만 달러의 매출을 매년 올릴 수 있는 프로젝트를 가지고 오면, 우리는 후자를 먼저 해결하고 나머지는 백로그에 넣을 겁니다."

모놀리식 대신 마이크로서비스

우리의 소프트웨어는 수백 개의 마이크로서비스로 구성된 마이크로서비스 아키텍처를 기반으로 한다. 각 마이크로서비스는 단일한 기능이나 성능을 가지고 있다. 마이크로서비스의 장점은 장애를 피하거나 흡수할 수 있다는 점이다. 예를 들면 하나의 서비스에 장애가 생겨도 전체 트윌리오 보이스 시스템을 다운시키지 않는다. 모든 서비스는 느슨하게 연결돼 있다. 전부 독립적으로 작업하는 각기 다른 팀에 의해 구축된다. 어떤 마이크로서비스는 버전1이나 2이고 또 다른 서비스는 버전5일 수도 있다. 하지만 모두 각 서비스와 연결된 API와 '대화'할 수 있다면 상관없다.

플랫폼, 소프트웨어를 만드는 소프트웨어

르망 24시 경주에서 포드가 우승을 거머쥐기까지의 여정을 다룬 영화 〈포드 대 페라리〉를 보면, 르망 경주에서 포드가 마침내 GT40이라는 엄청난 경주차로 페라리를 물리치는 멋진 장면이 나온다. "정말 끝내주는 기계예요." 드라이버 켄 마일스는 디자이너인 캐롤 셸비에게 이렇게 말한다. 하지만 영광을 마음껏 누리기는커녕 마일스와 셸비는 곧바로 GT40을 훨씬 더 빨리 달리게 만들 방법을 이야기하기 시작한다.

이는 소프트웨어 업계의 정신이기도 하다. 모든 이들이 더 빨리 가야 한다는, 더 적은 시간에 더 적은 인력으로 더 많은 일을 해야 한다는, 뒤처지면 안 된다는 부담감에서 벗어나지 못한다. "편집중에 걸린 사람만이 살아남는다." 인텔의 최고경영자 앤디 그로브의 모토이자 그의 회고록 제목이다. 우리 모두는 끊임없이 편집중에 시달린다.

트윌리오는 이런 편집중에 선수를 치기 위해 소프트웨어를 만드는 '기계'(제이슨 후닥이 이끄는 팀이 설계한 어드미럴 플랫폼)를 수년간 점진적으로 구축해 왔다. 이 플랫폼은 시간을 여기저기서 조금씩 절약해 준다. 오늘날의 모든 소프트웨어 조직에 매우 중요한 사안이므로 너무 깊이 들어가지 않는 선에서 이 프로세스가 어떻게 작동하는지 시간을 할애해 설명하겠다. 좋은 플랫폼은 개발자가 새 코드를 프로덕션 단계로 가져오는 데 걸리는 시간을 획기적으로 줄여서 더 적은 개발자가 더 적은 시간에 더 많은 코드를 생성하도록 한다.

어드미럴 플랫폼은 '파이프라인'(개발자가 새 코드를 커밋하면 프로세스가 시작된다) 개념을 기반으로 한다. 모든 팀은 프로덕트의 고유한 측면뿐 아니라 작업 스타일에 따라 파이프라인을 맞춤화할 수 있다. 따라서 이 부분에서 자율성을 얻는다. 팀들이 바로 작업을 시작할 수 있도록 사전에 구성된 기본 파이프라인도 다수 있다. 이는 웹사이트, 마이크로서비스, 데이터베이스 클러스터와 같은 표준 워크플로에서 가장 '포장이 잘된 도로'에 해당한다.

전형적인 파이프라인은 개발자가 작성하는 가장 기본적인 코드 테스트인 단위 테스트를 실행하는 것으로 시작한다. 그런 다음 소프트웨어가 (의존하고 있는) 다른 서비스와 어떻게 상호작용하는지 시험하는 통합 테스트처럼 좀 더 정교한 테스트를 실행한다. 이를 통과하면 코드는 네트워크 운영 중단이나 하드디스크 장애와 같이 컴퓨터가 오작동하는 실제 시나리오를 모방한 '장애 주입 테스트'를 거친다. 이후 접속자가 폭증할 때 어떤 일이 벌어지는지 시험하는 부하 테스트와, 장기간의 스트레스 상황 후에만 발생하는 메모리 누수나 여타 문제를 찾기 위해 지속적인 과부하 상황을 시뮬레이션하는 내구성 테스트가 이어진다.

이 모든 테스트를 통과하면 코드를 다른 테스트를 받기 위한 '스테이지' 환경으로 옮긴다. 실제 시스템을 그대로 복제한 환경이지만 내부 테스트용로만 사용된다. 마지막으로 모든 게 잘 진행되면 고객이 실제로 사용하는 시스템인 '프로덕션' 클러스터로 코드를 옮긴다. 하지만 프로덕션 출시는 즉각 이루어지지 않는다. 일반적으로 코드는 '탄광의 카나리아'처럼 '카나리 배포'를 통해 여러 단계를 거친다. 새 소프트웨어로 요청을 소량만 넣어 보고 만약 아무 문제도 없으면 새 코드가 프로덕션 환경에서 요청을 백 퍼센트 처리할 때까지 그 비율을 천천히 늘린다. 언제든지 문제가 감지되면 이전 버전 코드로 되돌리고 엔지니어에게 문제를 찾으라고 고지한다.

대부분의 팀에서 위 프로세스는 자동으로 처리된다. 짐작하듯이 이런 작업을 수동으로 진행하면 극도로 느리고 지루한 것은 물론이고 오류도 발생하기 쉽다. 실제로 프로세스가 자동화되지 않을 경우 대부분의 팀이 많은 단계를 생략해서 위험을 일으킨다. 포장도로는 강력한 도구다. 인프라 구조는 많은 부분 준비를 마친 대기 상태이기 때문에 올바르게 실행하는 것도 비교적 쉽다. 그리하여 팀이 빠르고 자신감 있게 움직일 수 있다.

어드미럴이 훌륭해 보인다고 해서 모든 팀이 꼭 이를 사용해야 하는 것은 아니다. 소규모팀의 자율성이란 원치 않으면 특정 툴을 강제로 사용할 필요가 없다는 것을 의미한다. 팀에겐 선택할 권한이 있다. 따라서 제이슨은 프로덕트를 '판매'하는 여느 사람과 마찬가지로 자신의 고객, 즉 트윌리오 내부 개발자들을 설득해야 한다. 여기서 그의 원칙이 진짜 작용한다.

어드미럴은 사전에 구성된 파이프라인을 이용해 표준적인 서비스를 손쉽게 구축하고 배포할 수 있게 한다. 하지만 팀이 이 툴을 채택하게 만들려면 그들이 원하는 대로 수정할 수 있어야 한다. 그렇지 않으면 어드미럴이 아닌 자체 툴을 구축할 것이고, 그러면 어드미럴의 이점이 사라진다. 이 지점에서 제이슨의 복잡성을 수용하는 원칙이 힘을 발휘한다.

팀은 기본 설정을 따를 수도 있지만, 어드미럴 내부로 들어가서 프로젝트 특성에 맞게끔 설정을 바꿀 수도 있다. 기본 단위 테스트 프레임워크가 마음에 들지 않는다? 그러면 개발자가 직접 만든 것에 연결하면 된다. 어드미럴 및 나머지 파이프라인의 이점은 그대로 유지하면서 말이다. 모든 구성요소 역시 마찬가지다. 이를 통해 팀은 툴을 선택하는 자유를 얻고, 어드미럴은 직원들이 채택하고 싶을 만큼 쉽고 매력적인 기본값을 가지게 된다. 현재 모든 배포 작업의 55퍼센트가 어드미럴의 전체 파이프라인을 사용하고 있다. 나머지는 대개 어드미럴을 부분적으로 이용 중이다. 그리고 전체 작업에 사용하는 숫자는 계속 증가하고 있다.

앞서 언급했듯이 소프트웨어 혁신의 리듬이 그 어느 때보다 빨라지고 있다. 이러한 디지털 시대에는 고객의 통찰력을 프로덕트로 전환하는 일이 번개 같은 속도로 이루어진다. 그런데도 개발팀이 기회를 포착하고 고객의 요구에 대응하기 위해 신속하게 움직이는 게 맞는지, 아니면 모든 것이 제대로 작동하고, 확장되고, 버그에서 자유로운지 점검하면서 보다 신중하게 움직여야 하는지 의문이 종종 제기된다.

하지만 정말 좋은 소프트웨어 회사에서 이런 이분법은 거짓이다. 어드미럴과 같은 플랫폼은 개발자가 고품질의 코드를 빠르게 개발하는 것은 물론, 어떤 코드를 배포하더라도 고객경험이 망가지지 않는다는 확신 아래 프로덕션 단계로 이동하도록 도와준다.

제이슨의 최우선 미션은 품질, 보안, 확장성에 대한 요구를 충족하면서 트윌리오 모든 엔지니어의 속도를 높이는 것이다. 새로운 기능을 6개월이 아닌 6주 내에 전달할 수 있을까? 6일은? 여섯 시간은? 제이슨은 개발자가 이전에 해야 했던 일의 80퍼센트를 플랫폼이 해야 한다고 생각한다. 예전에 몇 주 또는 심지어 몇 달이 걸렸던 일부 프로세스는 이제 '클릭 몇 번으로 몇 분 만에' 완료된다. 현재 트윌리오는 연간 16만 번 이상 새 코드를 프로덕션 단계로 릴리스하고 있는데, 평일 기준 매일 550회 릴리스하는 셈이다.

업무 중복을 막지 말아라

소프트웨어 개발 세계에서 많이 발생하는 또 다른 갈등은 팀 간 작업의 중복 대 동기화를 둘러싼 문제다. 자율적 운영권을 어느 정도 허용하고 작업 방식을 재량껏 선택하게 하면 팀이 스타트업처럼 전력 질주할 수 있다. 하지만 여러 팀이 비슷한 프로덕트를 구축하는 위험을 감수해야 한다. 같은 문제를 살짝 다른 방식으로 해결하며 이중으로 노력을 들이는 셈이다. 그러면 낭비처럼 느껴진다. 그럼에도 나는 이렇게 중복되는 노력 때문에 크게 애태우지 않는다.

아마존의 버너 보겔스는 전통적 기업에서는 이런 접근법(업무가 중복되는 걸 알면서 허용하는 것)을 통제 불능 혹은 혼란처럼 느껴 재고할 가치도 없는 것으로 여긴다고 지적한다. "효율성만 생각하는 사람들의 눈에는 매우 반직관적으로 보이겠죠." 그는 설명한다. "탑다운식 통제에 익숙하다 보니 본질적으로 신속하게 움직이는 것보다 위계질서를 중시하는 거예요."

그래서인지 나는 소규모의 자율적 팀 문화에서 업무가 중복되지 않게 막으려면 어떻게 해야 하느냐는 질문을 자주 받는다. 내 대답은 이렇다. 막지 않는다.

이유는 다음과 같다. 두 회사가 있다고 하자. 각각 효율성과 자율성의 스펙트럼 양쪽 맨 끝에 있는 회사다. 한 회사에서는 모든 팀이 완벽하게 동기화돼서 업무 중복이 발생하지 않는다. 모든 팀이 각자의 역할뿐 아니라 다른 팀에 의존하는 업무 역시 알고 있으며 일이 중복될 것 같으면 주도권을 양도한다. 훌륭해 보이지만 이런 식으로 작업이 돌아가는 경우는 드물다. 사실 저마다 연관된 팀을 기다리는 일이 빈번하다. 한 팀의 계획이 틀어지면 나머지 모두에 영향을 미치고 서로 잘못한 팀을 탓하게 된다. 물론 중복은 발생하지 않는다. 하지만 일이 잘못되면 비난할 사람이 너무 많아서 결과에 대한 주인의식도 사라진다.

이제 반대편 회사를 살펴보자. 혹시 다른 팀에서 중복 업무를 하고 있지는 않을까 하는 걱정은 접고 모든 팀이 고객에게 봉사하기 위해 신속하게 움직인다. 팀의 모든 동력은 고객이 선택하고, 고객을 만족시키고, 매출을 올릴 수 있는 성공적인 프로덕트를 만드는 것뿐이다. 이 회사에서는 개발자가 다른 팀에 허가를 얻거나 다른 팀과 일을 조정하지 않아도 된다. 팀들이 각자 다른 물리적 공간에서 작업하고 다른 이메일 도메인을 사용하는 걸 머릿속으로 한번 상상해 보라. 다른 회사라 해도 좋을 정도다. 동기화도 안 되어 있다. 짐작처럼 여러 팀이 함께 일하는 경우가 별로 없기 때문에 업무가 중복되는 때가 많다.

이 두 상상 속 회사는 극단적이긴 하지만 실제 상황을 잘 보여 준다. 나에게 둘 중 어느 회사를 세우고 싶은지 묻는다면 언제라도 두 번째 회사를 택할 것이다. 사람들이 자율성을 가지고 결과에 책임감을 느끼는 회사. 그것이 내 목표다. 완벽한 동기화는 자율성과 책임감을 없앨 수밖에 없다.

두 번째 회사는 기본적으로 여러 스타트업으로 구성된 곳으로, 제각각 고객에게 서비스를 제공하고 수익을 창출하기 위해 일한다. 한 가지 좋은 점은 저마다 목표를 이루기 위해 언제든 가능하면 다른 팀의 작업을 활용하고 싶어 한다는 것이다. 이미 다른 팀에 자신의 요구를 충족시키는 빌드 시스템이나 보안 인프라가 있는데 무엇 때문에 새로 개발하겠는가? 이렇게 하면 혼자 일하는 것보다 목표(고객과 매출을 증가시키는 것)를 언제나 훨씬 빨리 달성할 수 있다. 하지만 필요를 충족하는 프로덕트가 없다면 직접 만들기도 한다. 버너 보겔스에 따르면 아마존 역시 속도를 중요시하지 중복에 집착하지 않는다. "일부 기능이 겹치더라도 대개 팀들이 알아서 하도록 합니다. 빠르게 움직이기 위해 기꺼이 맞바꾸는 거죠." 보겔스의 말이다.

이밖의 많은 회사들이 중복 업무를 제거하는 데 집착하는데 특히 악명 높은 곳이 마이크로소프트다. 하지만 마이크로소프트도 결국 '중복을 제거'하는 노력이 자원을 절약하기보다 오히려 소모한다는 사실을 깨달았다. 중복을 감시하거나 프로덕트마다 겹치는 부분을 제거하는 데 시간을 할애하려면 새로운 감시 계층을 만들어야 하고, 그러면 모든 게 느려지기 때문이다. 중복을 제거하는 일에는 보통 중복 항목을 전부 살펴보고 하나를 승자로 선택한 뒤,

나머지 모두를 그 하나에 맞추도록 강요하는 작업도 포함된다.

팀들이 원하면 중복해서 일하도록 허락하라. 그들로 하여금 귀중한 시간과 기술을 쏟아서 꼭 투자해야 할 곳이 어딘지 보여 주게 하라. 이런 옛날이야기가 있다. 한 건축가가 대학 캠퍼스를 설계해 달라는 요청을 받았다. 그가 캠퍼스 설계도를 최종 발표하자 대학 이사가 인도人道가 없다고 지적했다. 건축가가 뭐라고 대답했을까? "학생들이 직접 걸으면서 인도가 어디면 좋을지 결정하게 할 생각입니다. 1년 안에 정해질 겁니다."

우리는 팀들이 선두에 나서서 길을 안내하도록 한다. 그런 다음 기술 리더와 아키텍트로서 패턴이 나타나기를 기다린다. 여러 팀이 모두 비슷한 것을 개발하는 상황이 생기면, 책임자가 개입해 트렌드를 관찰하고, 문제를 해결하는 팀을 꾸림으로써 효율성을 성취한다. 이것이 플랫폼의 핵심이다. 처음부터 완벽하게 계획하려고 애쓰지 말고, 팀들이 유기적으로 길을 내도록 유도하라.

궁극적으로 이는 얻고자 하는 것과 기꺼이 내줄 수 있는 것 사이에서 균형을 맞추는 일에 다름 아니다. 이는 문화적인 부분이다. 직원들이 어디에 상상도 못한 방식으로 재능을 사용하길 바라는가? 그럼에도 절대 어길 수 없는 규칙은 무엇인가? 문화가 한쪽으로 크게 기울어지면 다른 쪽은 힘을 발휘하지 못하지만, 중간 어디쯤에서 균형을 잡으면 혁신적인 조직의 발판을 마련할 수 있다.

트윌리오는 회사를 존재하게 하는 모든 팀에 몇 가지 사항을 준수하도록 요구한다. 그 누구도 소프트웨어 보안 관련 사항은 결정할 수 없다. 보안은 무조건 지켜져야 한다. 고객이 요구하고, 투자자가 요구하고, 시장이 요구하므로, 안전하지 않은 코드를 전달하는 것은 무책임한 행위다. 그래서 이건 규칙이다. 현재는 제이슨이 말하는 것처럼 이미 만들어져 있는 '포장도로'를 사용해 누구나 가능한 한 쉽게 보안을 유지할 수 있다. 하지만 우리를 설득할 수 있다면 코드를 보호하기 위해 다른 메커니즘을 사용해도 된다.

신뢰성도 마찬가지다. 우리도, 고객도 우리의 모든 서비스에서 최소 99.95퍼센트의 가동 시간을 요구한다. 이는 비가동 시간이 하루에 43초가 넘지 않음을 의미한다. 이런 엄격한 목표를 달성하는 가장 쉬운 방법은 팀들이 내부에서 개발하고 손쉽게 구매해 실행할 수 있는 인프라, 소프트웨어 플랫폼, 관행을 사용하는 것이다. 하지만 독특한 요구사항이나 그들이 우수하다고 생각하는 방식이 있으면 그것을 증명하고 팀만의 길을 택해도 괜찮다. 그렇지만 여전히 가동 시간은 책임져야 한다.

그러니 팀 혼자서 목표를 달성하려면 해당 솔루션을 택하는 데 매우 큰 동기가 있어야 한다. 하지만 때론 이런 선택이 거대한 혁신으로 이어지기도 한다! 한 팀이 99.999퍼센트의 가동률을 달성하는, 즉 비가동 시간이 한 달에 26초밖에 안 되는 소프트웨어를 개발했다고 상상해 보라! 장담하는데 수많은 팀이 그 소프트웨어를 사용하고 싶어 할 것이다! 사실 현재 우리는 이 목표에 거의 도달했는데, 팀 간 미묘한 경쟁은 종종 훌륭한 결과물을 이끌어 낸다.

플랫폼 구축은 피할 수 없는 선택

일부는 인프라팀에 투자하는 계획에 반발할지도 모른다. 우리도 거의 매년 예산 책정 과정에서 이런 논의를 벌였다. 고객을 상대하는 프로덕트를 만드는 개발자를 더 많이 고용하는 함정에 빠지기 쉽다. 수익이 바로 발생한다고 느껴지고 개발자의 업무가 매출로 바뀌는 게 눈에 보이기 때문이다. 하지만 인프라 엔지니어야말로 전체 개발팀을 더욱 효율적으로 만든다. "플랫폼이 힘을 배가시킵니다." 제이슨은 말한다. "지렛대 받침과 같아요. 1달러를 투자하면 5달러를 돌려받을 수 있어요."

다음이 그 사례다. 2018년 트윌리오 개발자들이 새로운 자바 서비스를 개발하는 데 걸린 시간은 40일이었다. 우리는 속도를 높이고 싶었다. 이론상으로는 엔지니어를 두 배 고용하면 생산되는 서비스도 연간 두 배로 늘어나야 한다. 그렇지 않은가?(사실 개발자 수를 두 배로 늘린다고 해서 생산성이 두 배로 늘어나지는 않지만 논의를 위해 그렇다고 하자.) 하지만 새로운 개발자를 수백 명이나 더 고용해야 했다. 그 대신 제이슨은 두 명의 플랫폼 엔지니어를 고용했고, 그들은 개발 프로세스의 많은 단계를 자동화했다.

이로 인해 서비스 개발 시간이 40일에서 20일로 절반이 단축되었다. 덕분에 매년 약 2백 개의 새로운 자바 서비스를 개발하게 됐으므로 그 영향력은 늘어난 서비스 개수보다 훨씬 크다. 그렇다. 트윌리오는 두 명의 플랫폼 엔지니어에게 돈을 썼다. 하지만 그들의 작업 덕분에 총 4천 작업일을 절약할 수 있었다. 이래서 프로덕트 개발자 대신 인프라에 더 많은 돈을 써야 한다고 주장하는 거다.

플랫폼팀을 구성하는 데 드는 예산 말고, 플랫폼 엔지니어들이 가져 올 수익에 초점을 맞추어라. 그렇지만 이렇게 투자해서 성과를 거두는 데까지 시간이 걸린다는 점도 인지하라. 팀을 구성하고, 팀이 인프라를 구축하도록 해야 할 뿐 아니라, 나머지 팀이 인프라를 채택해야 하니 말이다. 이렇게 순환하는데 시간이 걸리지만 다년간 투자하면 엄청난 비용을 회수할 수 있다. 이야말로 경쟁 우위를 점하는 진정한 힘이 될 것이다. 트윌리오 신입 개발자들은 어드미럴 덕분에 적응하는 속도가 빠르다. "몇 년 전만 해도 새로운 엔지니어를 훈련시켜서 팀에 기여하게 만드는 데 넉 달이 걸렸어요." 제이슨의 말이다. "이제는 일주일 안에 개발에 투입됩니다." 다시 한 번 말하지만 이는 모두 투자 대비 수익률에 관한 것이다. 플랫폼 엔지니어는 자신의 무게보다 훨씬 강한 펀치를 날린다.

그런데 플랫폼은 수익도 수익이지만 속도도 훨씬 극적으로 향상시킬 수 있다. 제이슨은 자바 배포 프로세스를 40일에서 20일로, 다시 1일로, 심지어 단 몇 시간으로 단축하고 싶어 한다. 그가 이끄는 13개 팀 중 하나는 이런 방식으로 오직 플랫폼을 최적화하는 일에만 매진하고 있다. 그들은 개발자가 프로덕트를 어떻게 사용하는지 연구하고, 어느 지점에서 막히거나 느려지는지 찾고, 문제를 뿌리 뽑는다. 개발자가 툴을 만지작거리는 시간을 측정하기 위해 제이슨은 '코드 외적인 사용 시간Time Spent Outside Code, TSOC' 지표를 만들었다. 평균 TSOC가 절대 0에 도달하지는 못하겠지만, 최대한 0에 가까워지는 것이 목표다.

"플랫폼의 미래는 소프트웨어 개발자가 오직 기능과 고객에만 집중할 수 있도록 돕는 일이 될 겁니다. 소프트웨어를 누군가의 머릿속에서 클라우드로, 장치로, 고객경험으로 옮기는 데 필요한 기본 시스템을 만드는 게 아니라요." 제이슨은 말한다.

요점은 이거다. 오늘날 개발 조직은 최고의 툴과 방법론을 사용해야 하며, 그중 상당 부분이 인프라 엔지니어를 고용해 소프트웨어 개발 프로세스를 최대한 자동화하는 개발자 플랫폼을 구축하는 일과 관련 있다. 관건은 속도와 품질이다. 아무리 빠르다고 해도 더 빨라질 수 있고 더 빨라져야 한다. 안정성, 품질, 보안과 같은 필수 요소를 하나도 희생하지 않으면서 말이다. 어드미럴 플랫폼과 같은 개발자 환경은 우리가 자신 있게 소프트웨어를 개발하도록 도와준다.

소프트웨어 개발 플랫폼을 구축하기 시작할 때, 개발자들에게 아직 자동화되지 않았지만 자동화되어야 하는 프로세스가 뭐냐고 물어보라. 개발 프로세스에서 어떤 부분이 차후 웹사이트나 앱을 중단시킬 확률이 가장 높아 보이는지, 어느 부분을 가장 먼저 고쳐야 하는지 물어보라. 개발자들이 코드를 프로덕션에 배포하기 위해 얼마나 애를 먹는지 알아보라.

개발자들의 사기가 꺾여 있는가? 어디서 병목 현상이 발생하고 어떻게 해야 이를 없앨 수 있을까? 플랫폼 투자 비용을 줄이고픈 충동을 가라앉혀라. 플랫폼에 지출되는 비용이 사내 모든 개발자의 생산성을 향상시킬 거라는 점을 명심하라. 기술 리더에게 예산에서 프로덕트 개발 대비 플랫폼에 투입되는 비용이 몇 퍼센트인지, 그 균형점이 어디쯤인지 물어보라. 플랫폼 투자가 적정 수준이라는 것을 입증하기 위해 어떤 투자자본수익률ROI 프레임워크를 사용하는지 질문하라.

에필로그
소프트웨어 개발자와
함께하는 길

이 책에서 나는 왜 그 어느 때보다 지금 개발자가 중요한지, 개발자를 이해하고 그들에게 동기를 부여하려면 어떻게 해야 하는지, 개발자가 최고의 실력을 발휘할 수 있는 환경을 어떻게 만드는지 설명하려고 노력했다.

앞으로는 고객에게 최고의 디지털 경험을 전달하기 위해 소프트웨어의 힘을 활용하는 기업들이 디지털 시대에 살아남아 승승장구할 것이다. '만들거나 혹은 죽거나' 프레임은 훌륭한 개발자를 채용하라는 의미이지만, 그보다 중요한 건 개발자들이 코드만 작성하는 게 아니라 창의적인 문제해결력을 발휘하도록 믿고 맡겨 보라는 것이다.

즉, 개발자에게 물어보라는 의미다. 집필을 마치던 중, 이런 변화를 더욱 긴급하게 만드는 사태가 벌어졌다. 2020년 초반 코로나 바이러스COVID-19가 유행하기 시작하며 전 세계를 실시간으로 재편성했다. 도시는 멈춰 섰고, 아이들은 집에서 수업을 받았고, 기업은 재택근무를 실시했고, 병원은 환자로 넘쳐 났다. 몇 년에 걸쳐 진행될 예정이던 디지털 전환 프로젝트가 며칠, 몇 주 만에 갑자기 현실화되었다. 선택이 아닌, 한 세기의 가장 큰 세계적 유행병으로 인한 실존적 필요성이 디지털을 엄청나게 가속화했다. 경제 활동이 서서히 둔화되면서 수많은 업계의 기업들에게 '만들거나 혹은 죽거나'는 말 그대로 현실이었다.

좋은 소식은 개발자들이 나서서 힘을 보탰다는 점이다. 2020년 3월과 4월 동안 몇 주에 걸쳐서 수많은 산업이 지난 10년을 합친 것보다 더 빠르게 디지털 전환을 경험했다. 줌Zoom은 우리 회사의 회의실이자 퇴근 후 모이는 술집이 되었다. 구글 클래스룸Google Classroom은 실제 교실을 대신했다. 슬랙을 비롯한 여러 커뮤니케이션 소프트웨어는 이전보다 훨씬 중요해졌다. 도로 가의 픽업 서비스, 식사 배달, 원격의료는 제각기 소매업, 식당, 의료 산업의 동앗줄이 되었다.

다른 기업과 마찬가지로 트윌리오도 직원들을 집으로 돌려보냈고 원격근무로 회사를 운영했다. 전 세계가 멈췄지만 우리 사업은 불이 꺼지지 않았기 때문에 특히 힘들었다. 고객들은 코로나가 자사 개발자들에게 초래한 어마어마한 문제들을 해결해 달라고 요구했다. 3천 명이 넘는 트윌리오 직원들이 기존 고객은 물론이고 당장 도움을 필요로 하는 수천 명 신규 고객의 폭증하는 수요를 처리하기 위해 그 어느 때보다 많은 땀을 흘렸다. 우리는 내가 이 책에서 다룬 수많은 원칙을 입증하는 혁신을 맨 앞줄에서 목격했다.

피츠버그 시는 시민들이 위급하지 않은 문제를 신고하는 331 지역 서비스를 계속 가동할 수 있는 방법을 찾아 달라고 부탁했다. 12명의 운영자와 7명의 IT 지원 인력으로는 감당할 수 없을 정도로 전화가 빗발쳐서 시스템에 과부하가 걸린 것이다. 운영자와 IT 직원이 원격으로 작업하고 있어서 상황이 훨씬 어려웠다. 우리 엔지니어들은 그쪽 개발자들과 협력해서 단 4일 만에 새로운 클라우드 기반 연락 센터를 개발하고 테스트하고 구축했다.

피츠버그만이 아니었다. 211 프로그램을 운영하는 유나이티드 웨이 월드와이드United Way Worldwide에 따르면, 미국 전역의 211 네트워크(각종 민원 서비스와 긴급 대처 관련 정보를 제공한다) 역시 팬데믹으로 인해 전화가 평상시 하루 3만 통에서 7만 5천 통으로 급증했다. 많은 사람들이 난생처음 식량 및 주거 불안을 느끼고 혼란에 빠지면서 통화도 길어졌다. 일부는 평균 4~6분에서 30분으로 늘어났다. 일반적으로 한 지역에 재난이 발생해 지역 콜센터에 과부하가 걸리면 다른 지역 콜센터에서 지원해 준다.

하지만 이번에는 모든 211 네트워크에 불이 났다. 과부하 문제를 해결하기 위해 유나이티드 웨이 개발자들은 트윌리오 플렉스Twilio Flex를 이용해 미국 내 어느 지역에서든 800번으로 전화를 걸면 해당 지역 211 서비스로 연결되거나 자주 묻는 질문에 대답하는 AI 지원 대화형 음성 응답Interactive Voice Response, IVR 장치에 접속되는 시스템을 만들었다. 유나이티드 웨이는 새로운 시스템 덕분에 밀려드는 전화를 처리할 자원봉사자도 모집할 수 있었다. 무엇보다 대단했던 건 단 3일 만에 서비스를 준비하고 실행했다는 점이었다.

학교가 문을 닫으면서 아이들은 새로운 학습법을 찾아야 하는 것은 물론, 설상가상으로 많은 수가 굶주릴 위기에 처했다. 학교 시스템이 만성적인 결석을 줄일 수 있도록 돕고 있는 기업 킨볼브드Kinvolved는 무료 또는 값을 낮춘 점심 식사에 의존하는 학생들에게 수천 개의 무료 식사를 제공하는 일(첫 날에는 1만 개였다)로 관심을 돌렸다. 킨볼브드는 SMS를 이용해 집에 인터넷이 연결되지 않은 아이들이 선생님과 연락을 유지하고, 숙제를 파악하고, 학교에 PDF를 보낼 수 있도록 도왔다. 팬데믹 셧다운 기간 동안 SMS 사용률이 2백 퍼센트 증가했다. 3월에만 11개 주(뉴욕에 위치한 학교만 150개였다) 30만 명의 교사, 학생, 학부모들 사이에 6백만 건의 메시지가 오갔다.

자택 대기 명령이 발동하면서 원격 보건 수요가 급증했고, 가상 진료가 전 세계 의료계 종사자와 수백만 환자들에게 새로운 현실이 되었다. 뉴욕에서 우리는 마운트 시나이 의료 시스템Mount Sinai Health System을 도와 환자가 병원에 직접 가지 않아도 되도록 전문의와 라이브 채팅을 할 수 있는 메시징 시스템을 출시했다. 문자 메시지로 대화를 시작하지만 필요한 경우 비디오로 단계를 높일 수도 있었다. 의료진은 잠재적 코로나 환자를 병원으로 안내하거나 자택에서 회복 중인 환자를 위해 원격 모니터링을 실시했다. 일례로 의사들이 라이브 채팅을 하면서 즉시 도움이 필요한 노인 환자의 신원을 확인하고 몇 분 만에 구급차를 보내기도 했다. 의사가 라이브 채팅으로 대규모 수용 시설에서 감염 환자를 식별하고 가정에 알린 뒤 환자를 격리해 바이러스 전파를 차단한 사례도 있다.

미국에서 가장 큰 전자 의료기록 회사 중 하나로 2억 5천만 명이 넘는 환자 기록을 보유하고 있는 에픽Epic은 단 몇 주 만에 트윌리오의 프로그래머블 비디오 API를 기반으로 자체 원격의료 플랫폼을 구축했다. 덕분에 의료 제공자가 환자와 화상 진료를 보고, 관련 병력을 검토하고, 에픽에서 곧장 임상 문서를 업데이트할 수 있었다.

새로운 사용자 케이스가 전부 생과 사를 넘나드는 상황인 건 아니다. 이탈리아 브루게리오Brugherio에서는 TV 기반의 쇼핑 채널 QVC 이탈리아QVC Italia를 도와, 고객 서비스 담당 직원들이 재택근무를 할 수 있게 하는 트윌리오 기반 콜센터를 구축했다. 새로운 시스템은 전화뿐 아니라 SMS와 왓츠앱도 지원하는데, 준비하고 실행하는 데 일주일이 채 걸리지 않았다. 미국에서는 컴캐스트Comcast가 트윌리오 비디오를 자사 내부 고객 데이터베이스에 통합해 기술자들이 고객의 집에 발을 들이지 않고도 TV나 인터넷 연결 문제를 해결할 수 있도록 지원했다.

트윌리오는 우리만의 작은 방식으로 사람들을 안전하게 보호하고 경제가 돌아가도록 도왔다. 나는 트윌리오 직원들이 이 모든 일이 단지 사업이 아니라, 다른 사람들을 위해 봉사하고 개발자들이 최고의 실력을 발휘하도록 돕는 미션이라는 점을 이해한다는 사실에 놀랐다. 몇 주 동안 우리 팀은 저녁과 주말을 반납하고 쉼 없이 일했다. 모두가 스트레스와 불안, 원격근무라는 도전과 씨름하면서 말이다. 이 경험은 나를 겸손하게 만들었고 이토록 훌륭한 동료들이 있다는 사실에 감사하게 해주었다. 트윌리오 직원 한 사람 한 사람에게 넘치도록 고맙다는 말을 하고 싶다.

빠른 실행으로 알게 된 것

이런 빠른 실행으로 우리는 또한 몇 가지 교훈을 얻었다. 첫째는 실수를 하면 안 된다는, 또는 처음부터 모든 것을 완벽하게 해야 한다는 걱정을 내려놓을 때 얼마나 위대한 일들이 일어날 수 있는지 알게 됐다. 코로나 사태가 벌어지는 동안에는 변화가 자유로웠다. 대안이 없었고 사내 정치도 없었고 실수에 대한 두려움도 없었다. 대안이라는 게 훨씬 형편없었기 때문이다. 이런 일은 경영진이 회의를 무더기로 잡을 시간도, 지휘 체계 위아래로 요청과 승인이 오갈 시간도, 결과물과는 전혀 다른 형태가 될 게 뻔한 거대한 마스터플랜을 고집할 시간도 없을 때 일어난다. 불안감이 커져 가는 상황에서는 경영진과 개발자가 재빨리 손을 잡은 뒤, 개발자가 문제를 해결하고 솔루션을 개발하도록 힘을 합친다.

또한 위기는 소프트웨어를 개발하고 배포하는 속도가 얼마나 빨라질 수 있는지 보여 주었다. 소프트웨어 구성요소, 마이크로서비스, API가 프로세스를 획기적으로 가속화했다. 이 점에 대해 그런 툴들을 만든 수천 명의 개발자에게 감사해야 한다. 모든 최신 인프라가 없었다면 수많은 조직이 코로나에 훨씬 느리고 비효율적으로 대응했을 것이다.

마지막으로 이런 갑작스런 서비스 출시는 기업 내부에서 일하는 개발자들의 창의성과 적응성을 증명해 보였다. 수많은 개발자들이 엄청난 압박 속에서 난생처음 새로운 툴들을 접했지만 잘 적응해서 모든 이들이 계속 일할 수 있게 도왔다. 그들의 영웅적 노력에 감동받았고 그들과 함께 일하는 것은 영광이었다.

이제 기반을 다지고, 긴장의 끈을 놓지 않고 계속 노력할 때다. 새로운 업무 방식은 현재에만 중요한 게 아니다. 나는 사람과 일의 관계가 코로나 팬데믹 기간 동안 근본적으로 바뀌었으며 다시는 예전으로 돌아가지 않을 거라 생각한다. 수백만 명의 사람들이 새로운 기술을 받아들였고, 다시 옛날로 돌아가고 싶어 하지 않을 것이다. 디지털을 향한 일방적 가속이 일어났다. 고객들은 디지털 경험에 익숙해질 것이며, 기대치는 계속 빠르게 상승할 것이다. 이를 제대로 파악한 기업은 충성스럽고, 참여적이고, 생산적인 고객을 확보할 것이다. 그렇지 못한 기업은 코로나 사태 전보다 훨씬 더 힘들어질 것이다.

하지만 좋은 소식이 있다. 여러분은 현실을 파악했다는 점이다. 부디 이 책이 여러분에게 소프트웨어 개발자들과 함께하는 길을 보여 주었기를 바란다. 서로 존중하고 이해하다 보면 여러분도 미래를 만들 수 있다.

앞으로 전진하라!

감사의 말

수년 동안 코드를 작성하고, 회사를 세우고, 궁극적으로 이 책을 쓸 수 있게 해준 많은 사람들로부터 지혜와 현명한 조언과 우정을 선물 받았다. 전부는 아니지만 대부분 이 책에 소개되었는데 이 자리를 빌어서 다시 한 번 감사 인사를 드리고 싶다.

우리 고등학교 라디오국을 이끄셨던 바우스 선생님. '메트로 디트로이트에서 가장 강력한 고등학교 라디오 방송국, 88.1FM WBFH. 더 비프'를 고등학생 무리에 맡겨 주신 분. 실수하도록 허락해 주셔서 감사합니다. 그것이 진정한 배움이 아니었나 싶습니다.

사업적 멘토이자 내 햄튼 집의 주인이 되어 준 케빈 오코너에게도 고맙다. 네가 세운 진정한 '고난의 스타트업 학교' 덕분에 오늘날과 같은 창업자가 될 수 있었다. 하지만 돈은 한 푼도 벌어다 주지 못했다. 미안하다.

버시티, 스터브허브, 나인스타를 세우는 동안 동업자가 되어 준 매트 레벤슨에게도 고맙다. '개발자에게 묻기' 사고방식을 일깨워 줘서 감사하다. 넌 내게 소프트웨어를 사용해 중요한 비즈니스 문제를 해결하는 법을 가르쳐 준 사람이야. 함께 그 사업들을 일구어서 너무 좋았다!

알다시피 아마존에서 보낸 시간은 내게 엄청난 영향을 미쳤다. 고마워요, 앤디 제시. AWS가 당신의 베이비였을 때 내게 투자해 줘서. 지난 수년간 어떻게 훌륭한 R&D 문화를 만드는지 많은 조언과 충고를 해준 찰리 벨에게도 감사하다. 트윌리오 R&D 조직을 구축하도록 지도하고 훌륭한 이사회 임원이 되어 준 릭 달젤에게도 고마움을 표하고 싶다.

마크 베니오프. 기업이 지녀야 할 더 큰 목적의식을 심어 주고, 주변 공동체 및 지역사회를 강화하면서 훌륭한 회사를 세울 수 있다는 걸 보여 주어서 고맙다.

미치 케이퍼와 프레아다 케이퍼 클라인. 초창기에 트윌리오에 투자해 주어서, 다양성과 포용성을 트윌리오 문화의 핵심 축으로 만들도록 도와주어서 고맙다.

앨버트 벵거. 장기적으로 사고하고 미래 선택지를 극대화하는 일의 가치를 가르쳐 줘서 감사하다. 일찍이 경험이 없던 우리 팀을 당신이 지도해 주지 않았으면 트윌리오는 지금의 위치에 있지 못했을 것이다.

바이런 디터. 투자자로, 이사회 일원으로, 친구로, 사이클 파트너로서 지금껏 10년 넘게 트윌리오를 지원해 줘서 감사하다. 당신처럼 헌신적인 후원자는 만나본 적이 없다.

제리 콜로나. 좋은 쪽으로 나를 울리는 사람. 오랜 세월 지혜를 나눠 줘서 감사하다. 내가 당신의 책을 좋아한 것만큼 당신도 이 책을 즐겼으면 좋겠다.

제프 이멜트. GE에서 배운 교훈과 지혜를 터놓고 공유해 줘서 고맙다. 서로의 책 집필 과정 노트를 비교하는 시간이 즐거웠다. 좋은 비평가가 되어 주어서 감사하다. 은혜를 갚을 날이 오기를!

홀리스 하임바우치. 내게, 특히 개발자에게 물어보라는 주제에 배팅해 줘서 감사하다. 사업가와 개발자는 누가 봐도 확실한 관계가 아닌 데도 당신은 이들이 같은 언어를 사용하면 전 세계 조직이 더 나아질 거라는 데 판돈을 걸었다. 고맙다.

크리스티 플레처. 출판 과정 내내 조언해 줘서 감사하다. 글쓰기나 출판에 대해 내가 뭘 모르는지도 몰랐는데, 당신의 지혜 덕분에 길을 잃지 않았다.

댄. 이 책을 만드는 데 귀중한 동반자가 되어 주었다. 여기에 쏟아부어 준 모든 노력에 감사드린다. 그리고 멜라니, 꼭 필요할 때 우리에게 힘을 실어 줘서 고맙다.

에릭 리스. 트윌리오의 프로덕트 제작 방식을 바꾸어 놓은 《린 스타트업》을 써줘서 감사하다. 이 책을 집필하는 과정에 보태 준 피드백과 조언이 큰 도움이 되었다. 서문에서 이 책을 그토록 훌륭하게 표현해 준 것에 감사드린다!

'개발자에게 묻기' 개념을 구체화할 수 있도록 시간과 아이디어를 아끼지 않고 도와준 분들께도 고마움을 표하고 싶다. 테오 프리스베이크, 케빈 바스코니, 알리 니크남, 조시 호이엄, 애슈턴 쿠처, 제이슨 프라이드, 버너 보겔스, 파티오11, '재지' 채드 에슬, 레아 컬버, 라이언 레슬리, 카야 토머스, 대니 마이어.

사라, 제시카, 치, 코, 스티비, 에마, 제이슨, 안드레이스, 파티오11, 도나, 제프 E, 에리카, 엘레나, 대니, 더그. 책의 초고를 검토해 줘서 고맙다. 버전 0.1, 0.2, 0.3 내내 놀라운 피드백을 주었다. 당신들이 없었으면 1.0은 나오지 않았을 것이다!

조지 후. 훌륭한 사상적 동반자가 되어 주어서, 이 책이 최대한의 효과를 발휘할 수 있도록 구성, 또 재구성하는 데 도움을 줘서 고맙다. 당신과 동반자 관계여서 진심으로 감사하다!

안드레이스 크로그, 네이선 샤프, 숀 맥브라이드. 수많은 이터레이션과 나의 무분별한 피드백에도 결국 끝내주는 표지를 만들어 주었다!(언제나 그렇듯.)

《개발자에게 물어보세요》를 열심히 소문내 준 훌륭한 팀, 케이틀린 앱스타인, 팀 슈레이더, 빌리 해캔슨에게도 감사드린다.

내 비서실장, 캣 매코믹 스위니. 일을 순조롭게 진행해 줘서 고맙다. 당신이 없었다면 이 책은 나오지 않았을 것이다. 당신은 최고 경영자가 가질 수 있는 최고의 상사다.

나와 트윌리오를 공동 설립한 에번 쿡과 존 월트하위스John Wolthuis. 그 어떤 일도 우리가 함께 피자 상자 뚜껑에 적힌 할 일을 확인하던 것만큼 만족스럽지 않다. 초창기에 함께 심었고 현재도 여전히 자라고 있는 그 씨앗들, 모든 토론과 논쟁이 정말 고맙다.

과거와 현재의 모든 트윌리언들. 프로덕트를 개발해 고객에게 봉사하고자 하는 당신들의 열정에는 전염성이 있다. 당신들은 내게 매일이 우리 여정의 첫날이라는 사실을 끊임없이 상기시켜 준다.

다음 세대의 개발자를 만들기 위해 힘쓰고 있는 조직들에 감사드린다. 이 책의 수익금은 취약(소외) 계층이 코딩을 배울 수 있도록 돕는 단체에 기부해 해당 기관이 그러한 중요한 일을 계속할 수 있도록 지원하는 데 쓰인다. 더 자세한 사항을 알고 싶으면 다음 사이트(*askyourdeveloper.com/proceeds*)를 확인하라.

어머니, 제게 배우는 법을 가르쳐 주셔서, 리더십에 영감을 주셔서 감사합니다.

아버지, 저와 함께 '프로젝트'를 만들고, '실제로 작동하지 않아도' 너무 낙담하지 않아 줘서 감사해요. 아버지가 저를 개발자로 만들어 주셨어요.

우리 아들들, M&A. 언제나 내게 카드게임 매직 더 개더링 Magic: the Gathering, 버니 씨어터 Bunny theater를 하거나 트램펄린에서 놀자고 해줘서 고맙다. 그리고 너희 말이 맞아. 어른들이 아이들보다 화면을 더 오래 보는 건 불공평한 것 같다.

내 아내, 에리카. 많은 세월 동안 내 장난을 참아 줘서 고마워. "지금껏 표현한 것과는 비교가 안 될 정도로 사랑해."